搭地鐵
玩遍東京

U0005238

太雅

明治通／原宿

世界主題之旅 59

搭地鐵玩遍東京 （新第六版）

作　　　者　孫偉家
攝　　　影　孫偉家

總　編　輯　張芳玲
發 想 企 劃　taiya旅遊研究室
企 劃 編 輯　張焙宜
主 責 編 輯　張焙宜
特 約 編 輯　詹雅蘭
修 訂 編 輯　鄧鈺澐、賴怡伶
封 面 設 計　何仙玲
美 術 設 計　何仙玲
地 圖 繪 製　何仙玲

太雅出版社
TEL：(02)2882-0755　FAX：(02)2882-1500
E-mail：taiya@morningstar.com.tw
郵政信箱：台北市郵政53-1291號信箱
太雅網址：http://taiya.morningstar.com.tw
購書網址：http://www.morningstar.com.tw
讀者專線：(04)2359-5819 分機230

出　版　者　太雅出版有限公司
　　　　　　台北市11167劍潭路13號2樓
　　　　　　行政院新聞局局版台業字第五○○四號

法 律 顧 問　陳思成律師

印　　　刷　上好印刷股份有限公司　TEL：(04)2315-0280
裝　　　訂　大和精緻製訂股份有限公司　TEL：(04)2311-0221

六　　　版　西元2017年08月10日
定　　　價　480元
（本書如有破損或缺頁，請寄回本公司發行部更換，或撥讀者服務專線04-23595819）

ISBN　978-986-336-183-1
Published by TAIYA Publishing Co.,Ltd.
Printed in Taiwan

國家圖書館出版品預行編目資料

搭地鐵玩遍東京 / 孫偉家作. -- 六版. --
臺北市：太雅, 2017.08
　　面；　公分. -- (世界主題之旅 ; 59)
ISBN 978-986-336-183-1(平裝)

1.火車旅行 2.地下鐵路 3.日本東京都
731.72609　　　　　　　106007047

LOG ROAD／代官山

作者序　在每次移動間，感受截然不同的城市風貌，從時尚街區到特色小巷，用地鐵路線串連起不同的記憶與故事，每站出口，都將是一場嶄新的冒險。

撰寫東京相關的旅遊書籍已有多年的時間，每回前往東京旅行兼採訪時，我總是不斷思考要用什麼樣的途徑，才能讓讀者朋友以最簡單的方式來體驗這個城市的不同面貌，在地鐵四通八達的東京，沿著不同的地鐵路線路前進應該是最容易且新鮮的旅行方式。

在東京搭乘地鐵時，我陸續觀察並整理出東京每條地鐵線的不同特色，例如結合了東京時尚、購物與美食精華的「JR山手線」、可以從最傳統玩到最摩登的「銀座線」、沿途路經東京新舊地標景點的「丸ノ內線」、能體驗4種全然不同東京風貌的「日比谷線」、可感受和風與洋風奇妙交會的「都營大江戶線」、屬於東京頂尖時髦男女的祕密路徑「東急東橫線」、享受踏青賞景加平價尋寶之樂的「京王井之頭線」、貫穿台場海濱度假區的「百合海鷗號線」以及通往東京近郊港灣都市的「橫濱MM21線」等等。這些旅途中的點點滴滴也逐漸累積成為這本《搭地鐵玩遍東京》的精采內容。

在全程35個停靠站當中，我們將先為大家說明各區域的歷史背景與文化特色、向您介紹觀光客的必訪經典、分享個人最愛的地方並請來東京男女推薦他們心中的私房去處，緊接著我們會繼續帶領各位分別探訪每一站的遊覽景點、特色美食以及購物商店，相信不論哪一個年齡層的旅客都能在這趟包括賞景、美食、購物、時尚、藝術、文化與娛樂等多元主題的旅程當中對於「東京」有更進一步的認識。

在本次的更新版本中，我們也根據讀者們的建議加入包括十大新名所、春季賞櫻路線、冬季聖誕景點、東京時裝週特輯、遊樂園指南以及近郊懷舊輕旅行等單元，提供大家更多暢遊東京的新點子。準備好了嗎？現在就跟著我們一起「搭地鐵玩遍東京」吧！

孫偉家

作者簡介　孫偉家(Wesley Sin)，國立台灣大學、美國紐約大學(NYU)媒體、文化與傳播研究所畢業。個人著作包括《七年級的東京玩樂全攻略》、《東京年輕人帶路 一週間鮮體驗》、《夢想奔放美東大學城》(合著)、《搭地鐵玩遍東京》與《搭地鐵玩遍紐約》，其現職為紐約地產開發集團行銷公關經理，並兼任時尚編輯、專欄作者與節目主持人。

孫偉家 Wesley Sin　　Wesley_Sin　　Sin_Wesley

CONTENTS

東京5大印象　14
創意街區‧風格時尚‧傳統情懷‧精緻美饌‧禮節城市

東京前線搶先看　20
必訪10大名所‧Top 10花見之旅‧璀璨浪漫聖誕季‧直擊東京時尚週‧食尚鬆餅早午餐‧可愛卡通Fun樂園‧OUTLET血拼購物趣‧懷舊風味輕旅行

東京地鐵快易通　52
東京地鐵4大系統‧各系統重要路線‧東京地鐵購票通‧搭地鐵小撇步

東京地鐵分站導覽　62
9條特色路線，35個精華地鐵站，遊賞、購物、美食品嘗一次滿足

如何使用本書

本書希望讓讀者能在行前充分的準備，了解當地的生活文化、基本資訊，以及自行規畫旅遊行程，從賞美景、嘗美食、買特產，還能住得舒適，擁有一趟最深度、最優質、最精采的自助旅行。書中規畫簡介如下：

地圖資訊符號

旅遊景點　　餐廳　　購物商店　　飯店
　　　　　　　　　　百貨公司

東京旅遊基本資訊

提供東京旅遊所需的各項資訊，從前往與入境、機場到市區的交通方式，日常生活、當地節慶與假期等，本單元讓你可以在最短的時間，了解當地實用資訊，不只可做為行前的預備參考，也協助你這趟旅程更為順暢愉快。

東京印象

本單元讓你透過5個鮮明的東京特色，從文化與生活面下手，預先了解東京與東京人的整體新舊樣貌，其中包括創意街區、風格時尚、傳統情懷、精緻美饌，以及禮節城市。

輕鬆了解地鐵與購票

東京的地鐵脈絡錯雜，要如何能在最短時間內掌握要領，即是本單元的用意。從東京地鐵4大系統與重要路線開始說明，了解其中的差異，同時也告訴你各式票券特色，以及如何看懂購票機器，並提供作者搭地鐵的小撇步。

主題景點與購物美食

介紹地鐵站周邊值得遊賞的景點，血拼購物的好所在，以及附近特色美食。

此外，也提供詳盡的地址、電話、營業時間……並標示出由哪個地鐵口進出？步行幾分鐘可抵達的貼心資訊。

住宿情報

針對東京各區域，介紹不同等級的住宿好所在，包含了頂級奢華型酒店、品味精緻型飯店，以及商務設計型飯店，每一間都各有特色，滿足不同的住宿需求。

編輯室提醒

出發前，請記得利用書上提供的Data再一次確認

每一個城市都是有生命的，會隨著時間不斷成長，「改變」於是成為不可避免的常態，雖然本書的作者與編輯已經盡力，讓書中呈現最新最完整的資訊，但是，我們仍要提醒本書的讀者，必要的時候，請多利用書中的電話，再次確認相關訊息。

資訊不代表對服務品質的背書

本書作者所提供的飯店、餐廳、商店等等資訊，是作者個人經歷或採訪獲得的資訊，本書作者盡力介紹有特色與價值的旅遊資訊，但是過去有讀者因為店家或機構服務態度不佳，而產生對作者的誤解。敝社申明，「服務」是一種「人為」，作者無法為所有服務生或任何機構的職員背書他們的品行，甚或是費用與服務內容也會隨時間調動，所以，因時因地因人，可能會與作者的體會不同，這也是旅行的特質。

新版與舊版

太雅旅遊書中銷售穩定的書籍，會不斷再版，並利用再版時做修訂工作。通常修訂時，還會新增餐廳、店家，重新製作專題，所以舊版的經典之作，可能會縮小版面，或是僅以情報簡短附錄。不論我們作何改變，一定考量讀者的利益。

票價震盪現象

越受歡迎的觀光城市，參觀門票和交通票券的價格，越容易調漲，但是調幅不大(例如倫敦)，若出現跟書中的價格有微小差距，請以平常心接受。

謝謝眾多讀者的來信

過去太雅旅遊書，透過非常多讀者的來信，得知更多的資訊，甚至幫忙修訂，非常感謝你們幫忙的熱心與愛好旅遊的熱情。歡迎讀者將你所知道的變動後訊息，善用我們提供的「線上讀者情報上傳表單」或是直接寫信來taiya@morningstar.com.tw，讓華文旅遊者在世界成為彼此的幫助。

太雅旅行作家俱樂部

東京旅遊黃頁簿

前往與入境資訊

簽證

台灣觀光客停留日本90天內免簽證。若對於簽證方面還有其他疑問可洽詢日本交流協會：

●台北事務所
地址：台北市松山區慶城街28號
電話：02-2713-8000
●高雄事務所
地址：高雄市苓雅區和平一路87號9樓
電話：07-771-4008

航空公司

台灣往返東京的班機原本皆於成田國際機場起降，從2010年10月開始，離東京市區較近的羽田機場也開放與台灣的雙向對飛，目前桃園與台北松山機場均有航班直飛羽田，讓旅客減少許多來回機場的交通時間。除了大型航空外，不少平價航空業者如虎航等也開始提供台灣與東京之間的航線(羽田與成田)，以經濟實惠的票價讓旅客輕鬆暢遊東京。

入境流程

為了加強反恐措施，入境日本的16歲以上外國人皆需拍照存檔與按捺指紋，入境時海關會要求旅客將雙手食指放置於指紋機上並對上方的攝影鏡頭拍照，旅客無需緊張。

緊急聯繫單位

在日本當地若發生護照遺失等重大事件時，可立即聯絡以下單位：

1.台北駐日經濟文化代表處(中文)
東京都港區白金台5-20-2
☎ 03-3280-7821
F 03-3280-7924
2.外國人綜合詢問中心(英文)
☎ 03-5796-7111
3.警視廳外國人諮詢處(英文)
☎ 03-3503-8484
4.AMD國際醫療情報中心 (英文，部分時段設有中文服務)
☎ 03-5285-8088、03-5285-8181
5.Japan Helpline(24小時英文服務，可於緊急狀況撥打)
☎ 0120-461-997

旅遊相關資訊聯繫單位

如有其他日本旅遊相關問題時，亦可於出發前洽詢以下單位及網站：

1.日本觀光協會台灣事務所
北市南京東路2段137號13樓
☎ 02-2506-4229
Http visit-japan.jp
2.日本國家旅遊局
Http www.jnto.go.jp

機場—市區交通資訊

由成田國際機場進入東京市區

由成田機場進入東京市區的方式主要有搭乘巴士及地鐵2種：

●搭乘利木津巴士(LIMOUSINE BUS)

利木津巴士行經各大車站以及大型旅館，票價為每人￥3,100，約80～100分鐘可達市區。售票櫃檯在機場1樓，可用英文告知目的地，若居住的旅館並非大型旅館時，亦可詢問鄰近的停靠站。利木津巴士的優點是有專人上下行李、座位舒適且不需轉車，但相對票價較高。

利木津巴士與TOKYO METRO套票專案

購買巴士票加￥300(共￥3,400)，即可獲贈1張Tokyo Metro1日暢遊票(價值￥600)，另有2張巴士票加2日暢遊票(￥5,700)與2張巴士票加3日暢遊票(￥6,000)的超值套票。2張巴士票其中一張可用於回程，套票不但比單買更划算，還等於免費獲贈了地鐵暢遊票呢！

附註：此促銷活動可能變更或暫停，利木津巴士網站並不定時推出針對外國旅客與青年旅客的特惠套票，詳情請見www.limousinebus.co.jp。

●搭乘電車地鐵

1.成田特快車NARITA EXPRESS(N'EX)

成田特快車的票價依照不同目的地約￥3,020～￥4,620，為直達車、採劃位制，可到東京、新宿、品川等大站，它的票價較高但時間非常快速，不定期有特惠套票推出，詳情可至JR售票處洽詢。

2.京成線SKYLINER

SKYLINER的票價為￥2,470，採劃位制，可達日暮里車站(約55分鐘)或上野車站(約60分鐘)，再行轉乘到其他目的地。

3.京成地鐵本線

京成地鐵本線是最便宜的列車，可達青砥(￥920，約60分鐘)、日暮里(￥1,030，約70分鐘)或上野(￥1,030，約80分鐘)，採自由入座。建議搭乘至日暮里或上野，有較多種類列車可供轉乘選擇。

由羽田機場進入東京市區

羽田機場，又稱為東京國際機場，機場內共分為國內第一航廈(Terminal 1)、國內第二航廈(Terminal 2)與國際航廈(International Terminal)3部分。由羽田機場進入東京市區的方式主要有搭乘巴士及地鐵2種：

●搭乘利木津巴士(LIMOUSINE BUS)

羽田機場各航廈均設有利木津巴士搭乘站，由羽田機場至東京市區的利木津巴士依目的地遠近價格不同，主要大站價格如下：

目的地	價格¥(時間)
品川	¥720 (約30分鐘)
東京	¥930 (約40分鐘)
涉谷	¥1,030 (約50分鐘)
新宿	¥1,230 (約60分鐘)
池袋	¥1,230 (約70分鐘)

●搭乘電車地鐵

1.京急線

京急線的車站與各航廈均直通可到達JR線大站品川(¥410，約16～27分鐘)，旅客可由此再行專搭JR線至原宿、新宿及涉谷等地。另外京急線與都營淺草線直通，可不用轉車到達新橋、大門、日本橋與淺草等地。

2.TOKYO MONORAIL 東京單軌電車

東京單軌電車為羽田機場至JR濱松町站之

間的直達快車(¥490，約18分鐘)，於羽田各航廈皆設有車站，除了由濱松町站轉乘JR線外還可由大門站轉搭都營大江戶線或都營淺草線前往目的地。

日常生活資訊

行政概略／地理位置

「東京」原名「江戶」，位於本州島東側的關東平原，自明治維新後正式更名並定為日本首都，目前擁有超過1,300萬人口，是日本政治、經濟、文化與交通的中心，亦是全球知名的金融、科技、娛樂與時尚產業重鎮。

語言

日文，一般商家店名、地鐵站名與路名等多以漢字標示，對於中文使用者而言相對便利，另外近年來東京年輕人的英文能力進步許多，亦可用簡單英文溝通。

氣候與服裝

四季分明，春天與秋天氣候涼爽但日夜溫差大，可攜帶薄外套與圍巾以備不時之需。夏天時高溫直逼30度以上，攜帶與台灣夏季類似的服裝即可。冬天則可能出現零下低溫，但因室內皆備有暖氣，建議採洋蔥式穿著，以厚薄適中的上衣搭配保暖的大衣、羽絨外套、手套與圍巾。

電壓

日本電壓為100V，台灣110V，電器大多能直接調節，不需使用變壓器。2017年7月1號起，日本國土交通省規定內含鋰電池的電子產品(手機、平版與筆電等)，若放置託運行李需確認關機並裝入硬殼收納包或以柔軟衣物包覆，未遵守者將處以罰款。

時差

台灣與日本時差為1小時，台灣時間+1小時=日本時間。

貨幣與消費

台幣與日幣的比率大約是1:3，消費時以現金和信用卡最為方便。日本購物、用餐等商店的消費稅，自2014年4月起，由原本的5%調漲至8%，之後有可能會再調漲為10%。為了不讓消費者感覺商品瞬間調漲，商家近期均改以未稅的標價表示，結帳時再另加消費稅。然而日本政府為了提高觀光客的消費意願，在調漲消費稅的同時，增加了許多觀光客可免稅的項目，其中旅客可「帶出境外的消耗品」(食品、飲料、藥品、化妝品等)，同一天在同一家商店內消費滿¥5,000即可直接免稅，店家會以封口袋包裝商品，旅客不可於出境前使用；「一般商品」(家電、服裝與配件等)，同一天在同一家店消費滿¥10,000即可直接免稅。

大部分可辦理免稅的商店均有Tax Free的標示，大型百貨公司除了單一專櫃消費滿額可直接免稅外，若同一日內在「各專櫃加總」消費金額到達免稅的額度時，也可至顧客服務中心辦理退稅，無論刷卡或付現皆以現金方式退回，手續相當簡便。

電話

目前3G與智慧型手機均可於東京使用國際漫遊服務，不過漫遊費和數據傳輸費並不便宜，建議需長時間待機的朋友可另外向台灣電信業者，或日本機場當地業者租借日本手機。東京街頭的公共電話仍普遍，可購買國際國內通用的電話卡，再依卡片上說明使用。

無線網路

東京的免費Wifi已非常普及，舉凡地鐵站月台、百貨公司、便利商店與大部分餐廳、咖啡廳等均提供免費網路。另外在涉谷、新宿與銀座等鬧區街頭也設有免費Wifi熱點，只要預先下載好Travel Japan與Japan Connected-free Wi-Fi 等APP，並登入基本資訊即可連接。另外網路業者Navitime for Japan Travel 與WAmaging等也在機場提供免費Wifi密碼卡與SIM卡的領取，大家可預先上網瀏覽資訊。

節慶與假期

日本重要的傳統國定假日包括元旦(1/1)、成人節(1/15)、建國日紀念日(2/11)、春分節(3/21)、綠色日(4/29)、憲法紀念日(5/3)、兒童節(5/5)、敬老節(9/15)、秋分節(9/23)、健康體育日(10/10)、文化日(11/3)、勞動感謝日(11/23)與天皇誕辰(12/23)等，另外像春天的櫻花季，夏天的廟會祭典、七夕與煙火節，西洋的情人節與聖誕節等等雖然不是國定假日，卻是全日本男女老少最期待的年度盛事。

13

キャットストリート／原宿

相信各位首次來到東京的朋友們，一定對於這個既熟悉又陌生的城市感到好奇萬分，究竟東京的街景是不是如同日劇中的唯美浪漫？東京的男女是不是個個好比時尚雜誌中介紹的時髦有型？東京的道地美食又是不是與台灣的日式料理有所區別呢？為了解除大家心中的小小疑惑，作者先在這裡與大家分享自己印象最深刻的東京5大特色。

5東京大印象
IMPRESSIONS OF TOKYO

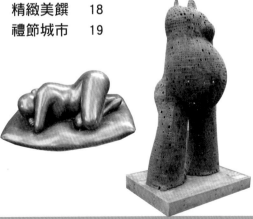

創意街區

相較於紐約、倫敦、巴黎等其他國際級的大城市,東京街頭瞬息萬變的程度可說是無人能敵,其他都會中的街區更新計畫大多以重修或改建原有的建築為主,然而東京在近10年之間,幾乎每隔幾個月就有全新主題的大規模區域、商場或是複合式建築陸續落成。

外地的遊客每次造訪東京時幾乎都能發現不同以往的變化與驚奇,當中像是汐留城、表參道之丘、六本木之丘、東京中城與赤坂新城等成功的案例都是在政府、企業、建築與創意團隊的通力合作規畫下,將原本幾近凋零的老舊街區與房舍賦予摩登新穎的面貌。

除了建築之外,為了讓東京成為名副其實的「藝術時尚之都」,在市區的各個角落當中大家也不難見到形形色色的街頭裝置藝術,這種充滿創意精神的生活美學概念似乎已深植於東京人的心中,而此般與時俱進、不斷更新的城市特質也成為東京能吸引全球觀光客目光的一大主因。

印象 2 風格時尚

若以「大眾化」來描述亞洲其他國家的流行，東京的時尚就該被形容為「地區化」與「個人化」，因為原宿、涉谷、代官山、青山、下北澤等區域均孕育出不同風格的品牌文化。此外，在東京人的穿搭哲學中，絕對不能只有名牌精品，位於巷弄間的特色小店是他們尋找配件與首飾的好地方，各位不妨好好觀察東京路人Mix & Match的小訣竅。

印象 3 傳統情懷

除了領導時尚外，「東京」還完整保存了另一類的傳統文化，在淺草、上野與神樂坂等地區各位可以參訪寺廟、庭園與宮殿等歷史古蹟，每

逢重要節慶大家還能體驗東京民眾對於傳統民俗活動的喜愛。舉例來說，「元旦新年」時，前往寺院參拜是許多家庭的盛事；男孩女孩在20歲時一定要穿著傳統和服參與「成年禮」；5月5日「兒童節」，家家戶戶都會懸掛起祈福的鯉魚旗；3月3日「女兒節」，有女孩的家庭皆會擺放出家傳的雛人型；另外像是「七夕節」廟會、「夏祭り」以及「花火祭」舉行時，不分男女老少均會穿上浴衣參與盛會。

印象 4　精緻美饌

圖片提供／Grand Hyatt Tokyo

品嘗美食想必也是各位前來東京的重要目標，在這「美食天堂」中，道地的懷石料理、生魚片、拉麵、壽司手卷等等自然是不可錯過的項目。除此之外結合西餐元素的「和風洋食」亦是頗具代表性的新日式美食，主廚們將明太子、柴魚、芝麻、抹茶與柚子等和風食材與義大利麵、Pizza、甜點相互融合，變化出連西方人也讚不絕口的新滋味。而國際化的東京還聚集了來自世界的佳肴，許多歐美米其林三星主廚更特別選在東京開設分店，讓觀光客們能一飽口福。

印象 5 禮節城市

日本一直給予大眾「彬彬有禮」的印象，在生活中「請(どうぞ)、謝謝(ありがとう)、對不起(ごめんなさい)、不好意思(すみません)、麻煩了(おねがい)」可説是非常重要的用語。另外像是彎腰鞠躬等表示禮貌的舉動更是相當頻繁，即便是好朋友在聚會結束時，也會説聲「今天謝謝(今日ありがとう)」與「路上小心(気をつけて)」；在職場中同事也習慣互道「工作辛苦了(お疲れ樣でした)」；於用餐前的「我要開動了(いただきます)」與用餐後的「謝謝您的招待(ごちそうさまでした)」也是不可缺少的用詞。在商店購物時，店員常會幫客人提著紙袋到店門口再彎腰鞠躬，這種以客為尊的態度就算只是購買小東西也依然不變，來到東京時各位不妨入境隨俗，把簡單的用語常掛嘴邊，這就是所謂的「禮多人不怪」吧！

東京前線搶先看
必訪10大新名所

多年前的的東日本大震，讓東京這個繁華的大都會瞬間陷入沉寂，災變過後日本人展現出攜手齊心的精神，讓一切逐漸回到正軌。事過境遷，東京不但恢復了原本的面貌，許多新地標、新大樓與新商場更在這幾年間如雨後春筍般誕生，這些新地方不但為東京帶來了新氣象，也逐步地為2020年即將舉行的東京奧運暖身。在東京之旅開始之前，我們要先帶領大家來認識這些遊客必訪的「東京十大新名所」！

2017 04

1 銀座
GINZA SIX

號稱銀座最大改建計畫的商場GINZA SIX在名師谷口吉生的規畫下誕生，建築結合了歷史與摩登兩種概念，還與設計公司teamLab共同打造出三層樓高的藝術水幕，成為東京最受注目的新名所。(P.157)

2016 11

2 中目黑
中目黑高架下

中目黑車站鐵路高架下方的空間閒置多年，從無到有地成為美食新天堂，長700公尺，結合了28間店鋪，中目黑高架下除了讓大家讚歎建築師的改造功力外，也成功帶起了中目黑的觀光人潮。(P.282)

3 銀座
TOKYU PLAZA GINZA

　東急集團繼原宿TOKYU PLAZA後的又一力作，將傳統的玻璃切割工藝融合時尚的建築概念，讓商場隨白天、夜晚不同角度的光線變換出不同的樣貌，館內還設有藝文展覽場、頂樓花園以及大型免稅店等人氣據點。(P.161)

4 新宿
MIRAINA TOWER

　JR公司醞釀多年的全新高速巴士轉運大樓，於新宿南口誕生，除了成為交通樞紐外，同步開業的NEWoMan與LUMINE 0等商場也為周邊地區帶來餐飲、購物與休閒娛樂等新機能。(P.110)

5 代官山 LOG ROAD

東急東橫線涉谷至代官山之間的路段地下化後,原本的鐵道搖身變成帶著美式度假村休閒風格的複合商場,除了美食與購物外,還請來園藝大師規畫四季變化的綠色植物造景,讓代官山又多了個愜意的好去處。(P.270)

6 原宿 Q-PLAZA

東急集團於原宿打造的全新大樓,由國際級的Klein Dytham建築師事務所設計,除了如積木堆疊的構造之外,還選用很Q的粉色系作為外牆裝飾,館內集結11家餐廳並設置了舒適的戶外庭園。(P.92)

7 神樂坂 LA KAGU

文青風吹進了神樂坂地區,大師隈研吾將出新潮出版社的倉庫成功改造為文創商場、咖啡廳兼講座空間,並運用原木坡道與階梯連接至路面,天氣晴朗的午後,常吸引文青們在這享受片刻的寧靜。(P.233)

8 銀座 KIRARITO

KIRARITO以「閃亮」為名，希望能為消費者帶來「幸福閃耀的時刻」，整棟建築由名師光井純打造，全玻璃帷幕與彷彿鑽石切割面的造型，讓整棟建築如其名般閃亮奪目。(P.159)

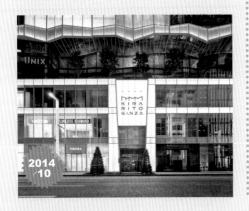

2014/10

9 虎之門 TORANOMON HILLS

虎之門之丘為東京「HILLS」系列複合式大樓再添一員，這棟東京第二高樓，為迎接2020東京奧運所準備的都市更新計畫之一，以「東京-未來」為口號，期許此街區能發展為東京的國際新都心。(P.246)

2014/06

10 秋葉原 mAAch Ecute

塵封70年的萬世橋車站橋墩，以文創商場mAAch Ecute的面貌重見天日，集結多間設計師商店與特色餐廳，為秋葉原地區增添不同的文化元素，屋頂還規畫了貼近鐵道的酒吧，成為鐵道迷的新朝聖處。(P.205)

2013/09

Top10花見之旅

每年3月底～4月初是東京最引人入勝的櫻花季，不論當地人還是觀光客，每個人都呼朋引伴地展開「花見」之行。所謂的「花見」指的是在櫻花滿開時和三五好友在公園內賞花、野餐、飲酒與遊戲的活動，在野餐時除自製美味的飯團點心外，各餐廳商家也都紛紛推出期間限定的櫻花飲品、便當與甜點。不僅在白天，某些賞花處還流行在夜間飲酒作樂的賞「夜櫻」，除了啤酒外，色彩應景的粉紅香檳是近年賞櫻客的新寵，夜晚的櫻花經過投影打光後綻放出不同於白晝的燦爛之美。在本單元中作者將與你分享心目中的Top 10賞櫻景點：

TOP1 新宿
新宿御苑

行程緊湊只能選擇一處賞櫻的朋友，新宿御苑可說是推薦的首選，這裡有多達1,300棵約65種類的櫻花，粉色、白色、原野、山坡、湖畔、庭園等各式櫻花與場景全部到齊，不論是野餐、散步或外拍皆有不同樂趣。

TOP2 吉祥寺
井之頭恩賜公園

百年歷史的井之頭恩賜公園擁有超過500棵分布密集的櫻花，除了壯觀的花海外，公園內有許多適合野餐的草原空地，還能在櫻花密布的湖畔划船賞景，可謂最多樂趣的花見名所。

TOP3 六本木
櫻花坂／毛利庭園／東京中城

六本木之丘與東京中城在興建時均以移植的方式打造了櫻花區域，位於馬路邊的櫻花坂讓花兒成列地盛開在摩登都會中；毛利庭園則保留了江戶時期的庭園景致；東京中城後方綿延的櫻花在夜晚時特地以粉紅色LED燈打亮，營造出如夢境般的迷人粉色花海，堪稱東京夜櫻之最。

TOP 4 江戶川橋
江戶川公園／椿山莊

　　江戶川公園屬於東京人的私房花見名所，少了大群的觀光客，讓蜿蜒神田川兩側的224棵櫻花更顯氣勢磅礡，河川沿岸的椿山莊與幾家傳統料亭茶屋更為此帶來不一樣的江戶風味賞花趣。

TOP 5 中目黑
目黑川

　　散布著設計師服飾店與咖啡廳的寧靜目黑川沿岸到了櫻花祭一下子變得人潮洶湧，3.8公里的河岸約有800棵櫻花綻放，假日時兩岸的餐廳紛紛擺出販售小吃、餐盒與酒類的攤位，氣氛好比熱鬧的河畔派對。

TOP6 上野
上野恩賜公園

賞櫻遊客眾多的上野公園擁有800棵歷史悠久的櫻花樹，公園大道兩旁的的櫻枝向中央延伸交會，彷彿成為一整片的浪漫櫻花雲海，由於上野公園開放至深夜且准許飲酒，許多夜櫻與夜飲的愛好者均呼朋引伴前來，越夜越熱鬧喧囂。

TOP7 淺草
淺草寺／隅田公園

隅田公園約有335棵櫻花綿延隅田川畔1公里，由於能邊野餐邊欣賞對岸的晴空塔，成為人氣直升的花見名所；淺草寺的內外亦種滿各式粉色櫻花，配合上莊嚴的寺院建築有種不同的清幽之美。

 TOP8

台場
台場海濱公園

　　比較少人知道台場海濱公園的沙灘沿岸竟然也是個私房的賞花處，這裡的櫻花數量雖然不多，但可讓你享受在櫻花樹下日光浴的不同樂趣，海風吹來時粉色的花瓣悠悠散落，落英繽紛的美景真可是此處獨家。

 TOP9

赤坂
AKASAKA SACAS／
日枝神社

　　AKASAKA SACAS在興建時即特意打造了包括11個品種的櫻花步道「SAKURA坂」，由於花種經過挑選，此處的櫻花將從3月底依序綻放至近5月初；附近的日枝神社則是另一處傳統風格的賞櫻地。

TOP10 涉谷
代代木公園

　位於涉谷與原宿之間的代代木公園，自1967年開園以來，一直是東京人闔家大小春日必訪的賞櫻名地，整個公園內共有超過800顆櫻花樹，又以靠近涉谷站入口的「櫻之園」最為密集。

璀璨浪漫聖誕季

聖誕節在西方國家是相當重要的宗教傳統，但在日本與許多非以基督教為主的國家，卻逐漸演變為與情侶、朋友或家人一起共度的歡樂節慶。東京的聖誕節氣氛尤其濃厚，從11月底起大街小巷即會開始懸掛各式燈飾，幾處大型商場則會固定舉辦大規模的聖誕燈節，成為冬季前往東京時的必訪景點。隨著科技進步，近年來各處燈飾紛紛加入LED燈幕、互動性裝置以及立體投影等技術，讓遊客們在璀璨又浪漫的燈海中享受東京獨特的聖誕氣氛。

1 六本木之丘

六本木之丘的聖誕燈飾每年均有不同主題的規畫，包括六六廣場的水晶聖誕樹、毛利庭園的池畔燈景，還有最引人注目的欅樹坂大道銀河(Keyakizaka Galaxy)。象徵冬雪的藍白色燈泡，以及燭光般的紅色燈泡掛滿街道兩旁的欅樹，成為浪滿的聖誕星河。

② 東京中城

東京中城周邊也會於聖誕季節鋪上繽紛的燈飾，其中最精采的為中城庭園內的大規模燈光秀，LED燈將鋪滿整片草坪，搭配上立體視覺效果的聲光秀，每到定點時刻總吸引遊客圍觀。

③ 原宿表參道

表參道的兩旁成列的綠蔭平時即是東京的經典風景之一，到了聖誕時節，兩邊櫸樹將掛上整齊的白色燈飾，吸引眾多行人駐足拍照，還常因此出動交警指揮人潮呢！一旁的表參道之丘與國際名牌旗艦店也都精心妝點櫥窗，是東京最時尚的聖誕街區。

4 汐留Caretta

汐留商場的聖誕造景可說是最令人歎為觀止的一處，大樓前方的紅蠵龜廣場將整個包覆上藍色燈光，搭配上多棵4、5層樓高的藍色燈樹，彷彿置身在宇宙炫麗的星雲中。除了從遠處欣賞外，還能排隊進入正中央的主燈樹內合影留念呢！

5 新宿西口／南口

新宿西口的馬賽克小道到南口的時代廣場和NEWoMan商場間可說是聖誕燈飾的精華地帶，不同於其他處燈飾的單一色系，這一區的燈飾大多繽紛多彩，還有許多互動式的裝置，大家只要隨著操作方式就可以控制燈色變化，相當有趣。

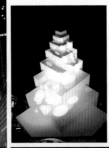

6 東京巨蛋

　　東京巨蛋周邊的聖誕燈飾已持續超過10年，每年都有新穎的主題呈現。由於巨蛋周邊和旁邊LaQua樂園的空地廣大，主辦單位還設計了尋寶地圖，讓大家依次探訪每個燈飾造景。除了炫目的聲光效果外，還有許多可愛版造景，深受小朋友們歡迎。

直擊東京時尚週

身為全球時尚發源地之一的東京，可說是隨時都有新鮮事發生，新的店面開幕、新的品牌發表、新的作品上市等等，讓這個城市好比一顆時尚風向球，不斷地影響世界潮流脈動。每年3月和10月東京時裝週舉行時，大大小小的時尚秀、發表會與派對如馬拉松式地在東京進行，有些活動僅限業界人士參與，也有不少大家都能共襄盛舉的項目。

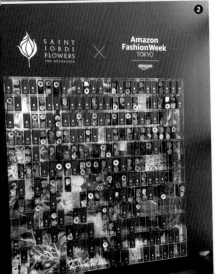

東京時裝週
AMAZON FASHION WEEK TOKYO

全球時裝週每年分兩季於紐約、巴黎、米蘭、倫敦與東京等幾大城市舉行，其中東京時裝週於2016年起由Amazon購物網站冠名贊助，並選擇涉谷的Hikarie為主場地舉行，參與的品牌多為日本的新銳設計師品牌，不少外國設計師也因為喜歡東京的時尚氛圍而將東京時裝週作為發表新裝的舞台。

和其他城市較為制式化的時裝秀相比，東京時裝週展出的每個品牌無不發揮創意，帶給看秀人士非常多的驚喜。在2017年的時裝週中，Yukihero Pro-Wrestling請來了少女團體Yumemiru Adolescence助陣，帶來一場只有在東京時裝週能見到的歌舞表演加上時裝秀；旅法設計師前田德子的品牌Tokuko 1er Vol則將秀場變為浪漫的法國鄉村，以水果與海洋圖案為主的印花搭配上悠揚的香頌，營造出異國的度假氛圍；每回新裝發表都別出心裁的品牌Tenbo，則是以人道關懷為設計主題，將現場帶至麻瘋病盛行的年代，設計師

鶴田能史還特地選用了許多非專業模特兒的身障者登上伸展台，讓觀眾無不動容；而以前衛風格著稱的設計師由利佳一郎本次的作品，則呈現出東京時尚的另類面貌，誇張如傘頂的帽飾、金屬光澤的連身褲與彷彿外星人的髮型，均讓人印象深刻。

　　東京時裝週的Fashion Show與大小Party多需要憑邀請函入場，可說是時尚業界的大型盛會。

http amazonfashionweektokyo.com

❶❷❸位於涉谷Hikarie的時裝週主場地❹形象牆上投影時裝週精采影像❺現場另有科技新品展示❻Amazon Fashion Week主形象圖❼開放一般民眾參觀的展示會區域

涉谷時尚祭
SHIBUYA FASHION FESTIVAL

為了讓其他時尚迷們也有機會感受東京時裝週的氣氛,「Shibuya Fashion Festival」於近年誕生,這個對所有民眾開放的活動,以一年2次的形式於東京時裝週的週末同步舉辦。活動當天涉谷與原宿地區,約有300家商店共同響應,除了提供當日折扣外,還會請來DJ與Model在店內舉辦小型派對。

位於涉谷與原宿之間的「宮下公園」,在時尚祭當天也會有許多好玩的活動,包括時尚市集、藝人表演,與各贊助商提供的遊戲與紀念照攤位等等。中日混血的

❶於公園內舉辦的露天時裝秀❷工作人員以形象海報上的造型穿梭街頭❸各店均有小型派對舉辦❹宮下公園的時尚市集

潮流設計師Alexander Lee Chang就曾在公園內舉辦了以「Picnic」為主題的露天Fashion Show,模特兒們除了展示品牌新裝外,還真的彷彿在公園內遊玩野餐般地拿出各種新奇的道具,讓現場的觀眾們留下難忘的回憶。而紐約時尚部落客Nick Wooster與新銳設計師Mark MacNairy也曾應品牌之邀,特別出席涉谷時尚祭活動,和粉絲們近距離的接觸。

http www.shibuyafashionfestival.com

食尚鬆餅早午餐

東京的美食可說是五花八門，但近年來的「食尚」潮流可就非鬆餅與早午餐莫屬，發源自美國的Brunch文化，讓晚起的鳥兒們，能輕鬆愜意地享用簡單美味的鬆餅輕食，搭配上香濃的咖啡。這股風潮在東京萌芽後，吸引來自美國本土與夏威夷的各大Brunch名店進駐，加上日本當地的餐飲品牌，讓東京人有著品嘗不完的選擇。當然鬆餅可不能天天吃，我們在眾多名店中，整理出10家各具不同特色的餐廳，大家不妨從中挑選幾家試試！

1 EGGS'N THINGS
掀起東京鬆餅熱潮

來自夏威夷的早午餐專賣店，東京這一波鬆餅風潮的始祖，除了各式炒蛋、蛋捲與三明治外，經典的鬆餅加上堆疊如山的鮮奶油為店中招牌。(P.102)

2 CAFÉ KAILA
來自夏威夷的海洋情調

同樣來自夏威夷的餐廳，曾榮獲多年夏威夷早餐大獎，店內充滿熱情的島嶼氣氛，其人氣餐點為鋪滿了新鮮草莓、藍莓、香蕉和蜜李的Kaila鬆餅。(P.97)

3 BILLS
萌倒大明星&紐約時報的鬆餅

由澳洲主廚Bill Granger開設的BILLS，曾被紐約時報選為世界第一的早餐，必嘗的Ricotta起司鬆餅，搭配上新鮮香蕉與蜂蜜奶油，是大明星李奧納多的最愛，在原宿東急廣場(P.90)與台場DECKS(P.320)均有分店。

4 CLINTON STREET BAKING COMPANY
顛覆鬆餅印象

來自紐約的小餐廳有著多個No.1的事績，包括紐約No.1鬆餅、No.1馬芬與Top 10早餐等，店內「溫楓糖漿鬆餅」的絕妙搭配將顛覆各位對鬆餅的想像！(P.178)

5 HOSHINO COFFEE星乃咖啡店
外酥內軟的窯烤厚鬆餅

位於109 Men's(P.69)的星乃咖啡店以復古的70年代裝潢與窯烤厚鬆餅聞名，外酥內軟的口感搭配上蜂蜜或黑糖漿與一小塊鹹奶油，帶給你簡單卻幸福的食感。

6 MICROCOSMOS
用好滋味搶戲的三層鬆餅

隱身於時尚Lounge中的美味鬆餅，三層堆疊的厚實口感搭配上鮮奶油、焦糖與藍莓等各種配料，讓鬆餅也能成為下午茶或夜晚聚會時的主角。(P.77)

7 SARABETH'S
紐約早餐女王登陸東京

由紐約早餐女王Sarabeth Levine創立的品牌，以班尼迪克蛋、現烤酥餅、水果厚片鬆餅和番茄濃湯等餐點，讓東京人讚不絕口。(P.119)

8 HONOLULU COFFEE
夏威夷最大的咖啡品牌

招牌科納咖啡口感濃醇不苦澀，並帶著肉桂香氣，鳳梨冰茶和擠滿咖啡奶油的科納鬆餅，也是店內的獨創商品。(P.261)

9 THE ORIGINAL PANCAKE HOUSE
美國波特蘭的三代相傳老店

以貌不驚人卻意外好吃的「荷蘭寶貝」鬆餅打下一片天，鬆軟的口感加上新鮮檸檬、糖霜與奶油，形成絕配的新鮮組合。(P.299)

10 MOKE'S BREAD & BREAKFAST
酸酸甜甜的百香果鬆餅

四代相傳的夏威夷小店，以獨創的Lilikoi鬆餅脫穎而出，鬆軟的煎餅表面淋上酸酸的特製百香果糖霜，特別的口感有別於一般的鮮奶油或糖漿。(P.283)

可愛卡通FUN樂園

日本可以說是Kawaii「可愛文化」的發源地，伴隨大家成長的卡通與漫畫人物們，則是可愛文化中不可缺少的元素。從日本漫畫家創造的哆啦A夢、龍貓、海賊王，到迪士尼與三麗鷗兩大品牌的卡通人物，每個角色均獲得世界各地粉絲的喜愛，因此許多朋友來到東京時，均會計畫前往卡通主題樂園，尋找夢想的中童話世界。而東京的卡通樂園可不只是小朋友們的專利，不論是和好友、家人或情人同遊，這些遊樂園都會為大朋友們帶來回味無窮的樂趣。

東京迪士尼度假區 TOKYO DISNEY RESORT

DATA 地址：千葉縣浦安市舞濱1-1
電話：0570-00-8632
網站：www.tokyodisneyresort.co.jp
營業時間：09:00～22:00(開園時間每日略異請參考網站)
票價：￥7,400 (18 歲以上)、￥6,400(12-17歲)、￥4,800(4-11歲)、￥6,700(65歲以上)，僅限一園區，另有星光護照與連日護照可供購買
交通：由東京站搭乘「JR京葉線」或「JR武藏野線」至「舞濱」站(約15分鐘)、迪士尼海洋需再轉乘「迪士尼度假區線」

東京迪士尼樂園
TOKYO DISNEYLAND

迪士尼樂園是所有人心目中的「夢想與魔法王國」，相較於以親子客群為主的歐美迪士尼樂園，東京迪士尼樂園中竟然有一半都是打扮時髦的帥哥辣妹，因為這裡就是可以讓大家盡情「裝可愛」的奇幻天地。

整個園區中包括七大主題：「世界市集」重現了20世紀初的美國小鎮街景；「夢幻樂園」裡有經典的小小世界，與各項可愛的遊樂設施；色彩繽紛的「卡通

本頁圖片提供／東京迪士尼

城」中，打造了米奇米妮與夥伴們居住的小城鎮；「探險樂園」內的叢林奇航，將帶領各位體驗亞馬遜叢林歷險；另外，「動物天地」的飛濺山、「西部樂園」的巨雷山，與「明日樂園」的太空山，則是樂園中最適合大朋友們挑戰的刺激設施。部分設施提供的Fast Pass服務，只要先至FP取票處領取「快速通行証」，再依照指定的時間前來，就能省去排隊的時間囉！

東京迪士尼海洋 TOKYO DISNEY SEA

　　為了配合東京灣的美麗海景，迪士尼精心打造了「Tokyo Disney Sea」，這座全世界唯一的迪士尼海洋中，除了保留可愛的主題外，更多了分適合大人遊客的閒適氣氛。園中的某些主題造景區域，若非不時有卡通人物出來蹦蹦跳跳，大家還真的不覺得自己身在迪士尼國度，而是在美國或南歐的浪漫港灣中呢！

　　經過入口處的「水之行星」後，各位將陸續造訪迪士尼海洋的七大主題海港：南歐風味的「地中海港灣」內，複製了浪漫的威尼斯貢多拉遊船；重現20世紀初紐約及鱈魚岬實景的「美國海濱」中，有著最刺激的鬼屋驚魂古塔；在「失落河三角洲」裡頭，各位可以探索危機四伏的水晶骷顱頭魔宮；天才科學家尼默船長的基地「神祕島」上，則能嘗試前所未有的地心探險之旅；最後再來到超越時空的「發現港」，體驗風暴騎士的氣象觀測任務；至於小朋友們最喜歡的，莫過於散發出七彩夜光的「美人魚礁瑚」，與魔幻的阿拉丁世界「阿拉伯海岸」。

本頁圖片提供／東京迪士尼

三麗鷗彩虹樂園
SANRIO PUROLAND

　　三麗鷗旗下的卡通人物包括凱蒂貓、美樂蒂、布丁狗與Kiki Lala等都擁有非常多的粉絲，來到東京時當然也要把握機會和這些可愛偶像們近距離接觸，位於多摩市的三麗鷗彩虹樂園就是這樣的夢幻園地，在這裡大家可以造訪「凱蒂的家」、參加「Kiki & Lala的閃亮之旅」、搭乘「美樂蒂小火車」與「三麗鷗明星家族飄飄船」，還能欣賞一連串華麗的主題人物歌舞秀，更別錯過每天僅登場一回的三麗鷗40週年卡通人物大遊行，除了遊樂設施外館中還有多家主

圖片提供／三麗鷗彩虹樂園

題餐廳、紀念品專賣店與不定時舉辦的特展活動。

DATA 地址：東京都多摩市落合1-31
電話：042-339-1111
網站：cn.puroland.jp
營業時間：10:00～17:00(週末延長至18:00或20:00請參考網站)
票價：平日¥3,300(18歲以上)、¥2,500(3～17歲)
假日¥3,800 (18歲以上)、¥2,700(3～17歲)
交通：由新宿站搭乘「京王線特急」至「京王多摩中心」站(約30分鐘)

東京鐵塔海賊王樂園 TOKYO ONE PIECE TOWER

　　2015年於東京鐵塔中開幕的海賊王樂園讓動漫迷們又多了個必訪的朝聖地，其中1樓為海賊王主題餐廳與紀念品區域，自助式的餐廳中從空間設計、菜單到餐點造型，都可以看到海賊王主角魯夫與喬巴等可愛身影，3～5樓的樂園區則包括了卡通主角介紹區，與以各個人物為主題的遊戲區，如「魯夫」的無盡冒險、「布魯克」的膽量挑戰賽、「索隆」的砲彈一刀兩斷、「娜美」的賭場、「喬巴」的船艦與「騙人布」的狙擊遊戲等等，館內另定時演出主題人物秀，保證讓海賊王迷們玩得過癮。

DATA 地址：東京都港區芝公園4-2-8
電話：03-5777-5308
網站：onepiecetower.tokyo
營業時間：10:00～22:00
票價：¥3,200 (19 歲以上)、¥2,700(13-18歲)
¥1,600(4-12歲)，上網購買預售票可享折扣
交通：搭乘「都營大江戶線」至「赤羽橋」站赤羽橋出口，步行約5分鐘

圖片提供／海賊王樂園

三鷹之森吉卜力美術館 MITAKA GHIBLI MUSEUM

動畫大師宮崎駿曾創作包括龍貓、風之谷、神隱少女、天空之城與魔女宅急便等膾炙人口的卡通電影，他於2001年以工作室「吉卜力」為名，在三鷹開設了這間結合藝術展覽與公園綠地的三鷹之森美術館，館中定期舉辦與動畫創作相關的展覽，並於「土星座館」中放映未在市面公開的動畫電影，大家還可在館內外參觀可愛的龍貓票亭、絢麗的天空壁畫、天空之城中的機器人普拉達、小朋友專屬的龍貓公車遊樂區。由於宮崎先生希望大家來到這裡能用心感受而非僅拍照留念，所以館內許多地方是不可拍照的，大家可要當個守規矩的訪客！

DATA 地址：東京都三鷹市下連雀1-1-83
電話：0570-055-777
網站：www.ghibli-museum.jp
營業時間：10:00～18:00(週二休館、遊客須依門票指定時間入園)
票價：￥1,000(19歲以上)、￥700(13～18歲)、￥400(7～12歲)、￥100(4～6歲)。需先至東京各Lawson超商以Loppi機器預約日期與購買，台灣地區可洽東南旅行社購買預售票
交通：由新宿站搭乘「JR中央線快速」至「三鷹」站並轉乘接駁公車 (約40分鐘)

藤子不二雄博物館 FUJIKO FUJIO MUSEUM

不論你是出生在「小叮噹」還是「哆啦A夢」的年代，日本動畫大師藤子不二雄的作品，都陪伴大家度過了充滿幻想的青春歲月。來自未來世界的任意門，與漫畫中熟悉的空地水管場景，在這座於2011年開幕的藤子不二雄博物館中，都真實呈現在大家眼前！除了可以和這些道具造景與人物合影外，館內展示區還陳列了許多藤子先生的手稿，與個人收藏的模型。2樓特別規畫的閱覽區，則能讓你跟哆啦A夢、大雄、胖虎與小夫回味看漫畫的樂趣。3樓的餐廳也是超人氣的區域，供應各式簡餐與甜點，每樣餐點上都可見到哆啦A夢主題人物的可愛肖像呢！

DATA 地址：神奈川縣川崎市多摩區長尾2-8-1
電話：0570-055-245
網站：fujiko-museum.com
營業時間：10:00～18:00(週二休館、遊客須依門票指定時間入園)
票價：￥1,000(大學生以上)、￥700(國高中生)、￥500(4歲至小學)。需先至東京各Lawson超商以Loppi機器預約日期與購票
交通：由新宿站搭乘「小田急線」至「向ヶ丘遊園站」再步行約15分鐘(約40分鐘)

OUTLET血拼購物趣

東京的折扣季每年固定於1／1與7／1起跑，折扣期約持續一個月至一個半月，沒有趕上折扣季的朋友也別擔心，東京近郊有許多OUTLET暢貨中心一樣可以讓你買得過癮！目前東京周邊的OUTLET MALL多為三井集團經營，商場中販售的折扣商品以日系品牌為主，另外位於較遠處的「御殿場」則以國際精品名牌為主，雖然折扣不比歐美的暢貨中心低，卻也比當季的商品來得划算，建議大家不妨先研究各OUTLET的品牌再決定要前往何處購物。

三井OUTLET PARK 多摩南大澤

　　三井多摩南大澤原名為「LA FÊTE TAMA」，距離新宿僅需40分鐘車程，具有交通方便的優點。商場店舖分布相當集中，購物路徑十分方便。這裡的商店共有98間，包括日系集團LAST CALL、NANO UNIVERSE與UNITED ARROWS、BEAMS與NANO UNIVERSE等幾大SELECT SHOP的暢貨中心。

DATA 地址：東京都八王子市南大澤1-600
電話：042-670-5777
網址：www.31op.com/tama
營業時間：10:00～20:00
交通：由新宿搭乘「京王相模原線」於「南大澤」站下車直達(約40分鐘)

三井OUTLET PARK 幕張

　　三井幕張原名為「GARDEN WALK」，位於迪士尼樂園附近，品牌商店有88間，與多摩南大澤OUTLET類似，其中的獨家店面為agnès b.的折扣店，可以市價2至5折購買到各式的小b包。

DATA 地址：千葉縣千葉市美濱區ひび野2-6-1
電話：043-212-8200
網址：www.31op.com/makuhari
營業時間：10:00～20:00
交通：由東京站搭乘「JR京葉線快速」於「海濱幕張」站出南口即達(約30分鐘)

三井OUTLET PARK 入間

入間OUTLET的規模較大，共包括210家折扣商店與近20家餐廳及咖啡店，除了日系服裝外，歐美品牌如COACH、KATE SPADE與MICHAEL KORS等也都設有暢貨店。

DATA 地址：埼玉縣入間市宮寺3169-1
電話：04-2935-1616
網址：www.31op.com/iruma
營業時間：10:00～20:00
交通：由池袋站搭乘「西武池袋線」於「入間市」站轉乘西武巴士直達(約60分鐘)

三井OUTLET PARK 木更津

木更津為三井於東京周邊最新開幕的OUTLET商場，占地最大、包括250家店鋪，還以歐風的情調讓消費者享受度假般的購物樂趣，其中品牌包括日系服裝、各大運動品牌與歐美精品等等。

DATA 地址：千葉縣木更津市金田東3-1-1
電話：043-838-6100
網站：www.31op.com/kisarazu
營業時間：10:00～20:00
交通：搭乘電車需再轉乘巴士，建議於新宿西口或東京站八重洲口搭乘直達巴士

御殿場PREMIUM OUTLET

御殿場為國際OUTLET集團PREMIUM開設的暢貨中心，由於距離東京市區約90分鐘車程，來回車資約￥3,000，建議對歐美精品名牌有興趣的朋友再行前往，御殿場的品牌包括ANNA SUI、GIVENCHY 、BALLY、FENDI、CHLOE與GUCCI等等。

DATA 地址：靜岡縣御殿場市深沢1312
電話： 0550-81-3122
網址：www.premiumoutlets.co.jp/gotemba
營業時間：3～11月10:00～20:00，12～2月10:00～19:00
交通：由新宿站西口或東京站八重洲南口，搭乘御殿場巴士直達(往返￥2,880，約90分鐘)

懷舊風味輕旅行

日新月異的東京除了有各式新穎的去處外，許多東京人近年來卻反其道而行地開始懷念起過去的美好時光，讓許多深具懷舊風味地方成為熱門的觀光景點。除了上野、淺草與築地等等具有所謂「下町感」的著名街區外，原本較少人前往的清澄白河及月島等地，也在媒體的報導下成為熱門的懷舊去處；行程較充裕的朋友，不妨抽出一整天的時間探訪東京近郊的鎌倉或川越，只要一個多小時的車程就能讓各位穿越時空，體驗不同的東京風貌。

月島
品味傳統老店與正宗文字燒

與築地市場僅有一河之隔的月島，為100多年前填海造陸而成的人工島，在明治年間許

多小型工商業的於島上進行，但由於交通不便，其建設發展比其他區域落後許多，直到80年代地鐵開通後，才在地區商會的協助下逐漸演變為獨具特色的文字燒專賣區。

文字燒為關東地區的傳統美食，將麵糊、高麗菜、海鮮與豬肉片等食材攪拌

後於鐵板上煎烤，不同於關西大阪燒的厚實口感，文字燒僅以香薄的麵皮保留食材的鮮美原味。月島的店舖集中在「西仲通り」商店街，除了有販售零嘴與雜貨的老店外，還有近60家的文字燒專賣店，讓大家盡情體驗DIY文字燒的樂趣。

❶❹遍布巷弄間的文字燒專賣店❷食材豐盛的文字燒❸西仲通り商店街

DATA 交通：有樂町線、都營大江戶線月島站
網站：www.monja.gr.jp

清澄白河
來段懷舊愜意的街巷散步

清澄白河位於隅田川左側，為大橫川、小名木川與仙台崛川3條運河之間區域的總稱，這裡在江戶時代為物流中心，而後演變為工廠倉庫的聚集地。近年來隨著工廠遷移而轉型為住宅區，東京都現代美術館也在此落腳，原本的廠房則逐漸改建為工作室、特色咖啡廳與藝廊，甚至吸引了來自美國西岸的文青風咖啡品牌Blue Bottle來此開設首間海外分店。

在這些新地方開設的同時，部分的巷弄則保留了復古的雜貨店、釜飯專門店

以及傳統的寺院等等，巧妙地融合了傳統與藝文2種風格。於明治年間修建至今的「清澄庭園」則是本區最具古典風味的景點，原本為富豪的官邸，而後在三菱財閥的修建下，成為擁有全國各地名貴岩石的造景庭園，一年四季呈現出不同的美景。

DATA 交通：半藏門線、都營大江戶線清澄白河站
網站：teien.tokyo-park.or.jp (清澄庭園)

❶綠意盎然的清澄公園❷懷舊風的咖啡喫茶❸老字號土產名店❹文青風格Arise Coffee❺超人氣的Blue Bottle❻清澄亭園的古典風情

① ②

③

川越
穿越時空的小江戶復古體驗

距離新宿約45分鐘車程的埼玉縣川越市,是東京近郊最快能讓各位「穿越」時空的古老市鎮。這裡在江戶時代是保衛江戶城北邊的防守重鎮,也曾是埼玉縣的商業貿易中心。

在二次大戰之後,隨著商業中心移轉,川越不但未被開發成現代化的城鎮,反而一路保留從江戶、明治、大正到昭和年間的古老建築與傳統商店,成為難能可貴的傳統建築保存區。最主要的「藏造老街」中保留了有著黑色防火獸面瓦屋頂的古老樓房,在這條老街與鄰近的「大正浪漫夢通」中,大家可以品嘗許多川越特有的古早味街邊美食,其中最著名的是蜜番薯丸子與番薯豆沙包。在藏造老街街尾,則能見到有400年歷史的川越地標鐘樓,在老街上還有

提供和服租借的店家,讓大家能更進一步體驗穿越時空的旅趣。

除了老街外,川越的幾處寺廟如喜多院、熊野神社與冰川神社等,也是遠近馳名且有著相當趣味的祈願活動,例如在「熊野神社」可以嘗試套圈圈來祈求各種不同的運勢,還能在庭院流水中「洗錢」求財運;來到「冰川神社」則不妨試試小人退散的祈願,把代表厄運的剪紙小人放水流,至於想覓得良緣的朋友別忘了在許願後釣一隻良緣鯛魚御守,每天早上還會由巫女發送限量20個的結緣石呢!川越的各大景點均可步行抵達,也可搭乘觀光巴士輕鬆暢遊。

DATA 交通:由新宿搭乘西武新宿線至「本川越站」或JR埼京線轉川越線至「川越站」
網站:www.koedo.or.jp

❶冰川神社古色古香的建築❷小人退散祈願❸冰川神社著名的平安與良緣鯛魚御守❹藏造老街中的人力車❺老街的特色傳統小吃❻熊野神社中洗錢求財運的有趣活動❼川越有名的蜜番薯丸子❽黑色獸面瓦屋頂的古老建築❾川越市的地標鐘樓

鎌倉
探訪大佛與寺院的古都之旅

鎌倉位於距離東京約1小時車程的神奈川縣，和京都與奈良等均為日本馳名的古都，南側面海，其他三方被群山環繞，其得天獨厚的地理環境從1192年起即被武將源賴創建為幕府，至今仍完整保存著多處古色古香的寺院以及國寶級的大佛，建議大家可以安排一天的時間，前來體驗不一樣的古都幽情。

鎌倉大部分的景點都可步行抵達，最便利的遊覽路線為搭乘JR線至「北鎌倉站」，接著依序拜訪1282年建寺至今的「圓覺寺」、日本第一座禪宗道場「建長寺」，以及許多當地人新年必訪的「鶴岡八幡宮」，登上位於高處的寺頂除了盡覽鎌倉的美境外，還能求份讓願望實現的鴿子御守。

八幡宮底下則為鎌倉知名的老街「小町通」，大家可在這享受古樸風味的午餐後，搭乘一樣具有復古特色的「江

❶圓覺寺中的日式庭園 ❷圓覺寺傳統木造建築 ❸世界知名的高德寺大佛 ❹復古的江之電電鐵 ❺建長寺的櫻花美景 ❻位於山腰的鶴岡八幡宮 ❼香客絡繹不絕的八幡宮主殿 ❽清幽雅致的高德寺一隅 ❾如畫般的長谷寺山景 ❿小町通的懷舊商店 ⓫搭人力車體驗古樸風味

之電電鐵」前往「長谷站」，世界知名的「高德寺」大佛即位於此站周邊，這尊造於1252年的阿彌陀如來坐像高13.35公尺，莊嚴神聖地穩座山林間，也成為鎌倉最具代表性的地標；在高德寺附近另有供奉十一面觀音像的「長谷寺」，春天的櫻花與秋日的楓葉景色均古典如畫，每每吸引眾多遊客前來。

DATA 交通：由新宿搭乘JR湘南新宿線、或由東京站搭乘JR橫須賀線至「北鎌倉站」
網站：www.kamakura-info.jp

東京地鐵快易通
ABOUT TOKYO METRO
玩遍東京，從認識地鐵開始

東京與紐約、倫敦、巴黎等知名的國際城市皆以發達的地下鐵運輸系統聞名，然而與其他城市相比，東京的地下鐵除了便利之外，更以整潔、安全與準時著稱，因此搭乘地鐵暢遊東京絕對是觀光客們最簡便且省時的第一選擇。不過初次造訪東京的朋友們，或許會對於密密麻麻、五顏六色的東京地鐵路線感到迷惑萬分，所以我們特別開設了地鐵快易通的課程，讓大家在出發之前，能先對東京地鐵有個完整的概念，抵達之後便能一卡在手，通行無阻！

東京地鐵4大系統

① 全新修建的東京車站出入口
② 車廂內標示列車停靠點的告示牌
③ 復古的原宿車站

🚃 地鐵4大系統

　　東京的地鐵路線主要可以分為以下4大系統：

　　JR線、TOKYO METRO(東京メトロ)、以及都營地下鐵、私鐵。

　　JR線的前身為日本國有鐵道(Japanese National Railways)，自1987年起民營化由JR東日本公司(East Japanese Railway Company)負責營運；TOKYO METRO(東京メトロ)為公營鐵路由日本中央政府與東京都共同設立的東京地下鐵株式會社經營；都營地下鐵亦為公營鐵路，但

經營權完全屬於東京都交通局；私鐵則由其他不同私人運輸業者與財團所經營例如東急線、西武線、小田急線與京王線等等。

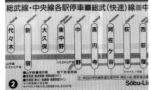

各系統**重要路線**

🚈 JR線

JR山手線 ▭▭▭▭

東京都市中心與近郊地區的重要JR路線包括JR山手線、JR中央線、JR總武線與JR京葉線等等，其中最主要也是觀光客最常搭乘的為JR山手線。

這條全長34.5公里、停靠29個車站的鐵路，以環狀方式行經東京最精華的地區，包括原宿、新宿、涉谷、池袋等等，JR山手線分為內外兩圈，外圈為順時鐘方向行駛，內圈為逆時鐘方向行駛，列車繞行一圈的時間為61分鐘，搭車前可參考行駛時間圖，決定搭乘外圈或內圈的方向，若搭錯方向也不用慌張，因為列車為圓圈式的循環行駛，最終還是會到達各位的目的車站。

由於JR山手線好比東京都運輸的「主動脈」，其他鐵路大多與其交錯設置，並呈輻射狀分布，因此許多JR山手線沿線的車站亦成為重要的轉運樞紐，另外，雖然JR山手線大多在「路面」上行駛並非真正的「地下」鐵，但一般大眾在討論廣義的東京地下鐵系統時仍會將之納入其中。

❶JR池袋車站東口
❷地鐵新禮貌運動宣傳海報

🚈 TOKYO METRO (東京メトロ)

銀座線 (G Line 橘色線) ▭▭▭▭▭▭

銀座線於1927年通車，為全日本第一條地下鐵，因行經銀座地區而得名，由於發展的時間最早，銀座線包括了全東京最傳統和最熱鬧的精華地帶，可以讓各位一路從別具歷史風華的淺草、上野、神田與日本橋玩到最時尚摩登的銀座、赤坂、青山、表參道和涉谷。

丸ノ內線 (M Line 紅色線) ▭▭▭▭

丸ノ內線由杉並區荻窪行駛至豐島區西池袋，因途經東京車站附近的丸ノ內商業區而得名(ノ讀音「No」，也譯為丸之內線)，搭乘丸ノ內線可造訪包括東京車站、東京巨蛋與新落成之赤坂新城

(AKASAKA SACAS)等必訪東京地標，也可到達池袋、銀座、新宿等熱鬧大站。

日比谷線 (H Line 灰色線)

日比谷線由中目黑行駛至北千住，途經日比谷公園而得名，其線上有多站各具不同特色但皆為觀光客所喜愛的必訪地區，包括御宅族的天堂秋葉原、海鮮老饕的最愛築地、皆具藝術時尚與夜生活機能的六本木與浪漫唯美的約會勝地惠比壽等等。

東西線 (T Line 藍色線)

東西線顧名思義由東西向貫穿東京市區，由於為較新的線路，於月台上設有安全閘門，其中重要車站包括名校所在地的早稻田站，以及具有復古情懷的神樂坂與飯田橋等。

南北線 (N Line 綠色線)

南北線則為南北向穿越東京市區，其中的麻布十番站臨近六本木，亦為特色美食與夜生活的據點，目黑為

許多觀光旅館所在地，而白金台一帶則多為高級住宅區，以優雅的「白金台貴婦」知名。

千代田線 (C Line綠色線)

千代田線路經東京的核心地帶千代田區而得名，此線亦可到達赤坂、表參道與原宿等地。

有樂町線 (Y Line土黃色線)

有樂町線行經銀座附近的有樂町站商圈，其中的月島站則以傳統道地的文字燒著稱。

半藏門線 (Z Line紫色線)

半藏門線行經半藏門、涉谷、表參道與青山等重要車站。

副都心線 (F Line咖啡色線)

副都心線為東京最新的一條地鐵路線於2008年6月通車，一路行經涉谷、原宿、新宿與池袋等東京西側重點大站。

▼京王線新宿車站

▲百合鷗號新橋車站

🚇 都營地下鐵

都營淺草線 (A Line)

　　都營淺草線行經許多重要的東京傳統區域，包括淺草、上野、日本橋等，大門站與JR濱松町站相通，由此站可步行約15分鐘抵達東京鐵塔。

都營大江戶線 (E Line)

　　都營大江戶線部分路段為環狀設計，故有「東京地下山手線」之稱，行經六本木、青山、新宿與築地等地。

都營新宿線 (S Line)

　　由新宿直通千葉縣的本八幡站，是連接東京都與千葉縣的重要交通幹道。

都營三田線 (T Line)

　　由目黑前往西高島平，沿線多為住宅區與商業區，較少觀光重點車站。

🚇 私鐵

　　私鐵大多通往東京市中心外圈的住宅區與郊區，乘客以當地通勤的居民為主，其中觀光客最常有機會搭乘的為可

抵達「下北澤」的小田急線、前往「吉祥寺」的京王井之頭線、途經「代官山」、「中目黑」、「自由が丘」的東急東橫線，以及可暢遊「台場」一帶的ゆりかもめ線(百合鷗號線)與貫穿「橫濱」地區的みなとみらい線(港區未來線)等等，雖然部分的私鐵為路面或高架行駛，但和JR線一樣可被歸為廣義的東京地下鐵系統之中。

▲東京鐵路發展初期的列車樣貌

東京地鐵**購票通**

東京地鐵的車票分為單程票、儲值卡、月票與1日券幾種：

單程票

單程票由各家地鐵業者分別販售，乘客若需連續搭乘2段不同業者營運的路線時必須於轉乘點出站另行購票。舉例來說，欲從新宿前往代官山時可先搭乘「JR山手線」至涉谷再出站購票轉乘「東急東橫線」。部分聯營路段可一次購票無須出站，例如「東急東橫線」可直通「港區未來線」，售票處上方的告示牌均會清楚標示當站購買的車票最遠可乘至何處。

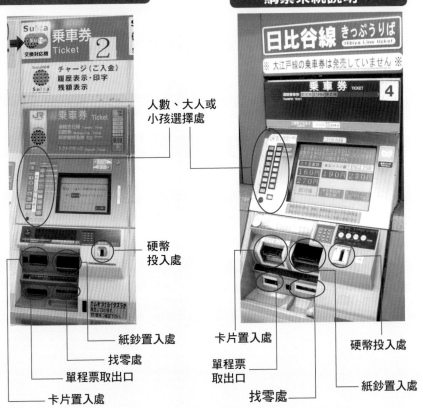

JR機器購票系統說明

人數、大人或小孩選擇處

硬幣投入處

紙鈔置入處

找零處

單程票取出口

卡片置入處

TOKYO METRO機器購票系統說明

卡片置入處

硬幣投入處

單程票取出口

找零處

紙鈔置入處

▼單程票購票STEPS

Step1 由上方告示牌得知目的地之票價。

Step2 置入紙鈔或硬幣。

Step3 選擇所需票價，系統預設為一位大人，若需更改為多位大人或小孩可由左側人形圖像按鈕選擇。

Step4 取出車票及找零。

儲值卡 (PASMO／SUICA)

東京地下鐵的儲值卡分為TOKYO METRO發行的PASMO(取Pass More的諧音)與JR發行的SUICA(因與西瓜發音相似被暱稱為西瓜卡)2種，目前2種卡均可互通使用於東京所有地鐵線路與公車系統，還可當作電子錢包於販賣機以及便利商店使用，也能在互相的售票機中加值。

▼SUICA/PASMO 加值 STEPS：

Step1 選擇「入金」。

Step2 置入SUICA或PASMO卡。

Step3 螢幕將顯示卡片餘額，此時可選擇欲加值的金額。

Step4 置入紙鈔或硬幣。

Step5 螢幕顯示加值後可用金額，取回卡片。

PASMO和SUICA與台灣捷運悠遊卡類似，為接觸感應式票卡，金額用畢後可於儲值機進行加值，內含押金￥500，不用時可至服務處辦理退還(需收手續費￥210，建議可留做紀念或於其他旅程續用，使用年限為10年)。東京地鐵的儲值卡在價格上和單程票並無差異或折扣，不過卻能幫大家節省旅行時的寶貴時間，不用在售票機前大排長龍。

2013年3月起，日本全國各地的交通儲值卡正式通用，包括日本各地JR發行的SUICA、KITACA、TOICA、ICOCA、SUGOCA、東京的PASMO、名古屋的manaca與關西的PiTaPa等等。計畫前往其他城市旅遊的朋友們就不須在他處另購儲值卡，非常便利！

月票

月票的使用者為東京當地通勤族，可在特定區間(例如住家至公司間的範圍)內享有折價優惠，若要使用於區間外則需另行補票。此月票並非如同某些歐美國家地鐵系統推出的1個月無限搭乘月票，因此觀光客並不適用。

1日券

1日券可在購票當日無限次搭乘「該發行公司的路線」，但不包括其他地鐵業者的範圍。發行1日券的公司包括JR、TOKYO METRO、都營地下鐵、百

合鷗號線與橫濱港區未來線等等，JR、TOKYO METRO、都營地下鐵亦有推出聯營1日券可供選擇，各位若計畫在1天內前往多個景點並反覆搭乘某地鐵業者的路線時，1日券為十分划算的選擇。各種1日券均可於售票購機購買。除了1日券外，TOKYO METRO與都營地下鐵也針對外國旅客推出2與3日券，可憑護照於機場旅客中心與BIC CAMERA等合作商家購買，詳細資訊可參考官網www.tokyometro.jp/cn/ticket/value/travel/

地鐵各線1日券價目表

JR1日券	￥750
TOKYO METRO1日券	￥600
都營地下鐵1日券	￥700
TOKYO METRO、都營1日／2日／3日券	￥800/1,200/1,500
JR、TOKYO METRO與都營地鐵聯營1日券	￥1,590
台場百合鷗號1日券	￥820
橫濱港區未來線1日券	￥460
橫濱港區未來線+東急東橫線往返1日券	￥860

搭地鐵小撇步

Tip +1 如何解讀列車告示牌?

東京地鐵的路線繁多,為了不讓大家混淆,每一條線路都有其固定的顏色,大家只要先找到所要搭乘的路線,再看準欲前往的目的地,就能一目了然所需車資了。

到了月台上,各位會看到另一種的列車告示牌,這類的牌子通常只會畫出該線的各站,下方為漢字、上方為英文拼音,除此之外,站名的旁邊還另標上了一個英文字母和數字,原來這是近年來政府為了讓觀光客能更輕易地搭乘地鐵,所以將每一條地鐵線都以開頭的英文字標示(有重複者以其他發音字母代替),例如銀座線GINZA就名命為G Line並且將線上的站名依序編號成涉谷G01、表參道G02、外苑前G03等等。最後在告示牌每站站名上方還會有一串不規則遞增的數字2、6、10,這是代表由當站到各站的所需分鐘數,東京地鐵系統一向以準時聞名,大家不妨測試看看!

Tip +2 為什麼列車過站不停?

部分的東京地鐵,尤其是私鐵列車常分為各停(各站停車)、急行、和特快等種類,急行車與特快車在某些中小型車站過站不停,在搭車之前,必須先從告示牌上辨認清楚所欲前往的車站有哪些種類的列車停靠,例如搭乘東急東橫線前往代官山時就必須搭乘「各停」因為其他種類的快車將一路急駛至中目黑站。

Tip +3 搭地鐵也要注意時間!

日本地鐵不像有些歐美國家採取24小時營運,平常日營運時間大約從清晨05:30～00:00左右,假日時某些班次會延長至00:30或01:00,這些頭末班車資訊都可於車站時刻表上或是詢問處得知。另

▲日文漢字與英文並列的車站指標

▲「急行」與「各停」列車標示

外，東京地鐵系統在上下班時段的人山人海情形相信大家一定時有所聞，建議各位還是盡量避免早晨07:00～09:00與傍晚下班放學時搭乘地鐵吧！

Tip +4 不可不知的電車禮節！

台灣捷運法律明文禁止飲食，而東京的電車，吃喝東西是被允許的，不過東京人以有禮貌著名，就算可以在車廂飲食，也不會真的有人攜帶香味四溢的食品來干擾他人的「乘車空氣品質」。此外，雖然沒有明文規定，東京人的習慣是在車廂內不講電話只發簡訊以免干擾他人，近年來東京的地鐵正逐步推行「新禮貌運動」，除了打電話外，高聲交談、車內化妝與大聲聽音樂等也都被視為會影響他人搭車權益的舉動！

Tip +5 留意車廂也是男女有別！

為了保護女性朋友們於擁擠的早晨通勤時段與人煙稀少的深夜時段，能擁有安全的搭車環境，東京地下鐵的大部分路線皆在此2個時段設立「女性專用車廂」，如

▲女性專用車廂

果各位是幾個女性友人結伴同遊時，不妨選擇這樣的車廂乘坐！

Tip +6 最新地鐵地圖帶著走！

大家抵達東京後別忘了前往地鐵站索取最新的免費地鐵路線圖，如此一來不但能輕鬆地隨手查閱，還能知道東京最新的地鐵路線與車站資訊，一切準備就緒後，各位就可以正式跟著我們一起「搭地鐵玩遍東京」囉！

▲各類免費索取之新版地鐵路線圖

看懂地鐵內的告示標語

▲請勿於月台上嬉戲

▲請勿於車廂內撥打手機

▲請勿於車內補妝

▲請勿大聲聆聽音樂

淺草寺／淺草

搭地鐵
追逐東京
道地性格

在簡明扼要的介紹後，想必各位已對東京的地鐵系統與風土民情十分了解，接下來就請大家抱持著雀躍且期待的心情，一同深入東京各大重點區域，體驗處處不同的文化驚奇。在這趟旅程當中，一共包含了9條各具特色的主題路線，與35個停靠站，大家可以依照自身的喜好、時間與預算安排，也可以跟著本書的腳步遊遍全程，無論走馬看花還是深度旅遊，相信各位一定都能從中發掘自己最愛的東京路徑！

涉谷站 SHIBUYA

達人報告

全東京最多帥哥辣妹聚集的區域非「涉谷」莫屬，這裡不但是日本獨特的「109文化」起源地，更是引領全亞洲年輕時尚的流行風向球。然而近年來裝扮過分誇張的109辣妹與烤肉哥已經不是涉谷的主流，取而代之的是參考了好萊塢名模女星風格，並加入日本可愛與閃亮元素的健康性感新109 Style。

至於其他年齡層的朋友也別擔心，在範圍廣大的涉谷地區一樣可以找到適合各位的好去處，上班族的輕熟齡男女不妨逛逛精品型的西武百貨和都會型的丸井(01)百貨，或是漫步至氣氛全然不同的公園通周邊看看特色小店，全家同行的朋友則可前往NHK主題公園或是代代木公園遊玩，相信大家一定都能在涉谷留下深刻的東京印象。

東京事件簿

109辣妹與烤肉哥風潮

約莫在10多年前，涉谷的109百貨周邊開始聚集了一群有著黝黑皮膚、金黃長髮並畫上誇張眼妝的年輕女生，大家稱呼她們為109辣妹(ギャルGAL)，而和她們往來的男生也總是一些把自己曬成小麥膚色並染著誇張頭髮的烤肉哥(ギャル男GAL-O)。隨著這股新興文化日漸流行，涉谷地區陸續出現了許多109風格的服裝店與藥妝店，甚至還發展出辣妹與烤肉哥專屬的服裝雜誌與時髦夜店等等。

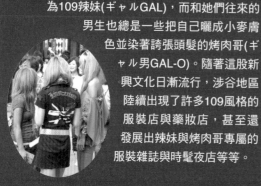

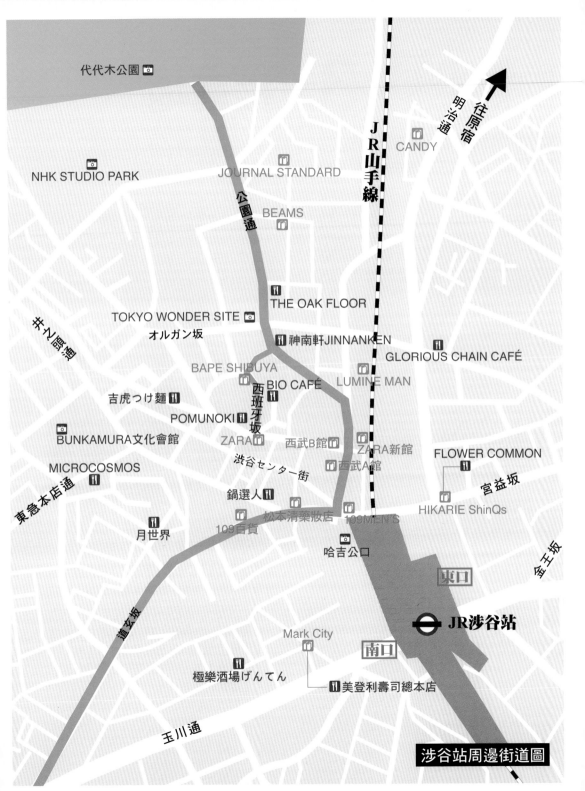

涉谷站周邊街道圖

東京達人**3**大推薦地

作者最愛
神南軒
隱身於大樓中，卻有著美味料理與絕佳景觀的特色餐廳。(P.75)

遊客必訪
109百貨
東京辣妹文化的起源地，不可錯過的購物天堂與流行風向球。(P.69)

東京人推薦
CANDY
涉谷最新人氣服裝店，裡頭的東西樣樣獨一無二、新奇有趣。(P.71)

遊賞去處

❶十字路口萬頭鑽動的奇景
❷JR車站前的哈吉公雕像

哈吉公口

　　JR涉谷站ハチ公口(哈吉公口)，是進入涉谷繁華鬧區的主要出口，哈吉公口是因為在出口處有一座忠犬哈吉的雕像因此得名。(也有人把牠翻譯為忠犬八公，是因為日文「ハチ」即為「八」的意思)，相傳哈吉是日本大正年間農業學家上野英三郎的寵物，每天會接送上野先生到涉谷車站上下班，但上野先生不幸因突發疾病去世於工作的學校，不知情的哈吉還是天天至車站等待主人回家，一等就是7年，人們為了紀念這隻忠犬因此雕刻了牠的塑像置於涉谷車站外，讓忠心的哈吉能永遠在那裡等待著牠的主人。除了和哈吉雕像合影留念外，正前方的十字路口更是作者推薦的「另類風景」，每到尖峰時間，路口四面車子對開時，大家將會看到所謂「萬頭鑽動」的場景真實上演，別忘了高舉你的相機捕捉這涉谷獨家的精采片刻。

DATA 地鐵口：哈吉公口
　　　　MAP：P.65

TOKYO WONDER SITE

Tokyo Wonder Site隱身在不起眼的大樓中，卻是一個能讓你充滿奇幻想像的空間。這裡以推廣當代藝術為宗旨，策展團隊不斷發掘有潛力的明日之星，提供他們這個自由展演的平台，不少新銳藝術家在經過Wonder Site的磨練後，成功躍上了國際級的舞台。這裡的展覽以風格前衛的視覺藝術、裝置藝術與行動藝術等為主，藝術家可能把鐵製衣櫥挖空當成展覽的入口處，也曾經有人運用七彩燈光將展場變身成為Disco舞廳，每次前來都會有不同的感受！

DATA
地址：東京都涉谷區神南1-19-8
電話：03-3463-0603
網址：www.tokyo-ws.org
開放時間：週二～日11:00～19:00，週一休館
門票：免費參觀
地鐵口：哈吉公口，步行約5分鐘　MAP：P.65

❶❷❸Tokyo Wonder Site當中展出的各項裝置與互動藝術作品

NHK STUDIO PARK

沿著公園通朝涉谷的另一個方向走去，你將發現這一帶的氛圍和喧囂熱鬧的哈吉公口大相逕庭，兩側布滿綠蔭的街道呈現出寧靜悠閒之感，NHK電視台的總部正位於這個區域當中，為了讓大小朋友們能更進一步了解令人好奇的電視台，NHK特別在放送中心的

外圈成立了STUDIO PARK電視主題公園，來到這裡遊玩時不但能一邊感受公園裡的休閒氣氛，還能一邊參觀開放式攝影棚、剪接室、服裝道具間，更有機會親自坐上小小主播檯呢！臨走前也別忘了買些超人氣的多摩君(DOMO)紀念品。

DATA
地址：東京都涉谷區神南2-2-1
電話：03-3485-8034
網址：www.nhk.or.jp/studiopark
開放時間：10:00～18:00，每月第三個週一公休
門票：館內參觀成人￥200，高中以下及65歲以上免費
地鐵口：哈吉公口，步行約10分鐘
MAP：P.65

室內展覽館入口處

代代木公園

經過NHK放送中心後繼續往下走，不用一會兒即可到達另一處東京的世外桃源「代代木公園」，這裡占地超過50萬平方公尺，可說是東京難得一見的大片綠地，在1964年時此處曾是夏季奧運會的選手村所在地，而後於1967年改建為目前所見的公園景觀，包括了茂密的銀杏樹林、噴泉廣場與自行車專用道等等，由於公園的面積廣大，除了從涉谷站前往外，亦可由原宿

與代代木等車站步行到達。近年來每到假日除了有男女老少前來運動、野餐與賞景外，更有許多各具特色的街頭藝人們在公園入口處演出。

DATA 前往方式：沿公園通步行即可達
地鐵口：哈吉公口，步行約10分鐘
MAP：P.65

❶春季繁花盛開的景象
❷代代木公園入口

BUNKAMURA文化會館

BUNKAMURA由東急集團開設，是全東京最大的多媒體、跨文化會館，不但有可容納百人交響樂團的專業音樂表演廳Orchard Hall、舞台劇與音樂劇表演場Theatre Cocoon與電影院Le Cinema之外，還擁有以小型藝術展覽為主的Gallery，以及定期邀請日本及國際知名藝術家舉辦特展的Museum，建議喜歡人文藝術活動的朋友可於出發前先上網站查詢當期的展覽及各項音樂、戲劇節目演出。

DATA 地址：東京都涉谷區道玄坂2-24-1
電話：03-3477-9111
網址：www.bunkamura.co.jp
開放時間：10:00～19:30
門票：Gallery免費參觀，Museum依展覽不同
地鐵口：哈吉公口，步行約10分鐘
MAP：P.65

❶售票大型展場Museum
❷小型展覽場Gallery

購物血拼

哈吉公口周邊

109百貨

　　來到涉谷不容錯過的第一件事就是前往109百貨朝聖，相信許多ViVi雜誌的忠實讀者們對於館內的人氣品牌早已如數家珍，包括CECIL McBEE、moussy、Sly、LDS、LB-03、SWORD FISH、Baby Shoop與One Spo等皆是天后藝人安室奈美惠、濱崎步與倖田來未的最愛，另外深受台灣少女崇拜的名模藤井Lena、梨花與長谷川潤的全身行頭也都能在109一次購齊，稱這裡為女生的購物天堂可真是一點也不為過！

❶Samantha Thavasa的辣妹副牌Samantha Vega
❷Paris Hilton仍是109辣妹們重要的時尚指標

DATA　地址：東京都涉谷區道玄坂2-29-1
　　　　電話：03-3477-5111
　　　　網址：www.shibuya109.jp
　　　　營業時間：Shop 10:00～21:00，
　　　　Restaurant 11:00～22:00
　　　　地鐵口：哈吉公口，步行約3分鐘
　　　　MAP：P.65

109 MEN'S

藝人松坂桃李擔任109 MEN'S改裝後首位年度代言人

　　原本兼賣男女服裝的109二館，已於2011年中正式改裝成專為男生設計的109 MEN'S。1～7樓的主要商場開設了涉谷烤肉哥們喜愛的品牌，如Buffalo Bobs、Vanquish、Legenda、Fuga等等，這些品牌因常被烤肉哥人氣雜誌Men's Egg與Men'c Knuckle等報導而廣受歡迎，大多數的商品都是以黑白色系搭配上誇張的水鑽和金屬配飾為主，館內的另一大特色是每個店家均播放著不同的舞曲音樂，呈現出有別於其他百貨的109氣氛！

DATA　地址：東京都涉谷區神南1-23-10
　　　　電話：03-3477-8111
　　　　網址：109mens.jp
　　　　營業時間：Shop 10:00～21:00，
　　　　Restaurant 10:00～23:00
　　　　地鐵口：哈吉公口，步行約2分鐘
　　　　MAP：P.65

MATSUMOTO KIYOSHI
松本清藥妝店

來到東京除了服飾配件以外，許多朋友的購物清單中還列滿了各式各樣的美妝保養品，提醒各位，來到涉谷時別忘了留點時間給位於車站附近的藥妝店，這一帶的藥妝店以「松本清」規模最大(1、2兩店)，除了原本的優惠價格外，店家並不定時推出限時折價券的活動，別忘了瞧瞧高聲「叫賣」的員工

招牌醒目的松本清藥妝店

手上有什麼優惠好康！另外，鎖定某樣特定商品的朋友，也別忘了前去四周的藥妝店比價之後再下手，因為每家店往往有不同的當日限定激安(超低價)商品！

DATA 地址：東京都涉谷區宇田川町22-3(1店)、東京都涉谷區宇田川町23-4(2店)
電話：03-3463-1130(1店)、03-5459-7373(2店)
網址：www.matsukiyo.co.jp
營業時間：1店24小時營業，2店10:00～22:00
地鐵口：哈吉公口，步行約2分鐘
MAP：P.65

中央鬧區

LUMINE MAN

2009年秋天開幕的LUMINE MAN是LUMINE集團首次嘗試的男性專屬百貨，開幕時邀請松本人志等多位搞笑諧星進行時尚大改造而引起熱烈討論，店內引進許多新銳品牌如Revelations、MSPC Product、Studious與UNIFAM等等，讓涉谷不再只是女生的購物天堂。特別推薦所有男生們除了新宿的01 MEN與ISETAN MEN'S之外，一定別忘了前來此處逛逛。

DATA 地址：東京都涉谷區神南1-22-11
電話：03-5784-9610
網址：www.lumine.ne.jp/shibuya
營業時間：Shop 11:00～21:00，Restaurant 11:00～24:00
地鐵口：哈吉公口，步行約5分鐘
MAP：P.65

LUMINE MAN外觀

BAPE SHIBUYA

　　BAPE涉谷店成立於2007年，由名建築師片山正通一手打造，在店面的入口處，片山大師將七彩的LED燈鋪設於階梯上，在階梯的下方還設置了軌道式的鞋子展示區，一雙雙新款的BAPE STA球鞋隨著燈光變換移動，令人驚喜連連，除了五彩階梯外，店面其餘的部分僅以簡單純淨的白色調呈現，傳達出對比強烈的時尚感。

DATA　地址：東京都涉谷區宇田川町13-17
　　　　　電話：03-6415-6041
　　　　　網址：bape.com
　　　　　營業時間：11:00～19:00
　　　　　地鐵口：哈吉公口，步行約5分鐘
　　　　　MAP：P.65

BAPE入口處的彩色階梯

CANDY

　　涉谷地區近年來最夯的服裝店非Candy莫屬，其經營者為代理許多設計師品牌的Fake Showroom。店面雖然位於小巷中，卻在各雜誌與網站平台的宣傳下，大受東京潮人們歡迎。一走進Candy，你將發現店內不論是店員或顧客的打扮都極為前衛新潮，好幾位店員也因常穿著店裡的服裝拍照上傳，而成為Facebook與Instagram上的潮流名人。

　　而店內販售的服裝品牌包括歐美與亞洲各地的新銳設計師，例如以多彩印花設計著名的英國品牌House of Holland、曾被Lady Gaga、Big Bang、2PM等偶像藝人穿著的韓國品牌99% IS-、曾與Versace與Topshop等品牌合作的愛爾蘭設計師J.W. Anderson，與其他人氣品牌如Kenzo、Phenomenon與Ambush等等。除了這些品牌外，店內還有另一系列由藝術家重新改造的二手服飾配件，這些每款僅此一件的創意商品，可說是十足表現出Candy追求挑戰、反傳統、無限制且強調自由的品牌精神！

❶店員Ryu與Aio都是網路紅人
❷結合藝術家創作的商品
❸新銳設計師服裝

❶　　　　　　　❷

DATA　地址：東京都涉谷區神宮前6-23-12
　　　　　電話：03-5766-3102
　　　　　網址：www.candy-nippon.com
　　　　　營業時間：12:00～22:00
　　　　　地鐵口：哈吉公口，步行約10分鐘
　　　　　MAP：P.65

JOURNAL STANDARD

日本品牌JOURNAL STANDARD將休閒且歷久不衰的美式風格融入設計當中，其主要客層為20～30歲的都會男女消費者，和公園通四周的其他品牌訴求對象類似，與涉谷鬧區的年輕辣妹風格大相逕庭。

融入美式風格的服裝設計

DATA　地址：東京都涉谷區神南1-5-6
　　　　電話：03-5457-0700
　　　　網址：www.journal-standard.jp
　　　　營業時間：11:30～20:00
　　　　地鐵口：哈吉公口，步行約10分鐘
　　　　MAP：P.65

BEAMS

涉谷公園通周邊的街道舒適寧靜，沒有哈吉公口一帶的喧囂擾嚷，許多走高質感路線的Select Shop均選擇於此設立大型店面，其中BEAMS集團便在北谷公園四周開設了4家不同系列的店鋪，以精選自歐美與日本的設計師休閒服飾為主。

DATA　地址：東京都涉谷區神
　　　　南1-15-1
　　　　電話：03-3780-5500
　　　　網址：www.beams.co.jp
　　　　營業時間：11:00～
　　　　20:00
　　　　地鐵口：哈吉公口，步
　　　　行約10分鐘
　　　　MAP：P.65

❶商品以休閒系列為主❷位於公園旁的BEAMS

HIKARIE ShinQs

　　涉谷東口原本僅為商業辦公大樓的聚集地，2012年4月由東急與日本幾大集團共同開發的複合式大樓HIKARIE落成，為東口地區注入了了全新的時尚與文化生命力。東急集團於涉谷地區開設前篇介紹過的文化會館已有50年的光景，他們在規畫HIKARIE時一樣以推廣藝術與文化為出發點，打造出這棟結合商場、美食、藝術展覽館、文化廣場與表演劇場的多功能大樓，讓這裡能如「光」般照亮涉谷地區(HIKARIE為通往「光」處之意)。

　　HIKARIE的B3至5樓為「ShinQs」商場，其中包含B2、B3的美食街；B1、1樓的化妝

品與時尚配件專櫃；2樓至4樓的服裝品牌區域以及5樓專賣設計師生活小物與藝術家商品的樓層，這裡引進的品牌與涉谷地區其他的年輕辣妹品牌有所區隔，以上班族與輕熟女喜愛的商品為導向。6樓與7樓為餐廳區域「dining 6」與「TABLE 7」，包括日式與西式的餐廳、輕食咖啡與酒吧；8樓為藝術主題樓層「8/」，包括由知名藝術經紀人小山登美夫負責的Art Gallery以及日本47都道府縣特色藝文作品的d47 Museum等等；9樓以上樓層為文化空間與東急大劇院，每年2次盛大的東京時裝週在HIKARIE成立後也移師此處舉辦，為這裡增加了時尚氛圍與國際知名度。

DATA　地址：東京都涉谷區涉谷2-21-1
電話：03-5468-5892
網址：www.hikarie.jp
營業時間：Shop 10:00〜21:00，Restaurant 11:00〜23:00，假日前夕7樓營業至凌晨04:00
地鐵口：東口，步行約5分鐘
MAP：P.65

❶如方塊層層堆疊的HIKARIE外觀
❷商場中各具特色的品牌專櫃
❸ShinQs美食街匯集了多家人氣甜點店

特色美食

美登利壽司總本店

曾獲日本雜誌Tokyo Walker票選為年度冠軍壽司店的美登利壽司，位於涉谷車站商場MARK CITY之中，每到用餐時段小小的店外總是排滿了長長的人龍，店家每天以產地直送的新鮮海味，製作出色香味俱全的壽司，不但用料實在，擺盤更是美觀典雅，客人可以單點各類握壽司(￥52～420)或選擇豐盛的壽司組合(￥840～2,940)。

❶ 位於MARK CITY的美登利壽司
❷ 大受好評的花壽司

DATA
地址：東京都涉谷區道玄坂1-12-3(MARK CITY 4F)
電話：03-5458-0002
網址：www.sushinomidori.co.jp
營業時間：平日11:00～22:00，
假日11:00～21:00
地鐵口：哈吉公口，步行約3分鐘
MAP：P.65

吉虎つけ麺

❶ 標榜大分量的吉虎 ❷ 經典的雞白湯つけ麺

「つけ麺」(Tsu Ke Men)是一項傳統的拉麵料理，麵與高湯分開盛裝，食用時以麵體沾取湯汁入口，幾年前各大拉麵店家開始重新販售改良後的つけ麺並廣受歡迎至今，在炎炎夏日吃盤清爽不油膩的つけ麺可謂一大享受。吃過東京許多的つけ麺，「吉虎」仍是作者心中的最愛，除了雞白湯與雞醬油等傳統口味外，店家並不定時推出如麻婆豆腐或豆乳等創意口味，另外這裡的つけ麺從小碗(230g)到特大碗(680g)都是同一價格(￥680～780)，大家不妨依個人的食量點用。

DATA
地址：東京都涉谷區宇田川町31-9
電話：03-6914-8766
網址：ameblo.jp/kichitora-tokyo
營業時間：11:00～23:00
地鐵口：哈吉公口，步行約5分鐘
MAP：P.65

FLOWER COMMON

　　HIKARIE的6與7樓開設了多間風格各異的餐廳，其中最受歡迎的一家，為知名餐飲集團Café Company開設的FLOWER COMMON，該集團旗下品牌多為氣氛時尚的咖啡餐廳，包括新宿Wired Café與東京中城的A971等等。FLOWER COMMON的內部設計融合了休閒的度假風格與慵懶的夜店氛圍，餐點則以和風洋食為主，包括焗飯、義大利麵與日西合併的生魚片蓋飯等等，下午茶時段的甜點套餐也深受女性歡迎，成為逛街時小歇的最佳選擇。

DATA　東京都涉谷區涉谷2-21-1 (HIKARIE 7F)
　　　　電話：03-9486-2363
　　　　網址：www.flowers-common.com
　　　　營業時間：11:00～23:30
　　　　地鐵口：東口，步行約5分鐘
　　　　MAP：P.65

❶充滿度假氛圍的店內設計
❷❸❹店內的特色和風洋食

神南軒JINNANKEN

　　神南軒坐落於涉谷大樓的高樓層，若非熟門熟路的東京「食尚」人士帶路，一般人很難發現這間裡頭別有洞天的餐廳。這裡共分為3個樓層，其正中央竟以一棵巨大的室內樹木貫穿，8樓的部分為氣氛高雅溫馨的餐廳區，以西洋風格的傳統日式料理為主，包括可樂餅、馬鈴薯燉肉、豬肉生薑燒、烤鯛

魚與照燒雞排等等，此處的裝潢擺設已具高級餐廳的水準，然而每道料理的價格

卻僅在¥800～1,400之間，十分物超所值。此外，9樓與頂樓的部分為LOUNGE酒吧區，位於頂樓的ROOF TERRACE是神南軒的另一大驚奇，在這個露天的空間中，客人可以在點點繁星的夜空下一邊和朋友飲酒聊天，一邊享受著涉谷獨有的燦爛夜晚。

DATA　地址：東京都涉谷區神南1-20-5 8F
　　　　電話：03-5784-4455
　　　　網址：www.zetton.co.jp
　　　　營業時間：午餐11:30～15:30；
　　　　晚餐17:00～03:00，週日及假日至24:00
　　　　地鐵口：哈吉公口，步行約7分鐘
　　　　MAP：P.65

❶神南軒特製烤鮭魚❷夜景絕佳的露天LOUNGE

BIO CAFÉ

西班牙坂(SPAIN SAKA)的斜坡兩側開設著許多餐廳、咖啡廳與LOUNGE，其中BIO CAFÉ是一間別具特色的「有機咖啡廳」，這裡販售的餐點以和風洋食與甜點麵包為主，主餐方面，店家大量使用了有機蔬菜、手工豆

腐、健康醋與天然十穀雜糧等食材；甜點方面，更運用巧思設計出紫番薯蜂蜜蛋糕、南瓜豆腐蛋糕、墨魚汁泡芙與義大利海鹽泡芙等等，這些在想像中無法與「甜點」連結的素材，竟然能變化出令人驚奇的新口味，除了內用之外，各位也可以購買各式創意有機麵包回去品嘗。

❶位於西班牙坂的BIO CAFÉ ❷健康十穀貝果

DATA
地址：東京都涉谷區宇田川町16-14
電話：03-5428-3322
網址：www.biocafe.jp
營業時間：11:00～23:00
地鐵口：哈吉公口，步行約5分鐘
MAP：P.65

THE OAK FLOOR BY NANO UNIVERSE

Nano Universe為公園通周邊另一知名的Select Shop。品牌除了服裝外，在2014年也嘗試開設首間餐廳The Oak Floor，以橡木(Oak)裝潢為基調，呈現出品

牌一貫的優雅品味，並運用超大片的液晶螢幕牆面，投影出各地的風景照片，讓客人們有著環遊世界的用餐體驗。

這裡的餐點，為結合日本當地優質食材的義式料理，包括特製的鱈場蟹義大利麵與香煎松阪豬等，午餐提供¥1,000～5,000不同等級的套餐，晚餐則可單點或選用

❶1樓的手工麵包坊 ❷投影世界風景的牆面 ❸鮮嫩的香煎松阪豬

套餐的形式。店內的另一大特色，是免費提供的手工麵包，許多獨創的口味可是不輸主餐的美味呢！除內用外，1樓還另開設了麵包專櫃，提供外帶的服務。

DATA
地址：東京都涉谷區神南1-19-14
電話：03-5456-3433
網址：theoakfloor.jp
營業時間：餐廳每日11:30～23:00，麵包店每日11:00～19:00
地鐵口：哈吉公口，步行約10分鐘
MAP：P.65

MICROCOSMOS

　　MICROCOSMOS結合了餐廳、咖啡廳、LOUNGE與CLUB等多種營業形式，不但常有藝人與時尚圈人士前來，更不時舉辦各類型Fashion Party。這裡的餐點以和風洋食為主，包括融入日式口味的開胃菜、義大利麵與Pizza等，午餐時段另推出￥850～1,100的套餐，而這裡的甜點則以私房鬆餅(Pancake)最

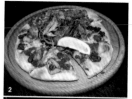

為著名，三層超厚的圓形鬆餅，搭配上鮮奶油、焦糖與藍莓等各種配料，足夠3～4人共同享用(￥735～945)！在週末與假日前夕的午夜過後，這裡將搖身一變成為MIDNIGHT DJ LOUNGE，吸引眾多時髦男女前來同樂。

DATA 地址：東京都涉谷區道玄坂2-23-12 2F
電話：03-5784-5496
網址：www.microcosmos-tokyo.com
營業時間：11:30～02:00，週五、六及假日前夕24:00後改為Club形式營業
地鐵口：哈吉公口，步行約7分鐘
MAP：P.65

❶彷彿時尚DISCO的店內氣氛
❷可供2～3人分享的特製Pizza
❸店內的人氣招牌鬆餅

GLORIOUS CHAIN CAFÉ by DIESEL

　　在各大名牌後，來自義大利的牛仔品牌DIESEL也選擇在東京開設全球首家咖啡廳，位於涉谷COCOTI商場DIESEL店旁的GLORIOUS CHAIN CAFÉ精心研發出美味加創意的美式料理，讓消費者在時尚卻具有居家感的環境中，度過輕鬆的Brunch、下午茶和夜晚的酒吧時光。這裡在中午時段推出￥900～1,200的套餐，其著名的餐點包括熱狗堡、香料烤雞以及班尼迪克蛋(單點￥900～1,500)，店內也能品嘗到來自義大利DIESEL農場的葡萄酒與有機橄欖油，吸引許多時尚迷前來嘗鮮。

DATA 地址：東京都涉谷區涉谷1-23-16
電話：03-3409-5670
網址：www.diesel.co.jp/cafe
營業時間：11:30～23:00
地鐵口：哈吉公口，步行約7分鐘
MAP：P.65

月世界

日式居酒屋結合上中式藥膳料理會是怎樣的滋味？月世界就創造出了這麼奇妙的組合！這裡從裝潢陳設到菜單的設計都透露出懷舊且神祕的氛圍，大家不妨先點用一杯「自家製藥膳酒」，每種調酒都清楚標示了神奇的「保健功效」！餐點方面最具代表性的為嚴選自日本各地的有機蔬菜料理(￥650～1,200)、藥膳鍋(￥2,300～2,900)以及膠原蛋白鍋(￥4,500～5,000/2～3人份)。其中膠原蛋白鍋上桌時，竟然是一整塊固體狀如布丁般的純正膠原蛋白，加熱烹煮後才融化成為湯底，一鍋喝下去保證養顏美容效果十足！

❶口味麻辣的四川風味料理
❷店家特選的有機蔬菜料理

DATA　地址：東京都涉谷區道玄坂2-26-5
電話：03-3770-2870
網址：www.e-e-co.com/shop/gessekai
營業時間：18:00～01:00
地鐵口：哈吉公口，步行約5分鐘
MAP：P.65

鍋選人

日本美食網站KUCHIRAN 2011年票選第一的人氣火鍋店「鍋選人」採用一人一鍋的方式，消費者可從十幾款不同風味的湯底中選出最愛的口味，北海道味噌鍋、膠原蛋白鍋與海鮮鹽味鍋等都是店內人氣口味，選定鍋類後可再單點蔬菜盤與肉片(鍋底￥900～1,000、肉片每盤￥500～900)，店內另備有超過20種的沾醬讓大家選擇，建議各位可品嘗日式風味的芝麻醬與紫蘇醬。此外，鍋選人的裝潢和一般火鍋店更是大不相同，水晶燈和粉色系的夢幻設計可說和109風格十分搭配呢！

DATA　地址：東京都涉谷區宇田川町23-5 6F
電話：03- 6804-7707
網址：www.nabe-sen.jp
營業時間：17:00～24:00，假日16:00起營業
地鐵口：哈吉公口，步行約3分鐘
MAP：P.65

極樂酒場げんてん

復古的日式居酒屋近年來紛紛興起於東京鬧區的小巷弄中，極樂酒場店內的布置彷彿是五〇年代的路邊小酒攤，讓三五好友熱鬧地圍繞在小桌椅四周，一邊大口喝酒，一邊品嘗平價又美味的家庭料理，這裡的必點美食包括炸豬排、炒麵、豆腐鍋與各式串燒等等，每樣小品均在¥300～450之間。

DATA　地址：東京都涉谷區道玄坂1-13-6
　　　　電話：03-5456-4420
　　　　營業時間：17:30～24:00
　　　　地鐵口：哈吉公口，步行約5分鐘
　　　　MAP：P.65

❶家庭式鍋物料理
❷充滿懷舊風味的酒場 ❸香脆多汁的日式炸豬排

POMUNOKI(ポムの樹)

POMUNOKI是西班牙坂上非常受年輕人歡迎的餐廳，以法文的蘋果(Pomme)為名，卻是一家蛋包飯專賣店！這裡的蛋包飯有許多創新的口味，像是明太子醬、香燉牛肉醬與奶油菠菜醬等等，裡頭的炒飯除了傳統的番茄口味外也可選擇濃郁的奶油口味，套餐包括沙拉、湯、主餐、甜點與飲料，定價只要¥1,500左右，難怪店外總是大排長龍。

❶❷❸包括沙拉、湯品、甜點與飲料的蛋包飯套餐

DATA　地址：東京都涉谷區宇田川町13-7 2F
　　　　電話：03- 5456-5592
　　　　網址：www.pomunoki.com
　　　　營業時間：11:00～23:00
　　　　地鐵口：哈吉公口，步行約5分鐘
　　　　MAP：P.65

原宿站 HARAJUKU

達人報告

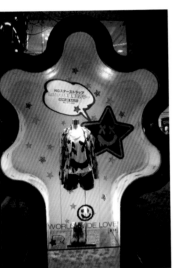

「原宿」是東京另一大流行起源地，最特別的是在這個區域當中並存著各種不同的時尚風格，在「明治神宮」裡頭，可以見到穿著傳統日式和服前來朝拜的善男信女；轉個彎到「竹下通」中則有許多Cosplay專賣店、由非洲裔人士經營的Hip Hop服裝店，還有總是聚滿國高中美眉的平價服飾店、首飾小鋪以及偶像商品專賣店；再持續往下前往「裡原宿」後，又將發現四周出現清一色頭戴網帽、穿著街頭休閒卻不失個人風格的潮流男女。穿越小徑蜿蜒的原宿後，則可到達以高級精品時尚著稱的「表參道」，一棟棟由名師打造的華麗品牌旗艦店，從這裡一路延伸到青山地區。

除此之外，在這幾年之間ZARA、H&M、FOREVER 21等來自歐美的快速時尚(Fast Fashion)品牌，以迅雷不及掩耳的速度進駐「明治通」周邊，讓這個區塊成為天天人潮不減的平價流行超級戰區。如此多元化且各具特色的「原宿」，似乎已成為外國遊客眼中百變東京的代名詞，就連美國當紅歌手兼服裝設計師的關‧史蒂芬妮都因為對於此處深深著迷，而將她的個人品牌命名為「原宿HARAJUKU LOVERS」呢！

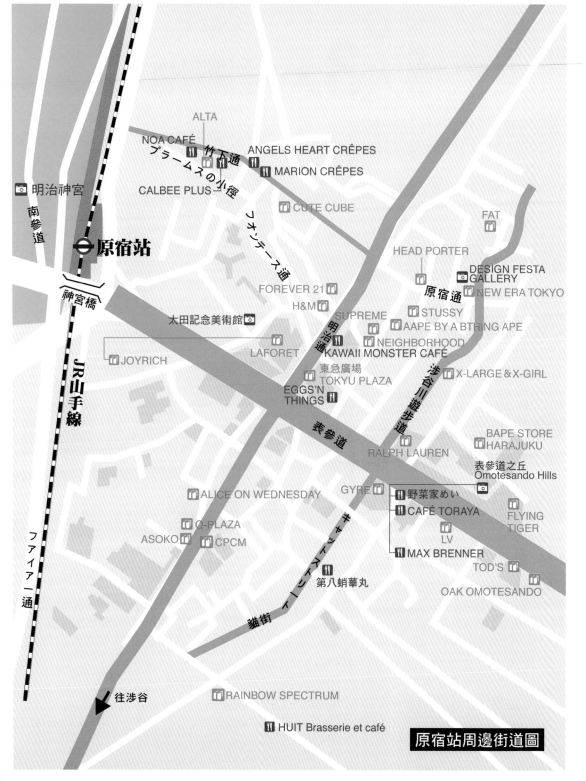

原宿站周邊街道圖

東京達人**3**大推薦地

遊賞去處

明治神宮

❶通往明治神宮的神宮橋
❷由阿里山檜木打造的神宮鳥居

　　建議第一次造訪原宿的朋友，可以從最傳統也是最經典的地標「明治神宮」開始遊覽，明治神宮位於原宿車站附近，徒步5分鐘即可以到達，在越過「神宮橋」後，首先映入眼簾的是一座由扎實檜木建造的宏偉鳥居，這些檜木竟然是來自台灣的阿里山呢！「鳥居」相當於神宮的大門，是日本神廟中的重要建築，其上方的橫梁好比飛鳥展開的雙翅，而下方的雙柱則如同鳥的兩隻長腳一般。明治神宮是為了祭祀明治天皇和昭憲皇太后所建造，每逢新年節慶時當地民眾紛紛前來祈福朝拜，熱鬧非凡，平時此處亦開放給新人舉行日式傳統婚禮。明治神宮內的重要資產除了可供祭祀與參觀的主殿、寶物殿外，還包括了東京都內難得一見的大自然景觀，漫步在幽靜的綠蔭之中，彷彿有來到世外桃源之感。

DATA
地址：東京都涉谷區代代木神園町1-1
電話：03-3379-5511
網址：www.meijijingu.or.jp
開放時間：依季節月分不同，夏季約開放至18:00，冬季則提前至17:00左右
門票：神宮參拜免費，御苑及寶物殿需購票￥500
地鐵口：步行約5分鐘　MAP：P.81

太田記念美術館

參訪完傳統的宗廟建築後，不妨也來欣賞一下日本的傳統藝術繪畫，太田記念美術館收藏了超過12,000件發源於江戶時代的「浮世繪」，「浮世」指的是瞬間即逝的現實世界，而描繪普羅大眾生活的繪畫就稱為「浮世繪」，這類畫風最先出現在屏風繪畫上頭，而後隨著印刷術的發展演變為精緻的浮世繪版畫，透過這些畫作，讓忙碌的現代人們能停下腳步，重新體會細膩而美好的過往時光。

DATA 地址：東京都涉谷區神宮前1-10-10
電話：03-3403-0880
網址：www.ukiyoe-ota-muse.jp
開放時間：週二～日10:30～17:30
門票：依展覽不同
地鐵口：步行約5分鐘
MAP：P.81

❶太田記念美術館外觀
❷浮世繪特展資訊

DESIGN FESTA GALLERY

除了傳統之外，在原宿這個多元風格的區域之中，當然也能欣賞到最新潮前衛的新銳作品，在裡原宿的小巷中豎立著一棟極度特殊的建築物，其外牆上繪著五顏六色的塗鴉，最外層的部分還被交錯縱橫的紅色鐵管包圍著，原來這就是集結了世界創意藝術工作者的DESIGN FESTA GALLERY，那驚人外觀也正是這些藝術家們陸續加工後的傑作。這裡已有超

❶創意十足的的展覽陳設
❷滿布著紅色鐵管及塗鴉的驚人外觀

過7,000位不同國籍與年齡的藝術家們前來參展，內容從基本的畫作、雕刻、攝影到創意服裝配件、行動劇與美食展等等，可説是五花八門、無奇不有。

DATA 地址：東京都涉谷區神宮前3-20-18 1～3F
電話：03-3479-1433
網址：www.designfesta.com
開放時間：11:00～20:00
門票：免費參觀
地鐵口：步行約5分鐘
MAP：P.81

表參道之丘
OMOTESANDO HILLS

　　表參道左側原本是一排約4、5層樓高的小社區「同潤會青山公寓」，早在1927年即建造完成，曾有許多藝術工作者居住其中，並開設個人店鋪、藝術工作室以及髮型沙龍等等，1998年在名建築師安藤忠雄的設計下，搖身一變成為複合式的「表參道之丘」，自2006年1月正式開幕後即成為原宿地區必訪的時尚地標。表參道之丘分為西館、本館以及同潤館三部分，西館和本館設有許多國際精品、日本品牌、與生活家飾專賣店，還有許多特色餐廳與咖啡廳等等，同潤館則保留了兩小棟原本的老公寓，開設藝術家同潤館藝廊(Gallery

Dojunkai)與412藝廊(Galerie 412)等等，讓初訪的遊客可以從中窺見過去充滿藝術氣息的同潤會公寓原貌。除了在藝廊中不定期展出的精采作品外，本館的空間設計本身亦是不容錯過的世紀建築藝術。

DATA 地址：東京都涉谷區神宮前4-12-10
電話：03-3497-0310
網址：www.omotesandohills.com
營業時間：Shop 11:00～21:00，週日至20:00；
Restaurant 11:00～23:30，週日至22:30；
Café 11:00～22:30，週日至21:30
地鐵口：步行約7分鐘
MAP：P.81

購物血拼
裡原宿

SUPREME

　　SUPREME這個來自紐約Soho的品牌是由街頭潮流始祖James Jebbia所創立，James來自英國，但卻是將Street Wear引進紐約的第一人，他曾先後成立Select Shop Union、與Shawn Stussy合作品牌Stussy以及一手打造滑板運動風格的SUPREME。由於日本人對紐約的街頭文化格外著迷，SUPREME自1997年引進東京後，人氣至今不減，並常與其他日本潮流品牌跨界合作。

❶SUPREME色彩繽紛的塗鴉T-Shirt
❷位於2樓的SUPREME專賣店

DATA 地址：東京都涉谷區神宮前4-32-7 2F
電話：03-5771-0090
網址：www.supremenewyork.com
營業時間：11:00～20:00
地鐵口：步行約7分鐘
MAP：P.81

NEIGHBORHOOD

NEIGHBORHOOD在台灣與香港是相當熱門的潮牌，品牌由瀧澤伸介於1994年創立，設計師將本身鍾愛的重型機車文化、搖滾精神與軍裝風格融入作品之中，呈現出低調卻陽剛的街頭風格，NEIGHBORHOOD的商品以手工皮夾克與破壞水洗的「牛王」牛仔褲為經典。

DATA 地址：東京都涉谷區神宮前4-32-7 1F
電話：03-3401-1201
網址：www.neighborhood.jp
營業時間：12:00～20:00
地鐵口：步行7分鐘
MAP：P.81

NEIGHBORHOOD店內以仿舊的黑色調木質素材打造

❶鮮綠色的FAT樹屋
❷隱身在大樹後方的FAT入口處

FAT

FAT是日本SMART、WARP、SAMURAI與 Men's Non-No等潮流時尚雜誌經常揭載的新興潮流品牌，其東京唯一的店鋪也是品牌的總部隱身在裡原宿巷弄的一棟綠色「樹屋」當中，各位前往時可得仔細留意，「Fat」在品牌的概念中不是「胖」而是「Cool」，他們希望能帶給消費者兼具質感與都會感的新街頭潮流風格。

DATA 地址：東京都涉谷區神宮前3-20-1
電話：03-5775-3877
網址：www.fatyo.com
營業時間：12:00～20:00
地鐵口：步行約7分鐘
MAP：P.81

HEAD PORTER

　　PORTER這個吉田公司創立的包包品牌，在日本明星木村拓哉等人的愛用下早已紅遍全亞洲，位於原宿的HEAD PORTER為吉田公司與裡原宿潮流教父藤原浩合作的品牌，除了沿用PORTER最具代表性的輕量帆布素材外，還搭配上藤原大師的獨家設計，雖然價格不低，卻成為觀光客們人手一袋的「裡原宿紀念品」！在裡原宿店內還不過癮的朋友，不妨繼續前往位於表參道LV後方新開幕的KURACHIKA YOSHIDA旗艦店選購更多吉田包系列商品。

總是門庭若市的HEAD PORTER

DATA　地址：東京都涉谷區神宮前3-21-12
　　　　　電話：03-5771-2621
　　　　　網址：www.headporter.co.jp
　　　　　營業時間：12:00～19:00
　　　　　地鐵口：步行約7分鐘
　　　　　MAP：P.81

NEW ERA TOKYO

　　NEW ERA出品的圓帽(Fitted Cap)，是街頭潮人們必備的配件單品，許多限量的款式更具有收藏的價值，NEW ERA除了與裡原宿各大潮牌推出聯名款式外，更在不久前正式成立NEW ERA TOKYO專賣店，店內許多款式都僅在東京限定發行，還能見到像HELLO KITTY、DORAEMON等日本卡通圖案的特殊商品呢！

店內販售的NEW ERA X HELLO KITTY帽款

DATA　地址：東京都涉谷區神宮前3-20-9 2F
　　　　　電話：03-6447-1810
　　　　　網址：www.neweracap.jp
　　　　　營業時間：11:00～20:00
　　　　　地鐵口：步行約7分鐘
　　　　　MAP：P.81

NEW ERA與BE@RBRICK的聯名小熊

STUSSY

　　來自南加州的STUSSY以衝浪與滑板服飾發跡並拓展至街頭潮流領域。除了T-Shirt與帽子等自有商品外，也常與其他品牌合作，許多來自美國的潮牌均會為日本市場設計限定的版型與款式，建議大家不妨從這些商品入手。

DATA 地址：東京都渋谷區神宮前4-28-2
電話：03-3479-6432
網址：stussy.jp
營業時間：11:30～20:00，假日
11:00起營業
地鐵口：步行約7分鐘
MAP：P.81

STUSSY店外停靠著裡原宿街頭潮流人們的腳踏車

X-LARGE & X-GIRL

　　相較於由狹窄巷弄構成的裡原宿主區域，許多原宿潮人們倒是偏好街道寬敞、氣氛悠閒的渋谷川遊步道，這條小徑還有個可愛的別名「貓街キャットストリート」(Cat Street)，位於貓街兩旁的商店多半是空間明亮的服裝或家飾品牌大店，其中來自好萊塢，由Adam Silverman和Eli Bonerz 創立的品牌X-LARGE & X-GIRL亦於此鄰近開設，此品牌的商品融合了嘻哈、滑板與搖滾精神，也常與其他潮牌Cross Over合作。

DATA 地址：東京都渋谷區神宮前4-25-29
電話：03-3475-5696
網址：www.xlarge.jp
營業時間：11:00～20:00
地鐵口：步行約7分鐘
MAP：P.81

❶X-LARGE明亮寬敞的旗艦店
❷X-LARGE的街頭潮流服裝配件

RAINBOW SPECTRUM

貓街(Cat Street)中最新的人氣店家,是有著一樣可愛名字的彩虹光譜(Rainbow Spectrum)。店家收集來自日本、美國、加拿大、英國、德國與瑞典等地的生活小物、美妝用品與飾品配件,每樣商品都色彩繽紛且造型特殊,像是食物造型的行李牌、動物輪廓的收納盒還有木頭製的領結等等,每樣商品大多只要幾百元日幣的銅板價,可說是挑選小禮品的好去處。

DATA 地址:東京都涉谷區神宮前5-29-1
電話:03-6450-5825
網址:www.rainbowspectrum.com/
營業時間:11:00～20:00
地鐵口:步行約10分鐘
MAP:P.81

AAPE BY A BATHING APE

裡原宿潮流品牌始祖BAPE在2012下半年成立了全新的副牌AAPE並在裡原宿最早的BAPE STORE原址開設了全球第一家專賣店,這個副牌保留了BAPE結合美式街頭與日式休閒的風格以及品牌代表的猿人商標,

在定價上卻只有BAPE的一半到三分之二,主打青少年市場,開幕後即受到潮流界的大注目。

DATA 地址:東京都涉谷區神宮前4-28-22
電話:03-5772-2511
網址:www.bape.com
營業時間:11:00～21:00
地鐵口:步行約8分鐘
MAP:P.81

竹下通

CUTE CUBE

位於車站對街的「竹下通」曾經是原宿紅極一時的時尚發源地，然而隨著周邊其他區域的快速發展，這條街道逐漸成為低價服飾店與餐飲店的聚集地，並吸引大批的國高中生在此逗留玩樂。2013年9月「Cute Cube」的開幕，為竹下通帶來了新鮮有趣的話題。這個商場如同它的名稱，以「可愛」為主題，從Logo、外牆到店內，都運用了小女生們最愛的糖果色系，還請來打造可愛教主「卡莉怪妞」的藝術總監增田薩巴斯汀，為商場設計了多個怪異卻可愛的裝置藝術品。

商場內的品牌以可愛風的服裝與飾品為主，還有高人氣的「布丁狗主題咖啡」，店內除了除了有各式各樣的布丁狗擺飾陪你用餐外，就連餐點也都是超級Kawaii的布丁狗造型呢！

DATA 地址：東京都涉谷區神宮前1-7-1
電話：各店電話請見網站
網址：cutecube-harajuku.jp
營業時間：B1～2F商店10:00～20:00，3F餐廳11:00～21:00
地鐵口：步行約3分鐘
MAP：P.81

ALTA

以年輕可愛風格為主的ALTA在新宿與池袋地區營業多年，在Cute Cube開業後不久也選擇在竹下通落腳，讓原宿的年輕美眉們又多了個血拼天堂，百貨內的空間不大但商品琳瑯滿目，從服裝、鞋子、飾品到包包等等，還有販售日本限定商品的迪士尼專賣店與造型可愛的甜點店，只要你能想像的可愛商品幾乎都能在這找到！

DATA 地址：東京都涉谷區神宮前1-16-4
電話：057-007-5500
網址：www.altastyle.com/harajuku
營業時間：10:30～20:00
地鐵口：步行約3分鐘
MAP：P.81

東急廣場TOKYU PLAZA

位於明治通與表參道之間的GAP是許多東京人回憶中和朋友相約的重要地點，2012年底「東急廣場」在建築師中村拓志的打造下誕生，成為原宿地區的時尚地標。除了與表參道櫸木枝幹相呼應的棕色立體建築外，設計師還在商場的入口處打造出彷彿萬花筒的鏡面設計，將原宿街頭形形色色男女的影像照映在上頭，讓人有彷彿走入時尚隧道的奇幻體驗。

商場內除了美國品牌AMERICAN EAGLE、TOMMY HILFIGER與近年竄紅的歐美風中價位日牌HERE'S等商店外，中村拓志還打造了名為OMOHARA空中之森的大型屋頂花園，他本著「城市綠化」精

神將大量的樹木與花草移入水泥大樓中，讓此處和四周明治神宮與表參道的綠蔭連為一體，花園中並設置了造型獨特的座椅、搖籃與階梯，讓消費者們只要點杯星巴克的飲料，就能徜徉在這充滿花香、鳥語與陽光的世外桃源中。

DATA 地址：東京都涉谷區神宮前4-30-3
電話：03-3497-0418
網址：omohara.tokyu-plaza.com
營業時間：Shop 11:00～21:00，Restaurant 8:30～23:00
地鐵口：步行約7分鐘
MAP：P.81

❶館內品牌HUMOR SHOP by A-net 有趣的虛擬試衣互動螢幕
❷如萬花筒般的入口電扶梯設計
❸由中村拓志打造的東急廣場外觀❹充滿鳥語花香的屋頂花園

LAFORET

位於明治通上的LAFORET是原宿的地標性百貨，裡頭的品牌走向年輕，包括日系商品AMP JAPAN、B BE BEE、CANTWO、HARE與HYSTERIC GLAMOUR等，也有不少潮流品牌與二手服飾，近年來更引進JOYRICH、SEE BY CHLOÉ等歐美人氣品牌，值得一提的是每年冬季與夏季折扣時，LAFORET總會推出僅有5天的LAFORET GRAND BAZAR，除各品牌祭出大量折扣商品外更有限時搶購活動，人潮總是擠爆整座賣場呢！

DATA 地址：東京都涉谷區神宮前1-11-6
電話：03-3475-0411
網址：www.laforet.ne.jp
營業時間：11:00～20:00
地鐵口：步行約7分鐘
MAP：P.81

❶❷LAFORET每年兩次的超級大拍賣盛況

JOYRICH

美日混血的品牌JOYRICH由美籍日人Tom Hirota於L.A.創立，以自由與夢想的概念結合街頭與時尚兩種風格，設計師運用大膽的配色、圖騰、金屬以及Logo，將美式的街頭風以日式的剪裁呈現，其中最著名的代表作是以幽默詼諧的手法翻玩CHANEL、LV與NIKE等國際品牌Logo的設計。包括美國明星P. Daddy、Lil Wayne、Cory Kennedy、日本偶像木村拓哉、安室奈美惠、成宮寬貴與韓國團體

JOYRICH的品牌翻玩設計

BIG BANG、SHINEE等都是品牌愛用者。LAFORET中的JOYRICH另外還代理了其他好萊塢的人氣品牌，例如HOLLYWOOD MADE與HALFMAN ROMANTICS等等。

DATA 地址：東京都涉谷區神宮前1-11-6(LAFORET 3F)
電話：03-6447-2160
網址：joyrich-harajuku.com
營業時間：11:00～20:00
地鐵口：步行約7分鐘　MAP：P.81

Q-PLAZA

在TOKYU PLAZA成功引起話題後，東急集團於2015年在原宿打造了另一棟集合美食與購物機能的Q-PLAZA，請來曾打造代官山T-Site的Klein Dytham建築師事務所設計。除了如積木堆疊的構造之外，色系上和原宿另一新名所Cute Cube不約而同地選用了很Q的粉色系。館內的主要商店為Select Shop品牌Urban Research的新概念店Sense of Place，另有11家以西式料理為主的餐廳、來自紐約的頂級髮廊、SPA會館以及婚宴廣場等設施，其戶外的部分也因應綠色潮流，打造出悠閒舒適的戶外庭園供消費者小憩。

DATA 地址：東京都涉谷區
神宮前6-28-6
電話：03-6433-5548
網址：www.q-plaza.jp
營業時間：Shop 11:00～21:00 Restaurant
11:00～23:00(各店略異)
地鐵口：步行約10分鐘
MAP：P.81

ALICE ON WEDNESDAY

　　童年時在讀完愛麗絲夢遊仙境的故事後，大家是不是有幻想過喝下一瓶縮小水，然後跟著兔子先生鑽進童話世界中？原宿的ALICE ON WEDNESDAY(水曜日的愛麗絲)即將讓你夢想成真！從特別設計的小門鑽進這店裡後，發現裡頭別有洞天，黑貓、毛毛蟲、撲克牌王后，與瘋帽客等熟悉的角色，紛紛出現在店內，透過特殊的機關與光影煙霧效果，讓大家彷彿來到不可思議的夢境之中。

　　店內的2樓與3樓分別設計成「紅心皇后的裁判所」與「瘋帽客的工房」，販售各式愛麗絲主題的各種首飾，像是撲克牌圖案項鍊、懷錶兔胸針、茶壺造型耳環與彩繪愛麗絲手提包等等，1樓部分則設置了專賣甜點零食的「白皇后廚房」，大家可是真的能找寫著「Drink Me」的縮小水，和「Eat Me」的放大點心呢！這麼精彩的故事主題，不論大人或小孩在店中都驚呼連連。

DATA　地址：東京都涉谷區神宮前6-28-3
　　　　　電話：03-6427-9868
　　　　　網址：www.aliceonwednesday.jp
　　　　　營業時間：11:00〜20:00
　　　　　地鐵口：步行約7分鐘
　　　　　MAP：P.81

❶❸紅心皇后裁判所中的愛麗絲主題商品❷縮小水將帶你進入奇幻的世界❹位於3樓的瘋帽客工房

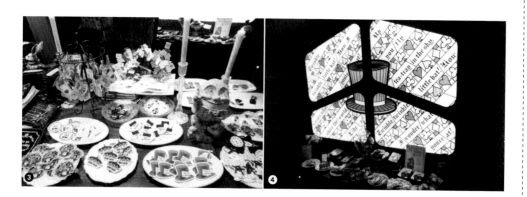

CPCM

日本知名造型師熊谷隆志為電視與雜誌上的常客，也活躍於各國時尚圈，他將自己喜歡的美式休閒風格帶到了原宿鬧區。CPCM為Crafts and Permaculture Country Mall的縮寫，代表著店內的鄉村風格及所販售的工藝衣品。店內樓層的裝潢呈現出這位時尚大叔

的各類喜好，包括園藝設計、衝浪、西部牛仔與傳統印第安文化等等，除了服裝與飾品外還能找到別緻的生活小物、陶瓷與家具，其中不少是熊谷親自設計的商品呢！

DATA 東京都涉谷區神宮前6-12-22
電話：03-3406-1104
網址：cpcm-shop.com
營業時間：11:00～21:00
地鐵口：步行約10分鐘
MAP：P.81

ASOKO

東京近期興起了一股創意生活小物的風潮，包括來自歐洲與日本原創的品牌，均先後在原宿開設大型的專賣店，它們共同的特色在於商品種類繁多、設計特殊新穎，最重要的是價格相當平實。Asoko為大阪的品牌，店內商品從家居擺飾、廚房衛浴用具到書房文具等，超過1,000種商品，價格均在數百到千元日幣，讓大家在不傷荷包的情況下，藉著這些新鮮有趣的生活小物，獲得生活中的小確幸。

❷

❶❷ 店內各式充滿設計感的生活小物

DATA 地址：東京都涉谷區神宮前6-27-8
電話：03-6427-9965
網址：www.asoko-jpn.com
營業時間：每日11:00～20:00
地鐵口：步行約10分鐘
MAP：P.81

RALPH LAUREN

表參道是東京國際名牌的聚集地,這些旗艦店大多是就地重新打造的全新大樓,位於表參道之丘旁的RALPH LAUREN以巴洛克風格打

造出古典的造型,彷彿是一棟華麗的白色豪宅,除了在表參道上格外顯眼外,更是該品牌目前全球最大的旗艦店。

DATA 地址:東京都涉谷區神宮前4-25-15
電話:03-6438-5800
網址:global.polo.com
營業時間:11:00～20:00
地鐵口:步行約7分鐘
MAP:P.81

❶❷氣派的白色豪宅式外觀

OAK OMOTESANDO

表參道上由建築名師設計的旗艦大樓於2013年再添一員,以「橡樹」為名的OAK OMOTESANDO呼應了表參道兩旁綠蔭叢生的景象,這棟複合式大樓中包括了由荷蘭OMA事務所以無數長條型透明玻璃打造的COACH旗艦店、頂級咖啡機NESPRESSO專

賣店、亞曼尼副牌EMPORIO ARMANI旗艦店與咖啡廳、服裝品牌THREE DOTS、婚戒專賣店K-UNO以及高級日式茶坊「茶洒」等名店。

DATA 地址:東京都港區北青山3-6-1
電話:03-5468-7121
網址:www.oakomotesando.com
營業時間:11:00～20:00
地鐵口:步行約7分鐘
MAP:P.81

❶❷OAK以幾何形狀玻璃打造的時尚外觀

LOUIS VUITTON MAISON

LOUIS VUITTON MAISON是LV最高等級的大型旗艦店，分別位於巴黎、紐約、東京、台北與香港等地，各店皆由知名建築師根據品牌精神打造，由於LV最著名的商品是萬年堅固的頂級行李箱，建築師青木淳便以此為靈感設計以「層層堆疊的行李箱」為外觀的表參道MAISON，讓品牌的愛好者能在一個個閃閃發光的方形箱中選購LV精緻的商品。

DATA 地址：東京都涉谷區神宮前5-7-5
電話：03-3478-2100
網址：www.louisvuitton.com
營業時間：11:00～20:00
地鐵口：步行約7分鐘
MAP：P.81

彷彿層層堆疊行李箱的外觀

TOD'S

表參道的兩端以茂密的櫸樹綠蔭聞名，建築大師伊東豐雄遂以「樹」的意象設計出和四周景色相輝映的TOD'S大廈。由於鄰近的新建築多以玻璃帷幕來表現摩登特質，伊東豐雄決定獨樹一格地採用水泥結構來呈現質樸、純淨且俐落的美感，這棟樓以9株從四周地面冒出的樹狀剪影構成，樹枝與樹枝間並鑲嵌了270面形狀相異的透明玻璃，成為豎立在表參道上的宏偉「樹狀大樓」。

DATA 地址：東京都涉谷區神宮前5-1-5
電話：03-6419-2055
網址：www.tods.com
營業時間：11:00～20:00
地鐵口：步行約7分鐘
MAP：P.81

表參道上的「豆豆樹」

GYRE

表參道上另一棟形狀特殊的大樓,是由荷蘭與日本建築團隊共同打造的黑色大樓GYRE。GYRE的意思為「旋繞、迴轉」,顧名思義整棟大樓以類似扭轉魔術方塊的概念層層「旋轉」而生。

在5層樓的建築中,包括了Chanel、Comme des Garçons、Maison Martin Margiela專賣店,與來自紐約、販售設計師小物的MOMA Design Store等商店。

餐廳部分則以「Magnolia Bakery」與「Café Kaila」人氣最高。來自紐約的Magnolia Bakery,原本只是間小烘焙坊,以各式繽紛的杯子蛋糕聞名,由於在影集「慾望城市」中,被主角們吹捧為紐約最好吃的蛋糕店而聲名大噪,並在東京開設了首間海外分店,不論是香

❶ 慾望城市中的紐約第一杯子蛋糕品牌
❷ 旋轉迴繞的建築外觀

草、巧克力、起司與椰子焦糖等口味,都有不同的愛好者。Café Kaila則是來自夏威夷的鬆餅Brunch專賣店,曾多年榮獲夏威夷早餐大獎,在彷彿熱帶島嶼的裝潢中,享受鋪滿了新鮮草莓、藍莓、香蕉和蜜李的Kaila鬆餅,已成為東京最時髦的早餐享受。

DATA　地址:東京都涉谷區神宮前5-10-1
電話:03-6418-0630
網址:gyre-omotesando.com
營業時間:Shop 11:00〜20:00
地鐵口:步行約7分鐘
MAP:P.81

FLYING TIGER

來自北歐的設計師家飾用品,一向是注重生活品味消費者的首選之一。在大家的印象中,這些名家設計大多價格不斐;來自丹麥的生活小物品牌Flying Tiger,也在近期進駐東京,其品牌商品維持了北歐風的創意設計,價格卻如同百元商店般親民,開幕後即天天吸引大批的購物人潮,店內的商品以種類區分,從文具、居家擺飾、廚具到3C小物等應有盡有,許多可愛的設計真的讓人愛不釋手呢!

DATA　地址:東京都涉谷區神宮前4-3-2
電話:03-6804-5723
網址:www.flyingtiger.jp
營業時間:11:00-20:00
地鐵口:步行約7分鐘
MAP:P.81

❶ 可愛的俄羅斯娃娃主題商品
❷ 琳瑯滿目的創意文具用品

KAWAII MONSTER CAFÉ

自2015夏天開幕以來，KAWAII MONSTER CAFÉ一躍成為原宿地區話題度第一的餐廳，這間超乎各位想像的餐廳，由知名餐飲集團Diamond Dining與時尚設計師增田薩巴斯汀聯手打造。增田覺得，東京雖然有不少廣受觀光客歡迎的新潮餐廳，但沒有一處能真正體現出東京特有的文化，在他眼中「KAWAII」可愛文化可説是東京的最大特色，所以決定以此為主題設計出這間幾乎是遊樂園規模的大型餐廳，餐廳的入口是可愛怪獸的大嘴，被怪獸一口吞下後，大家就進入了這可愛又瘋狂世界中！

店內共有四大區域等著各位探險，喜歡

❶ 店內每區座位都充滿視覺驚喜
❷ 奇幻的Mushroom Disco
❸ 繽紛的Mel-Tea Room
❹ 別忘了與怪獸少女們合影

「初級版」可愛的朋友，可以選擇充滿繽紛馬卡龍的「Mel-Tea Room」，或與綿羊、白兔、獨角獸相伴的「Milk Stand」；想來點不一樣的朋友，則不妨挑戰帶有「可愛毒性」的蘑菇世界「Mushroom Disco」，或與夜光水母為伍的「Bar Experiment」。

這裡還有5位分別代表性感(Nasty)、蘿莉(Dolly)、糖果(Candy)、寶貝(Baby)與瘋狂(Crazy)等不同個性的怪獸少女，她們身上的造型也都是增田大師親自設計的原宿未來時尚呢！除了每一處拍起照來都可愛外，Kawaii Monster中就連餐點也是充滿奇幻的色彩，像是彩虹顏色的義大利麵與聖代、怪獸造型的三明治等等，在這裡各位將可以一邊盡情地裝可愛、一邊體驗充滿驚奇的東京新文化。

DATA
地址：東京都涉谷區神宮前4-31-10 4F
電話：03-5413-6142
網址：kawaiimonster.jp
營業時間：週一～週六11:30～16:30、18:00～22:30，週日11:00～20:00 (入場費￥500／人)
地鐵口：步行約7分鐘
MAP：P.81

MAX BRENNER

　　來自以色列的品牌Max Brenner，名稱來自於合夥人Max Fichtman與Oded Brenner兩人的名字。這個品牌在紐約闖出名號，成為最有代表性的巧克力品牌之一，並於2014年在東京開設了第一家分店。店裡除了各類巧克力飲品外，還提供特製的巧克力鍋、鬆餅、可麗餅與很受歡迎的巧克力棉花糖比薩等等，除了內用，也可外帶各式巧克力周邊商品。

DATA　地址：東京都涉谷區神宮前4-12-10 (表參道之丘本館1F)
電話：03-5413-5888
網址：maxbrenner.co.jp
營業時間：週一～六11:00～22:30
週日11:00～21:30
地鐵口：步行約7分鐘
MAP：P.81

❶顏具紐約人文風情的店內設計
❷提供外帶飲品的吧檯

HUIT BRASSERIE ET CAFÉ

　　位於原宿與涉谷間巷弄的HUIT，以樸實的裝潢與家庭風味的和風洋食廣受附近上班族歡迎，由於餐廳位於許多雜誌與服裝品牌公司所在地附近，店內也常可以見到時髦的業界人士前來店內用餐、閱讀與討論公事，這裡的和風義大利麵與結合亞洲元素的排餐都是值得一嘗的料理。

DATA　地址：東京都涉谷區神宮前5-30-3
電話：03-6427-9629
網址：ctn139.com
營業時間：12:00～15:00、18:00～22:00，週日公休
地鐵口：步行約8分鐘
MAP：P.81

❶以原木裝潢為基調的HUIT外觀
❷結合亞洲元素的招牌主餐

野菜家めい

　　位於表參道之丘內的野菜家めい，標榜著
各式各樣的有機野菜料理，餐點所使用的野
菜均經過店家嚴選，來自日本各地優質農
家，每天由產地直送。廚師們將新鮮蔬菜搭
配上魚、肉等食材，變化成日式蔬菜咖哩、
番茄定食、肉排定食等佳肴與各式醃漬小
菜，讓顧客們能吃得健康窈窕，除廣受女性
消費者喜愛外，店內也時常能見到藝人或名
模的身影呢！

DATA 地址：東京都涉谷區神宮前4-12-10 (表參道
之丘本館3F)
電話：03-5414-3900
網址：www.eat-walk.com/mei
營業時間：11:00～23:30，週日至22:30
地鐵口：步行約7分鐘
MAP：P.81

❶擺盤立體的炸蔬菜咖哩
❷精緻的野菜小品
❸❹吧檯四周陳列新鮮的有機蔬果

CALBEE PLUS

以出產洋芋片和蝦條著名的零食公司CALBEE，於2011年12月在竹下通開設了全新型態的零售店面CALBEE PLUS，店內除了販售品牌經典零食外，許多尚未公開上市的新品也能在店內優先品嘗。另外，店裡的另一項超人氣食品，是新鮮現炸的洋芋片，

剛出爐的酥脆口感加上乳酪或巧克力沾醬各有不同的絕妙口感！

各式各樣的零食是旅遊逛街的好良伴

DATA 地址：東京都涉谷區神宮前1-16-8(竹下通)
電話：03-6434-0439
網址：www.calbee.co.jp
營業時間：09:30～20:30
地鐵口：步行約3分鐘
MAP：P.81

CAFÉ TORAYA

TORAYA(虎屋)是創立於京都的羊羹店，販售傳統羊羹已超過5個世紀，並曾在巴黎與紐約開設分店。TORAYA本著不斷革新的經營理念，在表參道之丘中開設了全新概念的CAFÉ TORAYA，店內以各式結合傳統羊羹元素的西式點心著名，如紅豆巧克力蛋糕、白豆蛋糕、紅豆寒天凍與豆乳抹茶布丁等等，搭配上特選茶品，成為表參道貴婦們的最愛。

DATA 地址：東京都涉谷區神宮前4-12-10(表參道之丘本館B1)
電話：03-5785-0533
網址：www.toraya-cafe.co.jp
營業時間：11:00～22:30，週日至21:30
地鐵口：步行約7分鐘
MAP：P.81

❶特製豆乳抹茶布丁
❷時令新鮮水果寒天凍

NOA CAFÉ

NOA CAFÉ 位於竹下通入口處兩三步的距離，這裡除提供飲料與三明治等餐點外，最有名的是各式現烤鬆餅(Waffle)，除了傳統的香蕉、巧克力、草莓與藍莓口味外，還有獨創的日式口味像是黑糖白玉等等，每個季節還會推出季節限定的鬆餅，大家不妨在逛街逛累後前來歇個腳吃個甜點。

店內必嘗的甜點鬆餅

DATA 地址：東京都涉谷區神宮前1-17-5
電話：03-3401-7655
網址：www.noacafe.jp
營業時間：08:00～23:30
地鐵口：步行約1分鐘
MAP：P.81

EGGS'N THINGS

傳統美式早午餐(Brunch)不論在台灣或日本都逐漸蔚為風潮，來自夏威夷的Brunch專賣店EGGS'N THINGS在2010年引進東京後，立刻引起話題並天天大排長龍，這裡標榜著「全天供應的早餐」(All Day Breakfast)，除了各式煎蛋、炒蛋、蛋捲外，還有各式各樣的香烤吐司、鬆餅與可麗餅等等，雖然是早餐專賣店，但這裡可不分晝夜都人潮洶湧呢！

DATA 地址：東京都涉谷區神宮前4-30-2
電話：03-5775-5735
網址：www.eggsnthingsjapan.com
營業時間：09:00～22:30
地鐵口：步行約7分鐘
MAP：P.81

鬆餅加上堆疊如山的大量鮮奶油讓客人們驚呼不斷

第八蛸華丸

位於涉谷川遊步道上的章魚燒專賣店「第八蛸華丸」是原宿地區必嘗的特色小吃，小小的路邊亭子中常排滿了等候的人潮。這裡的章魚燒不但口味多樣且用料實在，大家都在點用之後就直接和三五好友坐在路邊享用呢！

DATA　地址：東京都涉谷區神宮前5-11-3
網址：www.takohana.com
營業時間：12:00～21:00
地鐵口：步行約7分鐘
MAP：P.81

❶ 師傅在烤盤中放入新鮮又大顆的花枝腳
❷ 在路邊大快朵頤的年輕人們

ANGELS HEART CRÊPES & MARION CRÊPES

原宿的另一項著名街邊美食是竹下通的可麗餅。日式可麗餅的餅皮柔軟，有別於台式可麗餅的酥脆，搭配上新鮮水果、鮮奶油與冰淇淋，成為日本最具代表性的甜點之一。在小小的竹下通中就有2家店面對面的可麗餅店ANGELS HEART與 MARION CRÊPES，說實在的，作者認為2家店的可麗餅並沒有太大的差別，各位不妨任選一家品嘗！

DATA　地址：東京都涉谷區神宮前1-20-6
電話：03-3497-0050
網址：www.cafe-crepe.co.jp、
www.marion.co.jp
營業時間：10:00～22:00
地鐵口：步行約3分鐘
MAP：P.81

櫥窗中展示各種口味的可麗餅

新宿站 SHINJUKU

達人報告

著名的日本小說家馳星周，將新宿描繪成為燈紅酒綠的「不夜城」，而在東京人的心目中，交通、購物、餐飲與娛樂機能一應俱全的新宿，也的確是不分晝夜都同樣精采的熱鬧區域。白天時的新宿，不論是東口、西口或南口都聚滿了逛街購物的人潮，和其他區域不太相同的是，新宿地區沒有太多的小店面，而是以一棟接著一棟的百貨公司著名。這些百貨公司均有明確的主題與鎖定的客群，大家可以依照不同的喜好與需求，選定適合自己的商場購物血拼。

到了夜晚，新宿的人潮從百貨區域轉移到歌舞伎町周邊，在這一帶遍布了數不清的居酒屋、餐飲店與酒吧等等，是大家享用宵夜的最佳去處。另外，對於逛街購物沒有太大興趣的朋友，不妨可前往新宿御苑、新宿都廳與花園神社等地方遊覽，感受和喧囂擾嚷的商業區域不同的新宿氣氛。

Shinjuku Terrace City
Illumination '10-'11

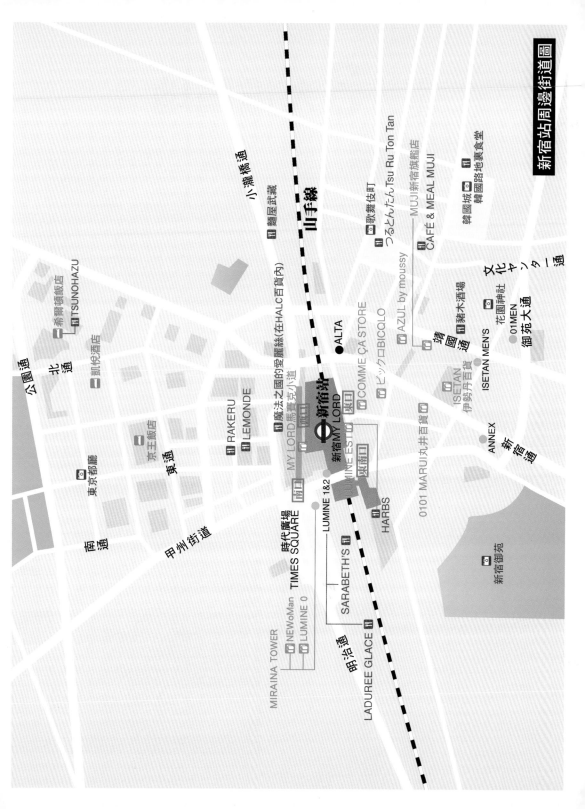

東京達人**3**大推薦地

作者最愛
麵屋武藏
日本票選第一的人氣拉麵店，不可不嘗的絕佳美味。(P.113)

遊客必訪
東京都廳
俯瞰東京絕佳夜景的好去處，票價免費、美景無價。(P.107)

東京人推薦
01 MAN
這裡是型男的購物天堂，將最新流行的服裝配件一網打盡。(P.109)

遊賞去處

新宿御苑

　　新宿御苑建於江戶時代，至今已有超過百年的歷史，這裡原本是貴族內藤家族的屋宅庭園，總面積超過60公頃，後來改由政府管理並開放給一般民眾入園遊覽。御苑園內種滿櫻花、梅花與菊花等各式花卉，每個季節皆呈現出不同的風光景致，尤其以春天的櫻花時節最為美麗壯觀，往往吸引大批人潮前來賞櫻野餐，除了傳統日式庭園外，園中的英式庭園與法式花園等等西洋風味造景也是另一大特色所在。

DATA　地址：東京都新宿區內藤町11番地
　　　　電話：03-3350-0151
　　　　網址：www.env.go.jp/garden/shinjukugyoen
　　　　開放時間：09:00～16:00，每週一休園
　　　　門票：高中生以上￥200，6歲～15歲￥50，6歲以下免費
　　　　地鐵口：東口，步行約15分鐘
　　　　MAP：P.105

東京都廳

　　東京都廳是東京都的行政辦公中心，由2棟
高202公尺的建築物構成，為建築師丹下健三
所設計，於1991年正式啟用，其中最受觀光
客歡迎的是分別位於南北兩棟樓45樓展望觀
景台。由於東京都廳的展望台免費開放且營
業至23:00，因此特別推薦給想較晚前來的朋
友。在展望台的每一個角落都能見到不同的
東京風光，白天時可以從這裡清楚地遠眺富
士山，夜晚時更可以鳥瞰整個閃閃發光的東
京都，堪稱是新宿夜晚最浪漫的地方。

DATA　地址：東京都新宿區西新宿2-8-1
　　　　電話：03-5320-7890
　　　　網址：www.yokoso.metro.tokyo.jp
　　　　開放時間：南展望室09:30～17:30(每月第
　　　　一及第三個週二公休)，北展望室 09:30～
　　　　23:00(每月第二及第四個週一公休)；12/29～
　　　　12/31、1/2～1/3年度維修日
　　　　門票：免費入場
　　　　地鐵口：西口，步行約15分鐘
　　　　MAP：P.105

高聳入天的東京都廳

花園神社

　　熱鬧的新宿除
了成棟的百貨商
場外，竟然還有
一間傳統的花園
神社隱身在大樓

之間。仔細尋找就能看見其大紅色的鳥居正
對著馬路，越過鳥居下的石子地後，即可到
達紅牆青頂的祭拜殿，這裡早在德川家康時
代就已落成，在其四周還有寶物殿、大明神
殿及神樂殿等等，若是恰巧遇到節日祭典
時，神社的四周更會有許多臨時小攤販販賣
大阪燒、章魚丸、銅鑼燒、巧克力香蕉等傳
統小吃，既熱鬧又有趣。

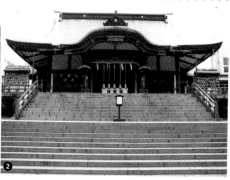

❶廟會時的特色小吃
❷紅牆青頂的祭拜殿

DATA　地址：東京都新宿區新宿5-17-3
　　　　電話：03-3209-5265
　　　　網址：www.hanazono-jinja.or.jp
　　　　開放時間：全年無休
　　　　地鐵口：東口，步行約10分鐘
　　　　MAP：P.105

歌舞伎町

以聲色場所著名的「歌舞伎町」是新宿的另類觀光景點，在這裡各位可以真正體會所謂「不夜城」的景象，整個歌舞伎町到了夜晚時分，霓虹轉燈齊亮，街道上打扮華麗誇張的夜班帥哥辣妹來去匆匆，有些俱樂部店家還會替旗下男女公關製作彷彿偶像明星的巨型看板甚至播放電視牆MV廣告，如此大規模的經營形式不禁令人歎為觀止。在歌舞伎町出入的人士相對複雜，但由於近年來觀光客眾多，警方皆會派員密集巡邏，以確保周邊治安，提醒大家，只要記得避免單獨前往、不任意理會街上攬客人員、勿隨意進入不明店家(如標示「無料案內」的特種行業介紹所等等)，來到歌舞伎町閒逛或用餐將會是安全無虞的次文化特殊體驗。

歌舞伎町彷彿偶像藝人的男女公關看板海報

DATA 地鐵口：東口，直走穿越靖國通步行約10分鐘
MAP：P.105

購物血拼

ISETAN伊勢丹百貨

伊勢丹為新宿地區的「高級型」百貨公司，共分為本館、男士館、會館和分館1～5樓，本館以國際精品與日本設計師女裝及配件為主，包括Chanel、Dior、Gucci、Chloé、A.D.M.J.、Balenciaga等品牌。男士館(ISETAN MEN'S)與本館相通，以Dior Homme、Burberry、Jil Sander、Paul Smith、Dunhill等廣受輕熟男及上班族喜愛的品牌為主。

❶歷史悠久的ISETAN百貨
❷ISETAN男仕館

DATA 地址：東京都新宿區新宿3-14-1
電話：03-3352-1111
網址：www.isetan.co.jp
營業時間：Shop10:00～20:00，
Restaurant 11:00～22:00
地鐵口：東口，步行約5分鐘
MAP：P.105

0101 MARUI丸井百貨

丸井為新宿分布最廣的「都會型」百貨，共有3大主題分館位於東口周邊，由於「丸井」的發音與「01」相同，丸井百貨遂以此做為其品牌商標。2009年落成的「01本館」以中價位的日系品牌為主，從年輕至成熟的路線均包括其中；「01 MEN」為男生專屬的百貨，多為年輕化的日本品牌；「ANNEX」販售男性運動休閒系列商品。

DATA 地址：東京都新宿區新宿3-30-13(本館)
電話：03-3354-0101
網址：www.0101.co.jp/new-shinjuku
營業時間：平日11:00～21:00，
週日11:00～20:30
地鐵口：東口，步行約5分鐘
MAP：P.105

LUMINE百貨

LUMINE集團在新宿開設有LUMINE EST(東口)、LUMINE 0、1、2(南口)，4個分館以引進大量新興品牌為號召，吸引許多時髦年輕族群前往選購。

DATA 地址：東京都新宿區新宿3-38-1(EST)
電話：03-5269-1111
網址：www.lumine.ne.jp
營業時間：Shop 11:00～22:00，
Restaurant 11:00～23:00
地鐵口：東口、南口，步行約1分鐘
MAP：P.105

JR MIRAINA TOWER/ NEWoMan

❶ 商場內的櫥窗設計一樣綠意盎然
❷ 超人氣的小藍瓶咖啡
❸ 與車站相連接的商業大樓
❹ 紐約風格的美食廣場
❺ 周邊清新明亮的綠化設計

　　新宿地區好逛好玩的區域，原本僅集中在西口與東口，南口附近僅有老字號的高島屋百貨與相連接的新宿時代廣場，周邊則為東京長途巴士的轉運點。原本各線路的巴士於路面載客，每逢尖峰時刻總造成道路擁塞，2016年3月由JR公司規畫多年的MIRAINA TOWER正式完工，成為全新的長途巴士轉運車站，除了交通樞紐的機能外，同步開業的NEWoMan與LUMINE 0等商場，也讓南口地區一躍成為新宿的玩樂地標。

　　MARAINA TOWER的1～4樓部分為複合式商場NEWoMan，以簡約時尚的空間規畫，為新宿都會型男女提供嶄新的購物與餐飲體驗。館內引進眾多國際與日本設計師品牌，不少為首次進軍日本的商品；餐廳樓層則包括話題度第一的美國咖啡品牌Blue Bottle、新加坡網紅美女名廚Janice Wong的甜點沙龍，以及平價版的侯布雄麵包坊LE CAFÉ de Joël Robuchon等多家人氣名店；2樓另設有大型美食廣場 (Food Hall)，提供手釀啤酒、生蠔吧與壽司等餐點，呈現紐約現正流行的混搭工業風。此外，在樓層間與戶外露台部分則規畫了多處充滿綠色植物的庭園景觀，為一向熙熙攘攘的新宿地區注入不同的清新感。假日並不定期舉辦音樂與藝文活動，讓南口地區除了商業機能外還多了適合全家同遊的休閒氣氛。

DATA　地址：東京都新宿區4-1-6
　　　　電話：03-3352-1120
　　　　網址：www.newoman.jp
　　　　營業時間：11:00～22:00 (部分餐廳至23:00)
　　　　地鐵口：南口，步行約1分鐘
　　　　MAP：P.105

COMME ÇA STORE

　　由上田稔夫創立的品牌COMME ÇA隸屬FIVE FOXES集團，其系列商品從頂級西裝套裝、中價位休閒服飾到生活小物等無所不包，位於新宿的旗艦店於2009年重新開幕，其中品牌包括中價位都會風格的COMME ÇA ISM與BUONA GIORNATA、街

全新改裝完成的COMME ÇA STORE

頭搖滾型的PPFM、美式休閒風的Purple & Yellow等旗下商品，推薦想打造一身東京雅痞風格的型男們一定要前來逛逛。

DATA　地址：東京都新宿區新宿3-26-6
　　　　　電話：03-5367-5551
　　　　　網址：www.fivefoxes.co.jp
　　　　　營業時間：11:00〜21:00
　　　　　地鐵口：東口，步行約1分鐘
　　　　　MAP：P.105

ビックロBICQLO

　　異業結盟、相互宣傳是日本近年來對抗經濟不景氣的一大妙法，平價服飾店龍頭UNIQLO就與連鎖電器專賣店BIC CAMERA合作了這間結合電器與服裝的新型態大店，讓消費者能在同一個地方購買原本並沒有關聯性的商品。BICQLO販售的UNIQLO服飾

和其他分店並沒有太大的差異，只不過在商品陳列和模特兒身上多了許多新穎的電器與3C用品，這些創意的設計依然吸引了消費者的目光。

DATA　地址：東京都新宿區新宿3-29-1
　　　　　電話：03-5363-5741
　　　　　網址：uniqlo-bicqlo.tumblr.com
　　　　　營業時間：10:00〜22:00
　　　　　地鐵口：步行約5分鐘
　　　　　MAP：P.105

AZUL by moussy

109系代表品牌moussy深獲許多年輕女性的喜愛並已進軍台灣市場，品牌於2008年創立了新的副牌AZUL by moussy，以更成

熟的都會風格設計出高質感但低價位的時髦服裝配件，除了廣為人知的女裝外，AZUL並全新設計了男裝系列，以丹寧與實搭

的黑白灰色系為主。2010年11月AZUL大型旗艦店於新宿開幕，剪綵派對當天藤井Lena、土屋安娜與富永愛3位超級日模一次到齊，為AZUL新宿店瞬間打響了知名度。

❶AZUL推出的男裝系列
❷面積廣大的新宿旗艦店

DATA 地址：東京都新宿區新宿3-19-2
電話：03-6380-4290
網址：azul-m.com
營業時間：11:00～21:00
地鐵口：東口，步行約5分鐘
MAP：P.105

MY LORD馬賽克小道

位於JR車站西口的馬賽克小道是新宿著名的遊覽購物景點，這個小坡的路面過去採用彩色的馬賽克磁磚鋪設，因此稱為MOSAIC STREET，但近年已改成灰黑相間的路面。小道兩旁與後方的店面屬於MY LORD百貨，其中以由碧昂絲、莎拉潔西卡派克、希爾頓姐妹與木村拓哉等人代言的包包品牌Samantha Thavasa人氣最高。

DATA 地址：東京都新宿區西新宿1-1-3
電話：03-3349-561
網址：www.shinjuku-mylord.com
營業時間：10:00～21:00
地鐵口：東口，步行約1分鐘
MAP：P.105

❶❷馬賽克小道的聖誕燈飾是東京著名的聖誕景點之一

特色美食

麵屋武藏

來到東京必定不能不品嘗一碗真正道地的拉麵，在眾多拉麵店中，又怎能錯過東京人票選第一的「麵屋武藏」！這間由拉麵達人山本雄於1998年開設至今的拉麵店以「海鮮加肉骨」的混合湯底聞名，店家先分別製作以秋刀魚、龍蝦、昆布熬煮的海鮮高湯以及用雞骨、豬骨慢燉而成的肉骨高湯，如此一來2類食材的鮮甜原味均能完整保存，上桌前師傅將3種高湯混合並加入由「板橋大榮食品」精製的拉麵、入口即化

❶ 令人唇齒留香的經典醬油拉麵
❷ 麵屋武藏大排長龍的盛況

的叉燒肉以及彈牙的滷蛋，呈現出令人唇齒留香的無懈可擊之作(￥800～1,000)！除了美味的麵點外，作者也格外喜歡店家特別設計的昭和年代復古陳設，懷舊的木頭裝潢與四周古早的電影海報，彷彿讓人真的回到屬於一代武師「宮本武藏」的歷史情境中呢！

DATA 地址：東京都新宿區西新宿7-2-6
電話：03-3363-4634
網址：www.m634.com/634
營業時間：11:00～21:30
地鐵口：西口，步行約10分鐘
MAP：P.105

豬木酒場

安東尼奧‧豬木是許多摔角迷的不敗偶像，他在退休之後投資開設了這家結合復古懷舊風情與摔角運動精神的居酒屋，讓所有喜愛格鬥競技的朋友能來到這裡一邊大口喝酒，一邊觀賞電視中播出的摔角比賽。店內

❶ 席間豪爽舉杯同歡的客人們
❷ 五〇年代復古風味的豬木酒場

設計成古早年代的「大眾酒場」，除了張貼復古的摔角海報外，店家還從四處蒐集了許多五〇年代的霓虹燈招牌及看板。這裡的菜色皆為日本的家庭料理與下酒小菜(每道約￥300～800)，在服務員熱情豪邁的招呼下，就連一向拘謹有禮的日本人也不由得開始高聲談笑、乾杯豪飲，表現出內心最親切純樸的一面！

DATA 地址：東京都新宿區新宿5-17-13
電話：03-5155-7680
網址：www.g-com.jp/inokifoodsbusiness
營業時間：17:00～03:00
地鐵口：東口，步行約10分鐘
MAP：P.105

TSUNOHAZU

　東京希爾頓飯店2樓的餐廳區域，在2014年底重新揭幕，以西新宿區域的舊稱「TSUNOHAZU(角筈)」為名，希望一方面能保存新宿美好的傳統，另一方面再創造出多元化的「食尚」風貌。這個全新概念的設計，讓日式、中式與美式等多種不同風味的料理，在無隔牆式的空間中並存，並在各自的區域中，展現出不同的裝潢氣氛與美味特色。除了讓客人每次前來用餐都能有不同的體驗外，也能透過開放式廚房，欣賞主廚們的絕佳手藝。

十二颯 JUNISHYO

　TSUNOHAZU中的日本料理「十二颯」呈現出雅緻簡約的日式禪風，店內提供精緻的懷石料理、壽司套餐與鐵板燒，以「十二」為名代表著料理長一年12個月都會以當季的食材設計菜肴，讓食客們能享用到最新鮮的時令美味。各式餐點中最受歡迎的，是由壽司職人們現點現做的壽司套餐(午餐¥3,000～8,000，晚餐¥9,000起)，壽司主廚以獨門的技術，將生魚以稻草燻烤後，再搭配上以多種黑醋調配醃製的「黑壽司米」，讓魚片釋放出鮮甜，並和酸度適中的醋飯巧妙融合，美味的口感可是在別的地方品嘗不到的！

DATA 地址：東京都新宿區西新宿6-6-2 (Hilton Tokyo 2F)
　　　電話：03-5324-8039
　　　網址：tsunohazu-hilton.jp
　　　餐廳：午餐11:30～15:00，晚餐17:30～22:00
　　　酒吧：週日～三11:00～01:00，週四～六11:00～03:00
　　　地鐵口：步行約7分鐘
　　　MAP：P.105

❶手藝精湛的壽司主廚❷❸❺除壽司外也可品嘗精緻的鐵板燒料理❹典雅的壽司吧檯座位區(部分照片提供Hilton Tokyo)

METROPOLITAN GRILL

專賣炭烤牛排與海鮮的Metropolitan Grill以紅磚、原木、鐵片與皮革等粗獷的裝潢，展現出道地的美式風格。這裡最引以為傲的是使用喜馬拉雅鹽磚打造而成的風乾室，經過風乾熟成水分蒸發處理後的黑安格斯牛肉，不但肉質更軟嫩，風味也更集中。在餐點上桌時，專業的「香料顧問」還會推薦精選自世界各地、風味各異的海鹽、胡椒與辛香料等，為食客們的主餐增添不同層次的美味。

王朝 DYNASTY

以北京料理馳名的王朝餐廳，已在東京希爾頓飯店開業多年，TSUNOHAZU成立時延用了原本的名稱，但在餐點和裝潢上則賦予了全新的時尚風貌，整個餐廳被劃分為風格各異的小區域，包括藍白青花瓷主題的圓桌區、以東方鳥籠為設計靈感的靠窗區域，與使用骨董花瓶與藝術墨寶裝飾的包廂區等，讓消費者能在這充滿新鮮感的空間中，享用日籍主廚柳谷雅樹以獨門爐火烘烤的北京烤鴨和XO鮑貝炖蛋、白灼北海牡蠣，與清蒸北海鮮魚等使用日本食材料理的中式佳肴。

東京地鐵分站導覽　JR山手線　原宿站‧新宿站‧池袋站

ZATTA

除三大餐廳外，TSUNOHAZU中另打造了一處極具氣氛的Lounge酒吧Zatta，以暗紅色調與投射出光影的吧台呈現時尚的空間感，除了每天由派對音樂品牌Hed Kandi旗下DJ駐場外，週五至週日還有爵士樂手現場演出。Zatta的另一大特色為各式創意調酒，包括爆米花造型的「Night at The Cinema」、插著可愛小漢堡的血腥瑪莉「Sundy BBQ」、加入日式煎茶元素的馬汀尼「Ochazuke Martini」，以及用小茶壺當酒杯的「The Reviver」等等，除了造型討喜外，獨創的口味也增加了意想不到的品酒樂趣。

つるとんたん
TSU RU TON TAN

歌舞伎町出現了一家天天大排長龍的餐廳つるとんたん，這間由藝人夏木麻里開設的烏龍麵店，從關西一路紅到東京，它有趣的店名來自吃麵(TSU RU)、打麵(TON)和切麵(TAN)的聲音。店內所販售的烏龍麵除了傳統的日式口味外，還有店家獨創的義大利式白醬烏龍麵，除了麵條為麵匠手工製作外、

❶創新風味的手打烏龍麵
❷充滿時尚夜店氣氛的店內空間

盛裝的器皿更是好比臉盆般大碗，相當物超所值。這裡超人氣的原因除了餐點外，店內彷彿夜店的氣氛和每天的Live音樂演唱則是另一個關鍵，各位一定要來體驗既美味又時尚的創意烏龍麵。

DATA 地址：東京都新宿區歌舞伎町2-26-3
電話：03-5287-2626
網址：www.tsurutontan.co.jp
營業時間：11:00-隔天上午8:00
地鐵口：步行約10分鐘
MAP：P.105

韓國路地裏食堂

「韓流」的旋風早已在幾年前吹往日本，2010年更因為偶像團體少女時代、KARA與BIG BANG等大舉進軍日本而到達高峰，在大街小巷中都可見到這些韓國偶像的大型看板與相關商品。其實位於新宿歌舞伎町和新大久保之間的東京「韓國城」早已形成許久，

在這小小區域內，遍布了全是韓文招牌的超市、雜貨店與餐廳，而這些餐廳老闆也都是在日韓人，販售口味正宗的韓式料理。在韓國城中最有名的餐廳是「路地裏」，裡頭以傳統的食堂裝潢販售韓式烤肉、部隊鍋與海鮮煎餅等韓國家庭小吃，包括高橋克典、岸谷五朗、田中美里與許多韓國藝人都曾來此光顧呢！

DATA 地址：東京都新宿區歌舞伎町2-13-2
電話：03- 3202-0868
網址：www.kanton.jp
營業時間：週一～四18:00～24:00，
週五～日17:00～03:00
地鐵口：東口，步行約15分鐘
MAP：P.105

❶韓國城中布滿大小韓文招牌❷口味正宗的韓式伴飯

LEMONDE

　　LEMONDE位於西新宿，狹長的店面大概只能容納10個客人，卻有本事能稱自己為「牛排之神」，由此可見店主對於自己的獨門配方一定有非常大的信心。這裡的Menu非常簡單，只有肋眼牛排(リブロースステーキ)¥1,100、沙朗牛排(サーロインステーキ)¥1,200與菲力牛排(ヒレステーキ)¥1,360，共3種。若覺得基本分量150g不夠的客人，則可以點用220g至400g的厚切或特選牛排。這裡牛排的特殊之處在於炭烤後淋上店主獨家密煉的醬汁和大塊的牛油，

❶僅能容納10人的狹小店面
❷搭配獨門醬汁與牛油的鮮嫩牛排

放入口中香味立刻四溢，牛排之神果然是名不虛傳！

DATA　地址：東京都新宿區西新宿1-16-11
電話：03-3343-7728
網址：www.lemonde-japan.com
營業時間：午餐11:00～15:00；
晚餐17:00～22:00，週五至21:00
地鐵口：西口，步行約5分鐘
MAP：P.105

CAFÉ & MEAL MUJI

　　無印良品一向提倡簡單自然的「樂活」生活，除了穿著天然素材的服裝，使用無人工添加物的保養用品外，就連一天三餐也該讓自己吃得健康無負擔，為了推廣這樣的新飲食概念，無印良品最早在有樂町店成立了第一家品牌餐廳MUJI MEAL，而新宿MUJI旗艦店成立的同時也規畫了更大規模的CAFÉ & MEAL

MUJI。餐廳中的食材均以有機蔬菜、豆類與五穀雜糧為主，並使用少鹽少油的方式烹調，各位可任選3道(¥780)或4道(¥930)當日主菜搭配飯類或麵包，在精緻優雅的用餐環境中享用健康的元氣料理！

每日更換菜色的樂活風味餐點

DATA　地址：東京都新宿區新宿3-15-15
電話：03-5367-2710
網址：www.muji.net/shop/cafemeal.html
營業時間：11:00～21:00
地鐵口：東口，步行約5分鐘
MAP：P.105

RAKERU

　　1963年即創店的RAKERU是西新宿的老牌名店之一，店裡的布置溫馨，以愛麗絲夢遊仙境為主題放置了小兔子等故事中的主角。這裡的招牌料理為日式蛋包飯，包括紅酒牛肉蛋包飯、漢堡排蛋包飯、起司蛋包飯與鐵板牛排蛋包飯等等(¥980～1,020)，軟嫩的蛋皮搭配上香味撲鼻的炒飯讓人食指大動。餐後的甜點則不妨來份冰淇淋鬆餅或聖代(¥480～680)，為這餐劃下完美的句點。

招牌紅酒牛肉蛋包飯

DATA　地址：東京都新宿區西新宿1-12-7
電話：03-3348-1385
網址：www.rakeru.co.jp
營業時間：11:30～22:00
地鐵口：西口，步行約5分鐘
MAP：P.105

ALICE IN MAGICAL LAND
魔法之國的愛麗絲

❶❷❸各個角落均為不同主題設計的用餐區
❹經典的撲克牌王國擺飾
❺微笑貓造型的義大利麵
❻可愛的愛麗絲服務生

愛麗絲迷們除了前往原宿站介紹過的飾品專賣店(P.93)外，竟然還有機會體驗在童話世界中用餐的樂趣！這間愛麗絲主題餐廳在日本共有7間分店，每間店都有個獨特的主題裝潢，例如銀座店的迷宮國度、涉谷的舞蹈王國、池袋的古堡、新宿東口的繪本世界以及這間新宿西口的魔法之國等等。走進魔法書造型的入口後，打扮成蘿莉風愛麗絲的服務生們，將帶各位進入每一區不同的魔法世界，包括魔法鏡的更衣室、海之神殿、人魚洞窟、女王的舞會，以及紅色寢殿等充滿驚喜的主題區域，所有細節還都以愛麗絲中的撲克牌王國元素設計，讓大家真的有著夢遊仙境之感。

除了夢境般的環境外，餐點也是可愛指數破表，曾任職知名飯店的主廚研發出結合英國元素的餐點包括義大利麵、焗烤類、燉飯以及蛋糕聖代等甜點，每樣餐點還都以愛麗絲主題人物如白兔先生、微笑貓與瘋帽人的造型呈

現，除了讓少女瘋狂外，也是小朋友們的最愛，別忘了用餐前要先拍照打卡上傳！

DATA
地址：東京都新宿區西新宿1-5-1 (HALC B3)
電話：03-3340-2466
網址：www.alice-restaurant.com/maho
營業時間：11:00～24:00，16:00後有入場費
¥500與低消(每人一份主餐加飲品)
地鐵口：西口，步行約1分鐘
MAP：P.105

SARABETH'S

　　來自紐約的Brunch專賣店Sarabeth's，由有早餐女王之稱的Sarabeth Levine創立。1981年時她按照祖傳的配方製作出第一罐橘子杏桃果醬，並進而從果醬工廠、烘焙坊到餐廳，用她獨創的手藝一步步打造出紐約客均趨之若鶩的早餐王國。隨著日本Brunch風的流行，Sarabeth也在東京開設了首家分店，以招牌班尼迪克蛋、現烤酥餅、水果厚片鬆餅和番茄濃湯等餐點讓東京人讚不絕口，別忘了用餐後再外帶一份經典的果醬組合。

與紐約分店類似的裝潢，呈現出正宗的美式Brunch文化

DATA 地址：東京都新宿區新宿3-38-2 (LUMINE 2/2樓)
電話：03-5357-7535
網址：sarabethsrestaurants.jp
營業時間：09:00～22:00
地鐵口：南口，步行約1分鐘
MAP：P.105

HARBS

新鮮栗子蛋糕

　　HARBS是LUMINE中高人氣的甜點店，大家總暱稱它為「高蛋糕」專賣店，為什麼呢？因為這裡的蛋糕真的是料多實在且又高又厚！HARBS的著名甜點包括以大顆新鮮水果製作的草莓鮮奶油千層蛋糕、櫻桃起士蛋糕、季節水果蛋糕與栗子巧克力蛋糕等，由於內用的人潮總是眾多，沒有時間等候的朋友不妨外帶品嘗。

DATA 地址：東京都新宿區新宿3-38-1(LUMINE EST B2)
電話：03-5366-1538
網址：www.harbs.co.jp
營業時間：平日11:00～22:00，假日10:30～22:00
地鐵口：東口，步行約1分鐘
MAP：P.105

Ladurée Glaces

　　來自法國的人氣馬卡龍品牌 Ladurée，相信各位已不陌生，除了各式甜點與香氛化妝品外，大家還能在新宿品嘗到目前全球唯一的冰品Ladurée Glaces，粉紅色的珍珠玫瑰(Perle)與褐色的栗子(Marron)口味均為人氣招牌，也可另搭配馬卡龍一起享用。

DATA 地址：東京都新宿區新宿3-38-2 (LUMINE 2) 1F
電話：03-6380-5981
網址：www.laduree.jp
營業時間：11:00～22:00
地鐵口：南口，步行約1分鐘
MAP：P.105

池袋站 IKEBUKURO

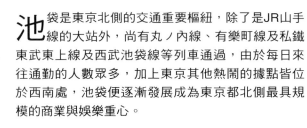
達人報告

池袋是東京北側的交通重要樞紐，除了是JR山手線的大站外，尚有丸ノ內線、有樂町線及私鐵東武東上線及西武池袋線等列車通過，由於每日來往通勤的人數眾多，加上東京其他熱鬧的據點皆位於西南處，池袋便逐漸發展成為東京都北側最具規模的商業與娛樂重心。

池袋車站的出口分為東口、西口、南口、北口與大都會(メトロポリタン)口5處，其中東口與西口周邊滿布著百貨公司、服裝店、藥妝店、電器行、居酒屋、平價連鎖餐廳、大型遊樂場、卡拉OK與拍貼店等等，熱鬧的程度與新宿和涉谷等不夜城難分高下。也因為池袋的吃喝玩樂機能一應俱全，許多觀光客十分喜愛選擇位於此一區域的旅館留宿，就算碰到天候不佳時也不用擔心，因為四周的東武、西武、PARCO、三越與SUNSHINE CITY等大型百貨公司就算是花一整天的時間也很難逛盡呢！

東京達人**3**大推薦地

作者最愛
SUNSHINE CITY
結合小型樂園、水族館、展望台與百貨公司的複合式商場,吃喝玩樂樣樣俱全。(P.124)

遊客必訪
西口公園
耳熟能詳的經典日劇場景,最具代表性的到此一遊拍照景點。(P.122)

東京人推薦
SPPS
池袋地區最有名的平價辣妹服裝店,可在這裡購買很便宜卻很有型的當季配件。(P.124)

ときれ通
ロマンス通
みすき通
三原堂

西口 TOBU東武百貨

CLUB HARIE
B-Studio Tokyo West

東京藝術劇場

劇場通 西口公園

大都會口

大都會飯店

池袋站

東口

ばんから拉麵

無敵家拉麵

JR山手線

明治通

SALVATORE CUOMO & BAR
THE B HOTEL

春日通

ABC MART

60階通(池袋熱門商店區)

SEIBU西武百貨 SPPS GU

SANRIO GIFT GATE

SUNSHINE CITY

L'OCCITANE CAFÉ
歐舒丹咖啡

グリーン大通

國際水族館／SKY CIRCUS展望台

NAMJATOWN
南佳城主題遊樂館

池袋站周邊街道圖

遊賞去處

西口公園

相信許多日劇迷們一聽到池袋,便會想到由長瀨智也、窪塚洋介與妻夫木聰等主演的日劇《池袋西口公園》,這部由石田衣良同名推理小說改編的電視劇正是以西口公園為背景,描述東京社會邊緣年輕男女的人生故事。其實,池袋西口公園並不完全如電視劇中描寫此地聚集滿不良少年,在假日時反而有許多

當地家庭闔家大小前來此處遊玩,三不五時還會有露天音樂會的演出呢!各位不妨來到公園中央的噴水池畔靜靜享受池袋的恬意午後時光。

偶像劇場景西口公園

DATA 地鐵口:西口,步行約3分鐘
MAP:P.121

東京藝術劇場

東京藝術劇場位池袋西口公園旁,外觀由名建築師芦原義信打造,以多片三角形的黑色玻璃帷幕連接呈現出立體且俐落之感,劇場內定期推出不同型態的表演節目,包括音樂會、歌舞劇、傳統戲劇、人偶劇等等,有興趣的朋友不妨先至網站查詢當期表演內容與票價,另外館內電扶梯上方懸吊的金色裝置藝術也是值得拍照留念的特色景觀。

DATA 地址:東京都豐島區西池袋1-8-1
電話:03-5391-2111
網址:www.geigeki.jp
開放時間:09:00~22:00
地鐵口:西口,步行約3分鐘
MAP:P.121

劇場內手扶梯上的金色裝置藝術

SUNSHINE CITY
國際水族館／展望台

　　SUNSHINE CITY太陽城是池袋地區知名的複合型百貨商場和娛樂中心，位於10樓的國際水族館則是廣受當地學生及小朋友歡迎的寓教於樂場所，在占地廣大的水族館當中不但能看到世界各地的海洋生物景觀，館方還

水族館內各式各樣的海底生物

真實重現了熱帶雨林地區的生態景觀，每天定期演出的可愛海豹、海獅表演以及水中餵食秀都是不可錯過的精采內容，有興趣觀覽東京全貌的朋友，還可以繼續前往不久前才重新開幕、位於60樓的Sky Circus展望台，除了能遠眺富士山外，館內還以雲朵為概念，全新加入結合VR虛擬實境、4D與CG動畫等高科技的多項互動區域，讓大家體驗彷彿空中馬戲團般精采的「體感型展望台」。

DATA 地址：東京都豐島區東池袋3-1 10F/60F
電話：03-3989-3466
網址：www.sunshinecity.co.jp
開放時間：水族館4/1～10/31 10:00～20:00、11/1～3/31 10:00～18:00，展望台10:00～22:00
門票：水族館：高中生以上￥2,000、中小學生￥1,000、四歲以上￥700；展望台：成人￥1,800、高中大學￥1,500、中小學生￥900、4歲以上￥500
地鐵口：東口，步行約7分鐘
MAP：P.121

NAMJATOWN
南佳城主題遊樂館

　　南佳城主題遊樂館是太陽城中另一個人氣據點，裡頭包括了多個主題區域，其中的「福氣餃子驕傲商店街」以昭和年代的復古風格為設計構想，商店街內不但有販售復古童玩與食品的店鋪，還開設了十多間各具風味的餃子專賣店。喜歡甜食的朋友則不可錯

室內展覽館入口處

過館內另一處「福袋甜點橫丁」。除了有各式美食外，這裡尚有十數種專為小朋友設計的闖關挑戰遊戲。建議只對於食物主題區域感興趣的朋友可單買門票，到館內後再另外以現金或南佳幣(館中代幣)購買美食；至於想要挑戰所有遊戲的大小朋友們，則可以購買暢遊護照在南佳城中玩樂一整天。

DATA 地址：東京都豐島區東池袋3-1
電話：03-5950-0765
網址：www.namja.jp
開放時間：10:00～22:00
門票：入場費：成人￥300、13歲以下￥200；館內暢遊護照：成人￥3,300、13歲以下￥2,300；午後暢遊護照（15:00後）：成人￥2,900、13歲以下￥1,800
地鐵口：東口，步行約7分鐘
MAP：P.121

SUNSHINE CITY

SUNSHINE CITY除了P.123介紹的育樂設施外，本身亦是池袋地區最受歡迎的百貨公司，其商場區分為alpa與ALTA兩部分，alpa以中價位的服裝、配件與飾品品牌為主，包括GAP、East Boy、Eddie Bauer、IIMK、NEXT、OLIVE des OLIVE等，而ALTA則與新宿分館一樣為109風格的女裝。由於SUNSHINE CITY娛樂設施眾多，常有闔家大小前來同樂，因此館內亦有許多童裝、卡通用品專賣店與十分平價的鞋店及包包專櫃，仔細尋找常能發現許多物美價廉的好貨呢！

ALTA中的109服飾品牌

DATA 地址：東京都豐島區東池袋3-1
電話：03-3989-3331
網址：www.sunshinecity.co.jp
營業時間：Shop10:00〜20:00，
Restaurant 11:00〜22:00
地鐵口：東口，步行約7分鐘
MAP：P.121

SPPS

SPPS是池袋東口地區值得推薦的「平價」女裝專賣店，只要是當季流行的風格，都能在SPPS找到￥900〜3,900的「類似款」，大部分的服裝、包包、鞋子與配件均在￥1,900以內，是女生們添購季節流行性單品的最佳去處，這家物美價廉的服裝店總是擠滿了形形色色的辣妹，就連ViVi雜誌都曾特別介紹呢！

DATA 地址：東京都豐島區南池袋1-22-6
電話：03-3981-1256
營業時間：11:00〜22:00
地鐵口：東口，步行約1分鐘
MAP：P.121

款式流行、價格平易近人的SPPS

GU

　UNIQLO在創立之時曾為日本的服裝界投下平價震撼彈，在品牌成功推向全球後，集團決定推出另一個更平價的全民品牌GU，這個以「自(G)由(U)」為主題的品牌從郊區的商場起步，並於2012年底進軍東京市區，在池袋、新宿甚至銀座地區開設起大型店舖。各位來到店裡時不要不相信自己的眼睛，GU商品真的幾乎都只要￥290-￥1,990！品牌還請到人氣偶像卡莉怪妞(Kyary Pamyu Pamyu) 擔任代言人，令日本青少年為之瘋狂！

DATA　地址：東京都豊島區南池袋1-26-8
　　　　電話：03-5956-7995
　　　　網址：www.gu-japan.com
　　　　營業時間：10:00～21:00
　　　　地鐵口：步行約7分鐘
　　　　MAP：P.121

SANRIO GIFT GATE

DATA　地址：東京都豊島區東池袋1-12-10
　　　　電話：03-5960-6785
　　　　網址：www.sanrio.co.jp
　　　　營業時間：11:00～20:30，假日10:30起營業
　　　　地鐵口：東口，步行約3分鐘
　　　　MAP：P.121

　HELLO KITTY迷們來到東京一定要前往池袋的SANRIO GIFT GATE，這裡有全系列的HELLO KITTY服裝、飾品、文具、電器、娃娃與吊飾等等，保證讓你逛得非常盡興，許多限量發行的KITTY商品也都可於此處購買。另外，三麗鷗公司的其他卡通偶像明星如MY MELODY、KIKI LALA、新幹線娃娃與棉花糖犬等的商品在此也一應俱全，踏入SANRIO GIFT GATE就彷彿走進了三麗鷗的魔法世界當中呢！

SANRIO與APE聯名
的BABY MILO商品

SEIBU西武百貨

　　在涉谷站，作者曾介紹過的西武百貨，其實是從池袋起家，位於池袋東口的西武本店一樣以國際及日本精品為主，西武集團也不定時與各大廠牌舉辦展覽時尚活動，在池袋可說是時尚產業的一大推手，其中LOUIS VUITTON就曾在地下樓成立臨時的概念店LOUIS VUITTON UNDERGROUND，以「地下工地」的布置顯現出LV不只是High Fashion，也可以是日常生活中的街頭時尚！

DATA 地址：東京都豐島區南池袋1-28-1
電話：03-3981-0111
網址：www2.seibu.jp
營業時間：平日10:00～21:00，
假日10:00～20:00
地鐵口：東口，步行約1分鐘
MAP：P.121

西武百貨與LV合作的期間限定店面

TOBU東武百貨

　　在池袋站有一件非常趣味的事情發生，那就是「西武百貨」其實位於池袋「東口」，而「東武百貨」反而位於池袋「西口」，這東西南北的問題時常讓觀光客摸不著頭緒！東武百貨是西口一帶最大型的百貨公司，其面積非常廣大，品牌從高級精品、中價位日本服飾到平價的連鎖服裝等無所不包，建議各位先以樓層表鎖定目標，否則很容易在其中暈頭轉向。另外，東武的地下美食街也是值得一逛的好去處，每到尖峰時段，總有絡繹不絕的商品試吃活動讓大家先品嘗再購買。

DATA 地址：東京都豐島區西池袋1-1-25
電話：03-3981-2211
網址：www.tobu-dept.jp
營業時間：10:00～20:00
地鐵口：西口，步行約1分鐘
MAP：P.121

東武百貨內日系品牌一應俱全

特色美食

無敵家拉麵

　　池袋地區人氣第一的拉麵店就是「無敵家」了！每天從早上11點多開始，當地的食客以及慕名而來的遊客便在店外排起長長的人龍，這裡的拉麵之所以「無敵」，因為其湯頭使用了豬骨以強火經過16小時烹煮，將

無敵家的超長排隊人潮

肉骨的甘甜味完全逼出，而麵條則採用來自北海道的麵粉製成，彈牙的口感與濃郁的湯頭堪稱絕配。第一次前來的朋友們不妨點用最具代表性的「無敵家拉麵」，裡頭包括岩鹽風味的半熟雞蛋與入口即化的肉片，保證讓你大快朵頤。

DATA 地址：東京都豐島區南池袋1-17-1
電話：03-3982-7656
網址：www.mutekiya.com
營業時間：10:30～04:00
地鐵口：東口，步行約7分鐘
MAP：P.121

ばんから(BANKARA)拉麵

　　ばんから的人氣與無敵家不分軒輊，但兩處的拉麵口感可說是大不相同，這裡的湯頭採用豬里肌的邊緣肥肉燉燒而成，有補充膠原蛋白的「美肌」功效，而麵體則是採用店主精選的4種小麥混合製作，此外，ばんから的拉麵和一般拉麵最大的差異點在於麵中放入了香Q有彈性的厚片豬肉，非常適合喜歡重口味的朋友。

DATA 地址：東京都豐島區南池袋1-17-3
電話：03-3983-4044
網址：www.hanaken.co.jp/bankara
營業時間：11:00～05:00
地鐵口：東口，步行約7分鐘
MAP：P.121

招牌豚骨厚片豬肉拉麵

SALVATORE CUOMO & BAR

SALVATORE CUOMO是出生自義大利的名廚，16歲時即隨大廚父親來到日本，從此在日本與義大利兩地生活。他於國際舞台上展露頭角後，陸續在日本各地開設了多達57家不同品牌的義式餐廳，希望能為日本的消費者帶來純正的義大利美食。池袋的SALVATORE CUOMO & BAR，位於The B Hotel的2樓，以輕鬆休閒的餐廳酒吧形式，提供各式義大利麵與比薩，Salvatore的比薩曾榮獲世界比薩比賽的第一名，大家可千萬不能錯過品嘗No.1 Pizza的好機會！

DATA 地址：東京都豐島區東池袋1-39-4 2F
電話：03-3984-4365
網站：www.salvatore.jp/
營業時間：07:00～24:00
地鐵口：東口，步行約5分鐘
MAP：P.121

❶晨間供應的自助式早餐
❷世界第一的招牌比薩

CLUB HARIE B-STUDIO TOKYO WEST

起源自德國的年輪蛋糕(Baumkuchen)，在日本甜點師傅的改良下發揚光大，CLUB HARIE的年輪蛋糕有日本No.1之稱，蛋糕在製作的過程中，師傅必須小心翼翼地翻滾轉輪，將蛋糕的麵糊一層一層堆疊上去，最後還要快速地刷上一層糖衣，完成外表酥脆、內心鬆軟且牛油味四溢的成品。位於東武百貨底下的CLUB HARIE，特別以透明廚房讓大家能欣賞甜點廚師們的細緻工法。除了能外帶年輪蛋糕外(¥1,575)，也可在旁邊的咖啡座搭配飲料品嘗。

DATA 地址：東京都豐島區西池袋1-1-25
(東武百貨B1)
電話：03-5992-0777
網址：www.clubharie.jp
營業時間：10:00～21:00，週日至20:00
地鐵口：西口，步行約1分鐘
MAP：P.121

師傅現做年輪蛋糕供排隊的顧客試吃

L'OCCITANE CAFÉ
歐舒丹咖啡

　　來自法國的保養品品牌歐舒丹以天然的乳木果油與薰衣草等製成的香氛保養產品著名，除了外在的美麗外，歐舒丹也希望能提倡另一種健康的有機飲食概念，於是L'OCCITANE CAFÉ先後在涉谷及池袋成立。店內全天供應法式風味的三明治(￥900～1,000)、有機沙拉(￥850～1,000)與季節湯品(￥900～1,000)，除了鹹食之外，以新鮮水果製成的冰品(￥950～1,000)、蛋糕甜派(￥700～800)與有機風味飲品(￥750～950)亦是許多女性顧客的最愛。

DATA　地址：東京都豐島區南池袋1-26-6
電話：03-5979-6648
網址：www.loccitane.co.jp
營業時間：10:30～22:30，週五、六至23:00
地鐵口：東口，步行約 3分鐘
MAP：P.121

❶歐舒丹法式三明治
❷新鮮水果甜派

三原堂

　　1937年即創店至今的三原堂專賣各式和菓子及傳統日式刨冰甜點，經典商品「大最中」是由北海道十勝紅豆製作的小圓餅(￥230)，另外像是由新鮮蜂蜜製成的「藏之銅鑼燒」、以沖繩黑糖為原料的「黑讚」和五顏六色的花羊羹等都是伴手禮的最佳選擇。有趣的是，店內還有一系列商品是以可愛的貓頭鷹為包裝，原來池袋的袋(フクロ)和貓頭鷹(フクロウ)的發音類似，於是當地人便把貓頭鷹當作這裡的吉祥物，就連西口車站內也能見到貓頭鷹的雕像呢！

DATA　地址：東京都豐島區西池袋1-20-4
電話：03-3971-2070
網址：www.ik-miharado.shop-site.jp
營業時間：1F門市10:00～19:00，2F甜點
11:30～18:00
地鐵口：西口，步行約 3分鐘
MAP：P.121

各種日式傳統甜品甘味

淺草站 ASAKUSA

達人報告

銀座線一路貫穿東京最傳統和最摩登的幾大重點地區，其中保留最多懷舊風情與古樸樣貌的「淺草站」曾是江戶時代的商業中心，現今則成為遊客

們耳熟能詳的觀光勝地。淺草一帶觀光區域的範圍不大，大致上以「淺草寺」為中心向四周的小巷弄延伸，除了參觀著名的雷門與觀音寺外，仲見世通和傳法院通上販賣傳統小吃、零食與菓子甜點的小鋪以及出售和服、紙傘、扇子、小瓷器等復古風味紀念品的商店，也是不能錯過的淺草特色。

東京事件簿

日本神社參拜程序

日本人在神社參拜時比我們多了幾項規矩，這些步驟也具有不同的涵義，來到淺草時不妨學習這些傳統的宗廟參拜禮儀，為自己和家人朋友祈求健康與平安：

1. 於洗手台前盛水洗淨雙手與沾拭口鼻以示對神明的尊敬。
2. 於殿前捐獻處投入5円硬幣，日文「5円」和「御緣」(緣分)的發音相同，代表與神明結緣。
3. 搖動掛鈴或敲鑼告知神明「我來了」。
4. 虔誠地兩鞠躬加兩拍掌。
5. 許願並於最後一鞠躬。

東京達人**3**大推薦地

作者最愛
大黑家
歷史超過120年的淺草名店，不可不嘗的超美味天婦羅。(P.142)

遊客必訪
雷門
可與東京鐵塔並列第一的東京地標代表，遊客必拍的紀念相片。(P.132)

東京人推薦
仲見世商店街
熱鬧且懷舊的商店街，穿著和服和木屐前往，別有一番風味。(P.137～P.138)

淺草寺
五重塔
花月堂　不動尊　寶藏門
傳法院通
傳法院通商店街
大黑家
梅園
7部
6部
5部　仲見世商店街
4部　仲見世小吃
3部
2部
1部
雷門通　オレンジ通　三定
EKIMISE
雷門
人力車　淺草觀光文化中心
東京晴空塔Tokyo Sky Tree
朝日啤酒大樓
淺草站
銀座線　淺草通

淺草站周邊街道圖

遊賞去處

雷門

雷門最早建於西元942年，在門的左側供奉了雷神、右側為風神，因此稱為「風雷神門」，簡稱「雷門」，有祈求風調雨順、國泰民安的涵義，然而原本的雷門曾於1865年遭焚毀，目前各位所見到的建築為1960年重修後的成果，其中央有名的大紅燈籠，為企業家松下幸之助(Panasonic集團)大病痊癒後為還願而致贈寺方，現今成為遊客們必拍照留念的經典。

DATA 如何前往：出站後依路旁指標前行即達
地鐵口：步行約3分鐘
MAP：P.131

人力車

來到淺草除了感受懷舊的氣氛外，還能搭乘古早味的人力車，由1人車伕拉行的傳統二輪車可以帶你遊遍淺草四周的景點，熱情的車伕們各個可都是盡責的導遊，會替各位一邊帶路，一邊解說呢！人力車以分鐘計費，從10分鐘(￥2,000/1人，￥3,000/2人)到1小時(￥9,000/1人，￥15,000/2人)的服務均有。

寶藏門

位在淺草寺本堂前方的寶藏門建於西元942年，是由古代武將平公雅於功成名就後所捐助用以還願，上頭的小舟町紅燈籠和雷門的大燈籠相互輝映，成為另一處觀光必訪景點。

淺草寺本堂

　　本堂為淺草觀音像的供奉處，又稱為觀音堂，相傳於推古天皇年間，名為檜前浜成與檜前竹成的捕魚兄弟於魚網中發現了一尊觀音像，而後兄弟的主人將其房舍改建為觀音寺以供奉之，成為今日淺草寺的前身，據說參拜淺草觀音對身體健康將有助益，大家不妨虔誠祈福。

香火鼎盛的淺草寺

DATA 開放時間：06:00～17:00(本堂以外的區域終日開放)
地鐵口：步行約5分鐘
MAP：P.131

不動尊

　　參拜完觀音後各位可以再到寶藏門左方的不動尊前祈福許願，不動尊能保佑信眾家內安全、心願成就、身體健康與開運除厄。大家不妨學習當地人在虔誠許願後以雙手輕撫不動尊的頭和身體，再摸摸自己的頭和身體，讓不動尊的護法加持自身。

五重塔

　　五重塔為寺內另一醒目建築，塔的基座為5公尺，全塔高約48公尺，頂部為鋁合金建築，在塔的最上層供奉有來自斯里蘭卡的舍利子。

東京晴空塔TOKYO SKY TREE

東京地標晴空塔於2012年5月22日誕生，這座為了因應電視信號數位化而興建的「東京晴空塔」，超越東京鐵塔，成為全日本第一高的建築。高634公尺的晴空塔除了頂端具有發射數位信號的功能外，底部另設有能儲水防洪的蓄水槽。此外，建築物的350公尺與450公尺處分別設置了展望台，四周圍則規畫了親水公園供民眾休憩遊覽。

晴空塔的低樓層為結合購物與美食的新商場SOLAMACHI，裡頭包括相當多日系服裝配件品牌與紀念品專賣店，為了配合晴空塔的高人氣，每家商店幾乎都推出晴空塔限定商品，尤其以各類可愛的卡通人物加上晴

❶東京晴空塔與下方的SOLAMACHI商場
❷淺草站附近的「吾妻橋」為拍攝晴空塔全貌的最佳地點

DATA 電話：03-6658-8012
地址：東京都墨田區向島1-33-12
網址：www.tokyo-skytree.jp
營業時間：展望台08:00～22:00，Shop
10:00～21:00，Restaurant 11:00～23:00
門票：Tembo Deck展望台(350M)：成人
￥2,060、中學生￥1,540、小學生￥930、
4～6歲￥620
Tembo Galleria展望台(450M)：成人￥1,030、
中學生￥820、小學生￥510、4～6歲￥310
地鐵口：
1.淺草站步行約15分鐘可達
2.搭乘半藏門線或都營淺草線至押上站出站即
達
3.搭乘東武晴空塔線至東京晴空塔站出站即達
MAP：P.131

空塔造型的紀念品最受歡迎。餐廳方面，
MISTER DONUTS於商場內打造了東京地一
家波提獅主題餐廳，SAMANTHA THAVASA
也開設了夢幻的Celebrity Café；商場的30與
31樓另設有高空餐廳，讓各位不用大排長龍
至展望台也能欣賞東京的燦爛夜景。

❸SAMANTHA THAVASA開設的品牌主題咖啡廳
❹能和可愛波提獅一同用餐的MISTER DONUTS專賣店
❺TREE VILLAGE結合了日本各大電視台的人氣卡通商品
❻HELLO KITTY推出各式晴空塔的紀念商品

淺草觀光文化中心

　　一直給人傳統印象的淺草，隨著晴空塔的誕生呈現出新的面貌，淺草觀光文化中心在名師隈研吾打造下於2012年4月誕生，以杉木層層堆疊而成的外觀在現代感中保留了日式傳統元素，館內提供各類旅遊資訊、外幣兌換與訂票服務，還展示許多珍貴的傳統文物與史料。另外，這裡還有免費的Wifi與電腦，讓觀光客能在此小歇並查詢旅遊資訊。

DATA　地址：東京都台東區
　　　　雷門2-18-9
　　　　電話：03-3842-5566
　　　　網址：www.city.taito.
　　　　lg.jp/index/bunka_
　　　　kanko/kankocenter/
　　　　a-tic-gaiyo
　　　　營業時間：09:00～20:00
　　　　地鐵口：步行約1分鐘
　　　　MAP：P.131

朝日啤酒大樓

　　大家在步出淺草站時，應該不難發現遠處的大樓頂端有一個金色螺旋狀的裝飾物，原來那就是淺草地區另一大著名地標「朝日啤酒大樓」，這棟建築由被稱為設計頑童的國際級設計師Philippe Starck打造，他在大樓的頂端直接放上了一團「金黃色的啤酒泡泡」，讓大家能一目了然地辨識出啤酒大樓的位置，也展現出他個人的幽默創意。

DATA　如何前往：位於隅田川畔，出站後即可看見
　　　　地鐵口：步行約3分鐘
　　　　MAP：P.131

金色的啤酒泡泡為淺草的一大地標

購物血拼

EKIMISE

　　與東武線地鐵站連接的松屋百貨，2012年底以全新的面貌「EKIMISE」誕生，建築師讓商場的外觀回復到1930年代新文藝復興風格的樣貌，EKIMISE(駅見世)結合了車站(駅)與仲見世的雙重涵義，商場的底層開設了收集各地甜點伴手禮名店的「すいー つ(Sweets)小町」，7樓則為設有傳統藝品專賣店與日式料理的復古「駅見世小路」，商場的頂樓並有能遠望晴空塔的屋上花園供民眾休憩賞景。

DATA 地址：東京都台東區花川戶1-4-1
電話：03-6802-8633
網址：www.ekimise.jp
營業時間：Shop 10:00～20:00，Restaurant 11:00～22:00
地鐵口：步行約2分鐘
MAP：P.131

仲見世商店街

　　聯通雷門與淺草寺之間的熱鬧區域為全長250公尺的仲見世商店街，在這條總是擠滿觀光客的街市中販售了各式各樣的日本傳統小玩意與紀念品，像是燈籠、紙傘、扇子、陶偶、招財貓與平安符等

サンイス

　　サンイス製靴是家木屐專賣店，店家標榜店內的木屐與草鞋都是純手工於日本製作，各位不妨來試穿一下正統的日式木屐！

DATA 地址：仲見世通1部
電話：03-3842-8780
網址：www.ikinahakimono.com
營業時間：09:30～19:00
地鐵口：步行約3分鐘
MAP：P.131

荒井文扇堂

　　花色典雅的紙扇子是最能代表日本風味的紀念品，在扇子專賣店荒井文中，各種花色、五彩繽紛的紙扇子一字陳列開來，不禁讓人眼花撩亂，其中方便收納且能展開當作藝術品擺放的摺扇，絕對是贈禮的最佳選擇！

DATA　地址：仲見世通3部
　　　　　電話：03-3844-9711
　　　　　營業時間：10:30～18:00
　　　　　地鐵口：步行約3分鐘
　　　　　MAP：P.131

西島商店

　　西島商店專門販售另一項日本的精緻紙工藝——紙傘，除了有花、鳥、山水與藝妓等傳統圖案外，西島商店還有一系列卡通與鬼怪造型的紙傘，和傳統風格相比，多了些幽默趣味。

DATA　地址：仲見世通3部
　　　　　電話：03- 3841-8560
　　　　　營業時間：09:00～18:00
　　　　　地鐵口：步行約3分鐘
　　　　　MAP：P.131

安立屋

　　家中有養寵物的朋友，別忘了也在東京替牠們挑選些特別的禮物！安立屋是開業140年，經歷4代店主的寵物用品專賣店，除了特製的寵物項圈與寵物包包外，還有特別的狗狗和服與頭飾呢！

DATA　地址：仲見世通4部
　　　　　電話：03- 3844-1643
　　　　　營業時間：09:00～19:30
　　　　　地鐵口：步行約3分鐘
　　　　　MAP：P.131

特色美食

評判堂

　　評判堂是專賣日式米菓、仙貝、煎餅與花柳糖的120年老店，除了販售品項眾多外，這裡的商品更採用精緻的千代紙紙盒包裝，再放入漂亮的人造花裝飾，十分具有日本風味。

DATA
地址：仲見世通1部
電話：0120-37-8557
網址：www.hyoubandou.com
營業時間：09:30～20:00，週四至18:30
地鐵口：步行約3分鐘
MAP：P.131

豆舖梅林堂

　　豆舖梅林堂顧名思義是販售各類「豆菓子」的小舖，不到幾坪的店面裡堆滿了五顏六色的玻璃大罐子，包括黃豆、花豆、黑豆、豌豆與蠶豆等米菓均有，常常讓人一顆接一顆地吃完一大包呢！

DATA
地址：仲見世通1部
電話：03- 3841-6197
營業時間：10:00～18:00，週二公休
地鐵口：步行約3分鐘
MAP：P.131

きびだんご　あづま(吉備團子)

　　きびだんご　あづま曾有許多名人來訪，也曾多次接受電視節目專訪，店家的代表商品是由糯米加黃米捏製、再灑上黃豆粉的「吉備團子」，在夏天可以搭配冰抹茶食用，而冬天時則不妨來杯由可愛美眉店員現場熬製的熱酒釀湯！

DATA
地址：仲見世通1部
電話：03-3843-0190
營業時間：09:00～19:00
地鐵口：步行約3分鐘
MAP：P.131

喜久屋大福餅

日本的「大福」類似台灣的麻糬，但一般來說外皮較薄且內餡實在。喜久屋強調所有產品都使用日本國內原料如十勝紅豆等等，不添加任何化學配料。除了大福外，店門口每天還有日本婆婆們現捏現製的糯米串丸子呢！

DATA　地址：仲見世通2部
電話：03-3841-5885
營業時間：10:00～18:00，週一公休
地鐵口：步行約3分鐘
MAP：P.131

海老屋

「海老」是日文中的蝦子，海老屋總本鋪則是專賣各式蝦產品的小店，包括蝦米乾、蝦醬與蝦餅等小吃，喜歡海鮮風味的朋友一定不能錯過。

DATA　地址：仲見世通2部
電話：03- 3625-0003
營業時間：09:00～18:00
地鐵口：步行約3分鐘
MAP：P.131

いせ勘

いせ勘創業於1717年，現今已經是第8代經營，這裡專賣各式盒裝的和菓子與人形燒等等，其中最受注目商品的是令人臉紅心跳的「裸女布丁」！

DATA　地址：仲見世通2部
電話：03- 3841-8504
營業時間：09:00～18:00
地鐵口：步行約3分鐘
MAP：P.131

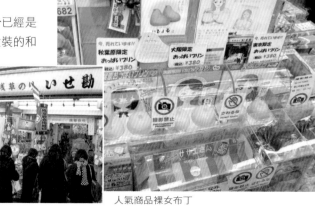

人氣商品裸女布丁

舟和

　舟和是淺草地區羊羹類的人氣商店，在小小的仲見世通中就擁有3家店面，獨門販售的「番薯羊羹」(芋ようかん)是其經典之作，羊羹以高級的寒天加上手工剝皮的番薯製成，不添加化學香料，口感甜而不膩最適合搭配茶品食用。

獨家番薯羊羹

DATA　地址：仲見世通2、3部
電話：03- 3844-2781
網址：funawa.jp
營業時間：週一〜五10:00〜19:00，
週六09:30〜20:00，週日09:30〜19:30
地鐵口：步行約3分鐘
MAP：P.131

三鳩堂

　三鳩堂為人形燒專賣店，所謂的人形燒是口感類似雞蛋糕並填入紅豆內餡的日本傳統小吃，雖然名為「人形」但往往有各式各樣可愛的造型，為配合淺草的特色，這裡的人形燒包括雷門燈籠、五重塔與小鴿子造型，零買一個¥100，10個一包則為¥500。

DATA　地址：仲見世通5部
電話：03- 3841-5079
營業時間：08:00〜20:00
地鐵口：步行約5分鐘
MAP：P.131

木村家人形燒

　木村家是仲見世另一家人形燒名店，店家特別以透明的廚房來展示老師傅現場製作人形燒的好手藝，這裡的人形燒比三鳩堂花樣更多，除了鴿子與五重塔外，還有雷公與提燈共4種造型，另外其使用的餡料還是來自北海道的十勝紅豆。

DATA　地址：仲見世通6部
電話：03- 3844-9754
營業時間：09:30〜18:30
地鐵口：步行約5分鐘
MAP：P.131

九重

九重的代表商品是適合現買現吃的「炸饅頭」，一共有豆沙、抹茶、番薯、南瓜、芝麻紅豆、櫻花白豆沙與奶黃包7種口味，想要送禮的朋友則可購買真空包裝的預製商品。

DATA　地址：仲見世通7部
電話：03- 3841-9386
網址：www.agemanju.co.jp
營業時間：09:30〜19:00
地鐵口：步行約5分鐘
MAP：P.131

梅園

位於仲見世商店街後方的梅園，因曾是日本小說的場景而聲名大噪，這裡的商品包括大福、銅鑼燒、草餅與各式和菓子，另外還販售杯裝的日式甜點，例如紅豆白玉與水果紅豆涼粉等等，讓大家能一邊逛淺草一邊享受甜蜜好滋味。

DATA　地址：東京都台東區淺草1-31-12
電話：03- 3844-1643
網址：www.asakusa-umezono.co.jp
營業時間：10:00〜20:00，
週三公休
地鐵口：步行約7分鐘
MAP：P.131

大黑家

淺草地區知名的天婦羅專賣店包括大黑家、三定與中清，其中作者個人最喜愛的是「大黑家」。從1887年即在現址營業的大黑家，目前已由第4代傳人掌門，時至今日仍力求保持開店之初的純正風味。招牌「炸蝦天婦羅飯」(¥1,900)的美味祕技在於使用高品質的健康芝麻將鮮蝦與其他材料酥炸成深褐色並淋上獨門醬汁。一到用餐時間必大排長龍，大家不妨選擇在下午時段前來。

招牌炸天婦羅飯

DATA　地址：東京都台東區淺草1-38-10
電話：03-3844-1111
網址：www.tempura.co.jp
營業時間：11:00〜20:30
地鐵口：步行約7分鐘　MAP：P.131

三定

　　三定也是許多東京當地人喜愛前往的天婦羅專賣店，除了單點的炸天婦羅飯外，許多饕客們是為了店內的豪華套餐而來，三定的套餐雖然價格不低(￥7,500、￥9,300)，但內容包括前菜、生魚片、天婦羅、茶碗蒸與甜點　等等，口味純正傳統，依然值得一試。

DATA　地址：東京都台東區淺草1-2-2
　　　　　電話：03- 3844-1643
　　　　　網址：www.tempura-sansada.
　　　　　co.jp
　　　　　營業時間：11:30～22:00
　　　　　地鐵口：步行約3分鐘
　　　　　MAP：P.131

數十種口味的傳統日式刨冰

花月堂

　　昭和20年即開業的花月堂，近期搬遷至新址重新營業，並保持了典雅的日式裝潢。為了迎合年輕人的新喜好，店中除了販售抹茶、紅豆與淋上各式風味糖漿的傳統刨冰外，更獨創了33種口味的冰淇淋，包括了抹茶、芝麻、豆乳、酸梅、栗子、蕃薯與杏仁豆腐等等，甚至還有玄米茶、味噌和芥末等令人意想不到的口味！另外，大菠蘿麵包(日文為メロンパンMelon Pain哈密瓜麵包)更是遠近馳名，很多當地人在參拜後都一定要前來品嘗呢！

DATA　地址：東京都東台區淺草2-7-13
　　　　　電話：03-3847-5251
　　　　　網址：www.asakusa-kagetudo.com
　　　　　營業時間：09:00～17:00
　　　　　地鐵口：步行約5分鐘
　　　　　MAP：P.131

日本橋站 NIPPONBASHI

日本橋站是東京另一處具有歷史意義的區域，興建於江戶時代(西元1603年)的日本橋，曾經是日本全國五大道路網的起點，因地處人潮往來頻繁的交通樞紐位置，許多大型銀行與商場紛紛於四周興建，包括日本銀行、三越百貨與高島屋百貨等都是由此起家。然而隨著物換星移，這些百年百貨漸漸不敵銀座、新宿與涉谷等新興區域的商場，日本橋本身也曾歷經多次大火祝融與重建。

到了2004年，由三井建設投資的摩登複合式商場「COREDO日本橋」落成，讓沉寂已久的日本橋地區重新獲得大家的注目。這十多年之間，集結多家精品品牌與高級餐廳的新大樓如COREDO室町、三井TOWER與YUITO等陸續於中央通兩側開業，日本橋的高級時尚氛圍又再度活絡了起來，成為名媛雅士們熱衷的區域之一。

東京達人**3**大推薦地

作者最愛
千疋屋
以世界各地新鮮水果製成的各式甜點，一定不能錯過！(P.150)

遊客必訪
日本橋
東京必訪的歷史景點，不論是橋頭或道路元標都要拍照留念！(P.146)

東京人推薦
YUITO
高格調的複合式商場，非常適合輕熟齡的消費者。(P.149)

🍴 千疋屋
📷 三井記念美術館
🍴 VANTAGLIO　三井TOWER
🍴 文華東方酒店

📷

YUITO

🍴 D-BRASSERIE &
SWEET ROOM

🍴 BIKINI PICAR

COREDO室町

🚇 三越前站

三越百貨本館

三越百貨新館

銀座線

📷 日本橋

泰明軒たいめいけん

日本橋站 🚇

🍴

COREDO日本橋

高島屋百貨

日本橋站周邊街道圖

日本橋與東京道路元標

日本橋於德川家康時代興建，由於歷史久遠，在許多江戶時代的浮世繪畫作上都可見到其蹤影，最初興建的日本橋為木造材質，在經過多次大火與重建後，目前的日本橋已是第19代的水泥材質。由於日本橋是全國五大道路網的起點，在橋頭處特意鑄造了「東京道路元標」來紀念，此外，在1923年關東大地震之前，橋下方的河岸曾是東京重要的漁產品交易場所，因此在橋的另一頭還能見到魚市場發源地的紀念碑。

❶日本橋橋頭❷東京道路元標

DATA 如何前往：日本橋站出站後沿中央通往三越百貨方向步行即達
地鐵口：步行約3分鐘
MAP：P.145

三井本館／三井タワー (三井TOWER)

位於中央通上的「三井信託銀行」本館建於1929年，由來自紐約的建築公司設計，是日本目前現存最古老的美式風格歷史建築，歷經關東大地震與重建後仍屹立不搖。在三井建設的區域新生計畫下，三井TOWER於2005年落成，裡面的低樓層開設了多家高級餐廳，高樓層則為辦公室及文華東方酒店(MANDARIN ORIENTAL HOTEL)。

歷史久遠的三井本館

DATA 地址：東京都中央區日本橋室町2-1-1
電話：03-5777-8600
網址：www.mitsuitower.jp
開放時間：10:00～22:00(各店略異)
地鐵口：步行約5分鐘
MAP：P.145

三井記念美術館

　　三井美術館位於三井本館7樓(入口處位於三井TOWER大廳)，成立於2005年，裡頭展示了三井家族300多年來收集的多項歷史文物約4,000件，包括繪畫、茶道用具與刀劍等等，其中如「雪松圖屏風」等多項作品已被日本政府認定為國寶級的文化收藏品。

DATA
地址：東京都中央區日本橋室町2-1-1 7F
電話：03-5777-8600
網址：www.mitsui-museum.jp
開放時間：10:00～17:00，每週一休館
門票：成人￥1,000，高中以上￥500，國中以下免費，特別展覽票價依展期不同
地鐵口：步行約5分鐘
MAP：P.145

購物血拼

三越百貨

　　遠近馳名的三越百貨從日本橋起家，從江戶時代起，即在此區域中開設名為「後越屋」的和服專賣店，1935年三越百貨總店正式成立，成為全日本第一家百貨公司，到了今日三越本店仍保留著當初的洋風建築外觀，店外的石獅子也是著名的地標物，除本店外，規模更大的三越分館則位於街口轉角處。

DATA
地址：東京都中央區日本橋室町1-4-1
電話：03-3241-3311
網址：www.mitsukoshi.co.jp
開放時間：10:00～19:00
地鐵口：步行約5分鐘
MAP：P.145

❶三越百貨本店 ❷三越百貨分館

高島屋百貨

　高島屋百貨的第一家店也是於日本橋開設，其規模和三越百貨亦不相上下，裝潢風格也呈現出華麗的西洋風格，店內的品牌從日本商牌到國際精品均有，主要的客層為30歲以上的上班族與附近的貴婦們。

DATA　地址：東京都中央區日本橋2-4-1
　　　電話：03-3211-4111
　　　網址：www.takashimaya.co.jp
　　　營業時間：10:00～20:00
　　　地鐵口：步行約5分鐘
　　　MAP：P.145

COREDO日本橋

　COREDO日本橋於2004年開幕，其摩登俐落的弧形外觀為日本橋地區重新注入了時尚的元素，其全部以玻璃帷幕為主的設計，在夜晚時能透出大樓內部的光線，非常閃耀奪目。商場內包括UNITED ARROWS、MANO、BANANA REPUBLIC、SHISEIDO與JURLIQUE等服裝與化妝品牌，4樓則開設了13家各式和洋料理餐廳。

以弧形玻璃帷幕為外觀的COREDO日本橋

DATA　地址：東京都中央區日本橋1-4-1
　　　電話：03-3272-4939
　　　網址：www.coredo.jp
　　　營業時間：Shop 11:00～21:00，週日及假日至20:00；Restaurant 11:00～23:00(各店略異)
　　　地鐵口：步行約3分鐘
　　　MAP：P.145

COREDO室町

　　繼COREDO日本橋後，三井建設於2010年10月完成了複合式百貨商場COREDO室町。和COREDO日本橋一樣擁有新穎的外觀，這棟大樓的高樓層為辦公室，地下的商場部分則以餐廳和與餐飲有關的商店為主，如專賣各式精緻茶具的箔座日本橋等。

DATA　地址：東京都中央區日本橋室町2-2-1
電話：03-3277-8200
網址：www.coredo.jp
營業時間：Shop 10:00～20:00，
Restaurant 10:00～23:00(各店略異)
地鐵口：步行約5分鐘
MAP：P.145

YUITO

　　在三井建設後，野村不動產也投入了日本橋地區的再生計畫，由其規畫的高級商場YUITO於2010年秋天開幕，其主打客層為30歲以上的優雅東京都會男女，希望提供他們兼具質感與品味的購物用餐空間，其中的品牌包括GEORG JENSEN與家飾用品專賣店ILLUMS，另外像專營高級餐廳品牌的XEX集團，亦在其中開設多家餐廳。

DATA　地址：東京都中央區日本橋室町2-4-3
電話：03-5777-8600
網址：www.yuito-nihonbashi.com
營業時間：Shop11:00～20:00；Restaurant 11:00～23:00(各店略異)
地鐵口：步行約5分鐘
MAP：P.145

挑高的地下樓中庭

特色美食

千疋屋

千疋屋專賣來自世界的優質水果，位於三井TOWER的本店分為3部分，1樓的門市部販售新鮮水果與各類水果甜點，而門市旁的Caffé di FESTA則以飲料和小點心為主，在下午時段還推出包括小盤飯類、水果蛋糕與飲料的組合（￥600～720），很受女性歡迎；另外2樓則為甜點沙龍Fruit Parlor，供應各式時令水果聖代與蛋糕點心，每週一

一樓的Caffé di FESTA

晚上還推出「世界水果」甜點自助餐，網路預約常在1個月前就客滿呢！

DATA 地址：東京都中央區日本橋室町2-1-2
(三井TOWER 1、2F)
電話：03-3241-1414
網址：www.sembikiya.co.jp
營業時間：1F：09:00～19:00；
2F：11:00～22:00，週日至21:00
地鐵口：步行約5分鐘
MAP：P.145

VANTAGLIO

位於三井Tower低樓層的VANTAGLIO，是文華東方酒店開設的中價位義大利餐廳，以自助的方式供應午餐（￥3,500起）與晚餐（￥4,500起），每天均有超過55種各式前菜可供選擇，甜點專區也相當精采。晚餐除了自助吧台外，還提供每人一份的牛排、羊排或

海鮮類主餐，讓大家品嘗五星酒店主廚的不凡手藝。

DATA 地址：東京都中央區日本橋室町2-1-2
(三井TOWER 2F)
電話：03-3270-8188
網址：www.mandarinoriental.co.jp
營業時間：午餐11:30～14:30、晚餐17:30～21:00
地鐵口：步行約5分鐘
MAP：P.145

Buffet形式的精緻義大利甜點

BIKINI PICAR

各位千萬別搞錯，BIKINI PICAR可不是「比基尼」泳裝店！這裡可是專賣各式西班牙料理的餐廳！由日本最有名西班牙廚師Josep Barahona Vines指導開設的BIKINI，希望讓日本消費者也能體會熱情洋溢的西班牙飲食文化。由於Josep是將TAPAS這種小碟式下酒小菜引進日本的第一人，因此這裡的TAPAS與海鮮飯等餐點絕對是西班牙的道地口味！

DATA 地址：東京都中央區日本橋室町2-2-1 (COREDO室町2F)
電話：03-6202-3600
網址：www.coredo.jp
營業時間：11：00～23:00
地鐵口：步行約5分鐘
MAP：P.145

泰明軒たいめいけん

泰明軒是另一家見證日本橋歷史的餐廳，這裡遠近馳名的料理為特製的蛋包飯(オムライス)，經典商品為包覆上全熟蛋皮的番茄火腿炒飯蛋包飯，

包覆上軟嫩蛋皮的經典蛋包飯

喜歡特別口味的朋友則可以點用加入生魚片、牛肉與野菜等配料再淋上半熟蛋皮的蛋包飯，雖然這裡的蛋包飯以飯類價格來說並不低(單點¥1,550～1,850)，但傳統的口味還是受到許多饕客的喜愛。

DATA 地址：東京都中央區日本1-12-10
電話：03-3271-2463
網址：www.taimeiken.co.jp
營業時間：11:00～21:00，週日至20:00
地鐵口：步行約5分鐘
MAP：P.145

D-BRASSERIE & SWEET ROOM

D-BRASSERIE & SWEET ROOM全店的玻璃都以半透明的白紗遮蓋，從外面只能神祕地看到餐廳內的樣貌，走入店內後才會發現裡面的裝潢奢華又浪漫，包括全部粉紅色系的牆面與桌椅。以精緻的法式餐點為主，主打可任選前菜、湯或沙拉、主菜與甜點的套餐(¥3,900)，當然來到SWEET ROOM一定不能錯過的就是這裡的甜點，像是無花果水果聖代、焦糖可麗餅、法式栗子塔都是高人氣的甜品。

DATA 地址：東京都中央區日本橋室町2-4-3 (YUITO 3F)
電話：03-3243-0116
網址：d-brasserie.com
營業時間：11:00～24:00，週日至23:00
地鐵口：步行約5分鐘
MAP：P.145

銀座站 GINZA

達人報告

銀座站是銀座線中的「傳統與新潮交會點」，這裡早在江戶時代即開始發展，因為當時為銀幣鑄造廠的所在地，故命名為「銀座」。1872年時銀座地區曾遭受一場大火的肆虐，在災後重建時，政府引進了西方的磚瓦建築與煤氣路燈等等，反而讓此地因禍得福地成為東京最早現代化的區域。自此之後，許多老字號的百貨公司陸續在銀座開幕，來自外國的精品名牌也紛紛選擇在此成立日本第一家專賣店，讓銀座頓時成為東京的時尚地標和名媛貴婦的購物首選地。

時至今日，銀座除了歷史悠久的地標名店仍屹立不搖外，許多精品品牌更接連在中央通的四周，聘請名師就地打造全新的摩登品牌旗艦大樓，天色漸暗時這些散發出五彩光澤的名牌大樓，讓銀座的夜晚比白天更加絢麗奪目，成為東京名副其實最高貴且閃耀的地區。

東京達人**3**大推薦地

作者最愛
DOVER STREET MARKET
由時尚大師川久保玲設計的藝術概念商場，東京潮流界的最新話題。(P.160)

遊客必訪
GINZA SIX
銀座話題第一新地標，時尚、建築、藝術與美饌的完美結合。(P157)

東京人推薦
KIRARITO
集合美食與購物的銀座閃耀新地標，不可錯過的多家美味新餐廳。(P.159)

- 🍴 BEIGE by Alain Ducasse
- 🛍 KIRARITO GINZA
- 🍴 DUNHILL
- 伊東屋
- 銀座一丁目
- 🍴 PAEZO
- 🍴 BISTRO BARNYARD
- 🍴 D'ELICES TARTE & CAFÉ
- CHANEL 🛍
- 🛍 BVLGARI GINZA TOWER
- 銀座二丁目
- TOKYU PLAZA GINZA 🛍
- 🍴 不二家
- 甘酒通
- 銀座線
- Hermès 🛍
- 🍴 ARMANI RISTORANTE
- ARMANI 🛍
- 🍴 木村家
- 和光百貨
- 外堀通
- DOVER STREET MARKET 🛍
- UNIQLO 🛍
- Ⓜ 銀座站
- 中央區
- 中央通
- 晴海通
- 松屋通
- DALLOYAU 🍴
- 🛍 GINZA SIX
- 📷 歌舞伎座
- 外堀通
- 銀座線

銀座站周邊街道圖

遊賞去處

歌舞伎座

歌舞伎座是日本傳統歌舞劇的最主要演出場所，自成立至今已有145年的歷史，期間隨著歲月的軌跡歷經4次大規模的修建，第五代的歌舞伎座從3年前開始動工，並於2013年4月重新開幕。這個保存著日本重要文化財產的全新歌舞伎座在外觀仍維持了傳統的建築面貌，劇院內則加入了許多現代的裝飾元素、高科技的電腦布景、舒適的觀賞座椅和字幕機等等。

非觀眾的遊客除了於入口處參觀拍照外，也可至1樓、2樓和地下2樓的商店餐廳區域，購買歌舞伎座紀念品、傳統風味土產、品嚐大人氣的紅豆麻糬鯛魚燒，還能在「歌舞伎茶屋」小憩、和穿著傳統和服的爺爺奶奶們，共同體驗這繁華東京都內難得一見的傳統景象。

DATA 地址：東京都中央區銀座4-12-15
電話：03-3545-6800
網址：www.kabuki-za.co.jp
營業時間：10:00～20:00 (各處略異)
地鐵口：步行約7分鐘
MAP：P.153

ARMANI GINZA TOWER

ARMANI旗艦店以「城市竹林」為概念設計，因為Giorgio Armani認為竹子柔美卻堅韌，好比充滿對比的日本，也象徵著簡約時尚與東方禪風的結合，在夜晚黑亮的大樓與星空融為一體，金色的竹節閃閃發亮，成為銀座最美的夜景。旗艦店中包括1～3樓的服裝配件、4樓的家飾ARMANI CASA、5樓的ARMANI SPA，10樓為義大利名廚ENRICO DELFRINGER負責打造的餐廳，頂樓則為會員專屬LOUNGE。

❶ 彷彿夜空中閃耀竹林的ARMANI GINZA
❷ 位於10樓的頂級餐廳ARMANI RISTORANTE

DATA 地址：東京都中央區銀座5-5-4
電話：03-6274-700
網址：www.armaniginzatower.jp
營業時間：Shop 11:00～20:00，
Restaurant 11:00～14:00、18:00～23:00
地鐵口：步行約5分鐘
MAP：P.153

CHANEL的絢麗LED燈幕外牆

CHANEL GINZA

由Peter Marino設計的CHANEL旗艦大樓以LED燈幕包覆整個外觀，入夜之後各種CHANEL的經典Logo在上頭交替變化閃耀，無不讓往來的遊客驚歎連連。旗艦大樓的1～3樓為服裝及配件樓層、4樓為CHANEL NEXUS多功能展演廳，不定期舉辦各類音樂藝術表演、10樓則為米其林三星名廚Alain Ducasse專為CHANEL打造的BEIGE TOKYO餐廳。

DATA 地址：東京都中央區銀座2-5-3
電話：03-5159-5555
網址：www.chanel-ginza.com
營業時間：Shop 12:00～20:00；
Restaurant 11:00～23:00，週一公休
地鐵口：步行約5分鐘
MAP：P.153

HERMÈS GINZA

Hermès銀座旗艦店由曾打造巴黎龐畢度藝術中心的建築師Renzo Piano設計，這棟完全以玻璃構成的大樓，使用由義大利師傅製造，再經瑞士加工的特製45×45公分玻璃磚相連接而成，除創意驚人更能達到抗震的效果，而這個尺寸正好也與Hermès經典絲巾收納成四分之一的大小相同。在旗艦店的2樓品牌開設了全球第一家Hermès Café，店中就連巧克力也是以經典柏金包為造型呢！

DATA　地址：東京都中央區銀座5-4-1
電話：03-3289-6811
網址：www.hermes.com/index_jp.html
營業時間：11:00～20:00
地鐵口：步行約5分鐘
MAP：P.153

BVLGARI GINZA TOWER

BVLGARI多年來穩居日本人最愛名牌的前幾名，看準東京人的消費實力，寶格麗集團約10年前，即與日本知名清水建設公司合作，打造了這棟全世界最大的Ginza Tower旗艦大樓。除了販售商品外，於全球擁有多家精品飯店的寶格麗也在其中開設了頂級義式餐廳Il Ristorante，讓東京的消費者也有機會體驗寶格麗標榜的奢華質感生活型態。

餐廳內以木質裝潢和皮質座椅來表現成熟高雅的品味，並提供套餐形式的午晚餐，而一旁的酒吧沙龍Il Bar，則供應中價位的下午茶與午間輕食，

吸引年輕時髦男女前往嘗鮮，除了用餐外還可以到附設的Il Cioccolato購買濃郁芳香的醇酒巧克力。

DATA　地址：東京都中央區銀座2-7-12
電話：03-6362-0111
網址：www.bulgari.com
營業時間：Shop 11:00～20:00；Restaurant 11:30～23:00
地鐵口：步行約5分鐘
MAP：P.153

GINZA SIX

　　銀座老牌百貨松板屋於多年前拆除，並於2017年4月以全新的面貌GINZA SIX落成，這個號稱銀座最大改建計畫的全新複合式商場，自開幕以來即話題不斷。外觀由名建築師谷口吉生打造，層層線條俐落的不銹鋼屋簷，結合了歷史感與摩登2種代表銀座的概念。商場內共引進超過240個品牌，包括Saint Lauren、Dior、Fendi與Kenzo等精品，日本料理鐵人名廚黑木純也在館內開設全新概念的餐廳。商場還邀請到日本炙手可熱的設計公司teamLab 打造三層樓、高12公尺的LED藝術水幕「水之宇宙」，將山水岩石的傳統美學與高科技結合，並不定期與藝術名家如草間彌生與船井美佐等進行裝室內裝置藝術，讓GINZA SIX成為銀座最具質感的新購物中心。

DATA　地址：東京都中央區銀座6-10-1
電話: 03-6891-3390
網站：ginza6.tokyo
營業時間：Shop 10:30～20:30；Restaurant 11:00～23:30
地鐵口：步行約5分鐘
MAP：P.153

❶結合歷史與現代感的外觀❷館內的精緻美食餐廳❸❹Dior 與Jill Stuart等品牌全新概念店❺草間彌生為Ginza Six開幕設計的裝置藝術❻由teamLab打造的水之宇宙藝術造景（部分圖片由Ginza Six提供）

DUNHILL GINZA

2007年開幕的DUNHILL旗艦店以「Home Project」為主題，讓消費者能在如家中一般舒適的環境悠閒購物，於是店內選用了居家感的櫥櫃與桌椅來陳列商品，還在2樓開設了全球第一家DUNHILL咖啡酒吧「THE AQUARIUM」，裡頭仍是以皮質座椅、原木書櫃與壁爐暖爐等歐風家具布置，店中另外還設有男士髮型美容沙龍「THE BARBER」。

DATA 地址：東京都中央區銀座2-6-7
電話：03-3562-1893
網址：www.dunhill.com/ja-jp
營業時間：Shop11:00～20:00，
週一至19:00；Café 11:00～24:00
地鐵口：步行約5分鐘
MAP：P.153

❶以居家生活為主題的DUNHILL GINZA
❷❸位於2樓的咖啡酒吧THE AQUARIUM

伊東屋

伊東屋可以說是「文具的百貨公司」，裡頭包括各式各樣的筆類、筆記本、信紙、書籤、筆袋、年曆等等，還有不少具有傳統日式風味的文具用品可供選購。

DATA 地址：東京都中央區銀座2-7-15
電話：03-3561-8311
網址：www.ito-ya.co.jp
營業時間：10:00～20:00，週日至19:00
地鐵口：步行約5分鐘
MAP：P.153

❶伊東屋超大型迴紋針招牌❷❸❹❺伊東屋色彩繽紛的可愛文具

KIRARITO GINZA

複合式商場Kirarito於2014年10月揭幕，包括了餐廳、商店與頂級婚宴廣場。以日文的「閃亮(Kira)」為名，希望消費者能在這裡歡度包括婚禮、結婚紀念日，與生日等人生中最「最幸福閃耀的時刻」。整棟建築由名師光井純打造，全玻璃帷幕與彷彿鑽石切割面的造型，在白天能讓光線自然透入，夜晚則能讓內部光線透出，使整棟建築如其名般閃亮奪目。商場中的品牌包括 Tocca、Samsonite Black Label與貴和製作所等彩妝與配件，配合婚宴廣場的設計，館內2～3樓另引進將近20家的婚戒珠寶專櫃，供新人們挑選。

DATA
地址：東京都中央區銀座1-8-19
電話：03-5357-7535
網址：www.kirarito-ginza.jp
營業時間：Shop 11:00～21:00，Restaurant 11:00～23:00
地鐵口：步行約6分鐘
MAP：P.153

如鑽石般閃耀的Kirarito為銀座新地標

和光百貨

和光百貨是銀座地區歷史最悠久的百貨公司，裡頭以高級服裝、珠寶與配件為主，適合30～40歲以上的品味人士，另外百貨頂上直徑長達240公分的和光鐘樓則是銀座中央通的經典地標。

DATA
地址：東京都中央區銀座4-5-11
電話：03-3562-2111
網址：www.wako.co.jp
營業時間：10:30～19:00
地鐵口：步行約5分鐘
MAP：P.153

銀座地標和光鐘樓

❶❷各品牌於館內的專區均獨樹一格❸大型的公仔位於潮流品牌的樓層❹彷彿裝置藝術品的裝飾與展示架

DOVER STREET MARKET

　　由日本時尚大師川久保玲規畫的複合品牌專賣店Dover Street Market，陸續在東京、倫敦與紐約等時尚之都登場，並立刻成為時尚界的熱門話題，店內從裝潢擺設到商品無不令人驚奇。空間規畫以藝術結合時尚為主軸，運用不規則形狀的展示架、對比強烈的色彩與新穎的裝置藝術品，讓人彷彿來到風格前衛的藝廊，每個樓層都將帶給各位不同的視覺震撼。店內除了川久保玲自有品牌Comme Des Garçons外，另與Prada、Louis Vuitton、Saint Laurent與等國際大牌推出限定商品。新銳設計師Thom Browne、J.W. Anderson、Alexander Wang與潮牌Supreme、Visvim、Bape等也都於店內設立專區。6樓的部分另設有Event Space，不定時舉辦各種展覽與時尚活動。

DATA 地址：東京都中央區銀座6-9-5
電話：03-6228-5080
網址：ginza.doverstreetmarket.com
營業時間：週日～四11:00～20:00，週五～六11:00～21:00
地鐵口：步行約6分鐘
MAP：P.153

TOKYU PLAZA GINZA

繼原宿TOKYU PLAZA後，東急集團於2016年在銀座打造了另一棟更具藝術文化氣息的銀座TOKYU PLAZA。銀座的一大特色為傳統與現代的結合，建築團隊在設計這個全新建案時，也用盡巧思將傳統工藝的概念與時尚建築融合，於是日本早期在玻璃上切割圖案的「江戶切子」概念，被體現在大樓外觀不規則形狀的玻璃帷幕上，讓建築隨著白天夜晚的光線變換呈現出不同的樣貌。

除了建築本身外，以「Creative Japan」為口號的銀座TOKYU PLAZA，在商場各處也都能見到結合藝術裝置的擺設陳列與藝術牆，1～3樓部分還設有三菱集團的METoA Ginza，裡頭包括藝術展場與文創商品的展示與販售。

商場內的品牌含括國際精品、日本設計師服裝與配件飾品專賣店，東急手創館也在7樓開設了包含「和、都、知、美、

❶❷各具特色與設計感的品牌專櫃❸名師打造的休憩Lounge區❹以江戶切子為概念打造的玻璃外觀

食」五大概念的的全新藝文風概念店Hands Expo；8～9樓則是韓國樂天(Lotte)免稅商店，外國旅客可在這選購菸、酒與化妝品等免稅商品並於機場取貨。

除了購物外，餐廳樓層提供烏龍麵、鰻魚飯、燒肉與迴轉壽司等多種選擇，想要小憩片刻時，則可以來到能眺望銀座夜景的6樓 Kiriko Lounge以及頂樓的屋上花園Kiriko Terrace，夏天時還能享受此處的池畔咖啡座呢！

DATA 地址：東京都中央區銀座5-2-1
電話：03-3571-0109
網站：ginza.tokyu-plaza.com
營業時間：11:00～21:00 (部分餐廳至23:00)
地鐵口：步行約5分鐘
MAP：P.153

特色美食

PAEZO

　　西班牙的國民美食海鮮飯(Paella)碰上日本的餐飲小師傅(Kozo)，會衍伸出什麼有趣的飲食概念?餐飲品牌Paezo就此誕生！

　　在這裡你能夠品嘗到結合日式柴魚與西班牙香料的日西合璧的海鮮飯Japaella (Japan+Paella)，與各式各樣的西班牙小點(Tapas)、竹籤小吃(Pinchos)。

　　店內除了推出價格實惠的午間套餐外(¥1,500～2,100)，還首創以類似港式飲茶的手推車來供應每日變換的Tapas與Pinchos，非常新鮮有趣。

DATA 地址：東京都中央區銀座1-8-19
(KIRARITO 6F)
電話：03-5579-9721
網址：paezo.com
營業時間：11:00～23:00
地鐵口：步行約6分鐘
MAP：P.153

BEIGE by Alain Ducasse

　　Alain Ducasse是米其林美食評鑑史上最年輕獲獎的法國廚師，在銀座他和CHANEL合作了首家結合時尚與美饌的餐廳。這裡的空間設計由名師Peter Marino打造，採用了明亮的白色系，而桌巾上則印著與COCO包款類似的淺格紋，座椅的布料也採用CHANEL經典的軟呢布。BEIGE在中午時段推出3種套餐，每一種餐點都可任選甜點及飲料，而晚間時段則有¥17,000起的頂級套餐。

DATA 地址：東京都中央區銀座3-5-3 10F
電話：03-5157-5500
網址：www.beige-tokyo.com
營業時間：午餐11:30～14:30、晚餐18:00～23:30，週一、週二公休，請致電洽詢
地鐵口：步行約5分鐘
MAP：P.153

❶❸❹米其林名廚設計的餐點從視覺到味覺均不馬虎
❷店內採用名牌BACCARAT水晶杯與頂級餐具

ARMANI RISTORANTE

　　ARMANI RISTORANTE位於ARMANI GINZA TOWER的10樓，餐廳以米色、黑色和金屬色系為基調，呈現出代表ARMANI的優雅質感，最特別的是座位四周的圓弧形金色屏風上頭刻印著和TOWER外部相同的竹葉雕花，讓義大利餐廳多了東方風味。這裡的餐點由來自義大利的廚師團隊規畫，提供客人口味道地且別具創意的義大利料理，除了各式的義大利麵、Pizza、海鮮與肉類主餐可供單點之外，也推出頂級的套餐組合。

DATA 地址：東京都中央區銀座5-5-4 10F
電話：03-6274-7005
網址：www.armani-ristorante.jp
營業時間：午餐11:00～14:00、
晚餐18:00～23:00
地鐵口：步行約5分鐘
MAP：P.153

❶座位四周的金色竹節屏風與大樓外觀相輝映
❷餐點擺盤一樣充滿ARMANI的簡約時尚感

BISTRO BARNYARD

　　Barnyard意思為穀倉旁的空地，這間標榜著法式加州風味料理主題的餐廳以Barnyard為名，強調有機食材與產地直送(Farm to Table)的飲食文化潮流。當消費者來到店裡時，可以在門口特別設計的大樹下，看見今

❶❷融合法式與美式料理精華的特選特餐❸展示桌上的當日新鮮食材

日引進的農園食材，主廚則會依照當日的食材，規畫出每日獨創的菜單，並運用高品質的黃番茄、紫番薯與鮮採蓮藕等，強調健康無負擔的美味。除了單點主菜與前菜外，也推出午間套餐((¥2,000～3,500)與數量限定的晚間套餐(¥7,000)。

DATA 地址：東京都中央區銀座1-8-19 (KIRARITO 7F)
電話：03-6228-7400
網址：barnyard.jp
營業時間：11:00～23:00
地鐵口：步行約6分鐘
MAP：P.153

❶❷

木村家

　甜而不膩的紅豆麵包的創始者就是位於銀座的木村家，自1869年創業至今已有140年歷史，除了發明紅豆麵包外，還是第一個是用日本酒酵母「酒種」來發酵麵包的店家，店內從早到晚人潮總是絡繹不絕，就連日本天皇也是他們的忠實顧客。除了傳統口味紅豆外，還有包括櫻花、白豆沙、起士奶油、栗子等多種口味的あんぱん(AN PAN即包餡麵包！)除了1樓店面外，2樓亦設有Café提供輕食與飲料。

❶ 來到木村家必買的經典あんぱん
❷ 人潮絡繹不絕的木村家

DATA　地址：東京都中央區銀座4-5-7
　　　　電話：03-3561-0091
　　　　網址：www.kimuraya-sohonten.co.jp
　　　　營業時間：10:00～21:00
　　　　地鐵口：步行約5分鐘
　　　　MAP：P.153

D'ELICES TARTE & CAFÉ

　來自大阪心齋橋的人氣甜點品牌D'elices終於進駐東京，標榜以各式新鮮果類製作的水果塔，廣受女性消費者的歡迎，包括草莓塔、水蜜桃塔、無花果塔與金柑塔等都有不同的愛好者。店中特別設計的開放式廚房，大家還能欣賞到甜點主廚把一片片鮮果變為絢麗甜點的絕技。天熱時不妨來份新鮮水果冰淇淋，綿密的口感和鮮果的酸甜，讓人沉醉在「味覺的享受」中(D'elices du Palais)！

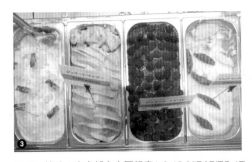

DATA　地址：東京都中央區銀座1-8-19 (KIRARITO 4F)
　　　　電話：03-3563-5335
　　　　網址：www.fujiofood.com/brand/delice
　　　　營業時間：11:00～23:00
　　　　地鐵口：步行約6分鐘
　　　　MAP：P.153

❶❹ 運用大量新鮮水果製作的甜點 ❷ 主廚與甜點師傅們 ❸ 酸甜的鮮果冰淇淋

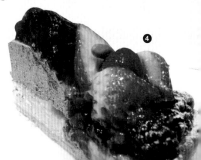

DALLOYAU

DALLOYAU為巴黎第二悠久的甜點店，日本甜點名廚小針由雄曾遠赴法國學藝，並擔任巴黎DALLOYAU副主廚一職，回國後遂將這個名店引進日本銀座與自由之丘。店內堅持所有原料均需從法國直接進口。作者最喜歡外酥內軟、入口即化的馬卡龍，以及巧克力加上萊姆酒製成的香醇蛋糕亞倫勃，店內另設有氣氛優雅的茶點沙龍。

DATA 地址：東京都中央區銀座 6-9-3
電話：03-3289-8260
網址：www.dalloyau.co.jp
營業時間：10:00～21:00，假日前夕至22:00
地鐵口：步行約5分鐘
MAP：P.153

甜點與巴黎同步的銀座DALLOYAU

不二家

產品成功行銷全國的日本企業不二家以牛奶糖與各式精緻的甜品聞名世界，而這個品牌的創始店正位於銀座，受到小朋友喜愛的品

❶深受大小朋友喜愛的不二家聖代
❷平價又美味的和風洋食

牌女娃娃PEKO，也是於1950年在銀座店初次和大家見面，這裡的人氣商品包括鮮奶油泡芙、烤糖番薯、鮮草莓蛋糕與蘋果派等等，相信大家品嘗完這些甜點後，應該都能露出和PEKO一樣的幸福微笑！

DATA 地址：東京都中央區銀座4-2-11
電話：03-3561-0083
網址：www.fujiya-peko.co.jp
營業時間：週一～五10:30～22:30，週六
10:00～22:30，週日及假日10:00～21:30
地鐵口：步行約7分鐘
MAP：P.153

青山 (外苑前站／表參道站)
AOYAMA

青山和原宿相距不遠，可順著表參道一路步行前往，若搭乘銀座線時，則可於外苑前站或表參道站下車，外苑前站靠近咖啡廳與家飾用品店分布的「北青山」，而表參道站則鄰近精品名牌齊聚的「南青山」。青山一帶原本只是高級的住宅區域，由於此地的居住者多為品味不凡的企業家、藝術家、明星與名媛雅士，為了迎合他們的喜好，不少精品旗艦店、高級家飾店、餐廳、咖啡廳、美容沙龍與藝廊等在這幾年間陸續於青山設立，讓這個區域頓時成為東京優雅與質感生活的代名詞。

若與表參道上的一線精品相比，選擇在青山開設專賣店的品牌大多為風格較低調的新銳設計師品牌或日本設計師品牌，也正因如此，青山地區得以保持一貫的優雅寧靜，和原宿的熱鬧擁擠大相逕庭。如果你是喜愛設計與藝術的時尚人士，青山將帶給你無限的驚奇與收穫，就算只是 Window Shopping 或待在咖啡廳中觀察來往行人，腦中的創意靈感一樣能源源不絕地湧現。

ISSEY MIYAKE

東京達人**3**大推薦地

作者最愛
SIGN CAFÉ

兼具悠閒與時尚感的咖啡廳，在這裡可以品嘗美食、閱讀好書還能沉浸在DJ特選的音樂中。(P.176)

遊客必訪
PRADA

如鑽石般閃耀的南青山地標，白天和夜晚各有不同風景，絕對必拍的經典之作。(P.172)

東京人推薦
LOVELESS

青山地區最前衛的Select Shop，引進許多紐約與巴黎的設計師品牌(P.170)

The Contemporary Fix
PARIYA
Q-POT CAFÉ
PIERRE HERMÉ
表參道站
CIBONE
明治神宮外苑
SHAKE SHACK
ALESSI
HHST
SIGN CAFÉ外苑前
外苑前站
SPIRAL藝文中心
COMME DES GARCONS
LOVELESS
HYSTERIC GLAMOUR
Y-3
PRADA
3.1 Philip Lim
INTERSECT BY LEXUS
YOKUMOKU
FLAMINGO CAFÉ
UNDERCOVER
CLINTON STREET BAKING COMPANY

青山(外苑前站+表參道站)周邊街道圖

✳ 遊賞去處

明治神宮外苑

　「外苑前」站因鄰近明治神宮外苑而得名，外苑和明治神宮同是為了紀念明治天皇與昭憲皇太后而建造，不過這裡與傳統和風的明治神宮不大相同，採用了西洋式的建築設計與庭園造景，其中包括展示超過80幅名畫的聖德

紀念繪畫館、可舉辦婚禮的明治紀念館與著名的銀杏大道，夏天時的花火大會與秋季的賞黃葉活動都是外苑的年度盛事，列車長覺得穿著日式「浴衣」或「甚平」(男用短式浴衣)來

聖德紀念繪畫館

欣賞花火可說是一大樂事，有機會在7、8月分前來的朋友千萬別錯過。

DATA 　地址：東京都港區霞ヶ丘町1-1
　　　電話：03-3401-0312
　　　網址：www.meijijingugaien.jp
　　　開放時間：09:30～23:00 (園區各處開放時間略異)
　　　門票：園區免費，聖德紀念繪畫館國中以下￥200，高中大學￥300，成人￥500
　　　地鐵口：外苑前站，步行約10分鐘
　　　MAP：P.167

SPIRAL 藝文中心

　青山也是東京藝文活動的重要據點，許多大小不等的畫廊與藝術工作室坐落於大小街巷當中，自1985年成立至今的SPIRAL外觀由知名後現代建築師槇文彥設計，是青山通上相當醒目的建築物。SPIRAL以「結合藝術與每日生活」為概念，在2樓「Spiral」旋繞狀的展示空間中舉辦以藝術與設計的展覽，3樓的多功能展演

廳則不時推出舞蹈、劇場、音樂會等節目。此外在2樓還開設了SPIRAL MARKET販售創意生活小物，1樓則有SPIRAL RECORDS與SPIRAL CAFÉ。

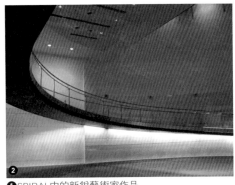

❶ SPIRAL中的新銳藝術家作品
❷ 旋繞狀的SPIRAL展覽廳

DATA 　地址：東京都港區南青山5-6-23
　　　電話：03-3498-5793
　　　網址：www.spiral.co.jp
　　　開放時間：11:00～20:00
　　　門票：免費參觀，部分特展需購票參觀
　　　地鐵口：表參道站，步行約5分鐘
　　　MAP：P.167

購物血拼

The Contemporary Fix

位於北青山的The Contemporary Fix是由潮牌Mastermind Japan成立的複合式旗艦店，這個由設計師本間正章創立的品牌以骷髏頭為經典圖案，並以運用高級素材與精緻手工製作的牛仔褲和服飾聞名。這棟旗艦店的1樓成立了品牌咖啡廳，2樓則販賣Mastermind以及品牌與MCM、Phenomenon等其他牌子跨界合作的商品，店內將品牌代表的骷髏頭

Mastermind與藝術家KAWS
合作設計的大型公仔

和各式二手玩具交錯陳列，呈現出復古又前衛的視覺感受。

DATA 地址：東京都港區北青山3-12-14
電話：03-6418-1460
網址：www.thecontemporaryfix.com
營業時間：12:00～20:00
地鐵口：表參道站，步行約5分鐘
MAP：P.167

LOVELESS

　　LOVELESS是青山潮人們很喜歡的 Select Shop，這家位於地下樓層的低調店面，只要稍不留意就會不小心錯過，然而在2009年品牌形象重整後，不但開始有屬於自己的Logo圖案和自有品牌服飾，也終於正式將招牌掛在路面的醒目處。

　　從1樓的入口穿過彷彿石洞般的階梯後，各位將發現裡頭別有洞天，散發出中古世紀吸血鬼公爵古堡的神祕詭異氣氛，地下樓層以精選自國內外的書籍、音樂與設計師男裝為主，品牌包括Robes & Confection、John

❶ LOVELESS精選的海外雜誌書籍
❷ 氣氛陰森神祕的LOVELESS地窖

Galliano與John Lawrence Sullivan等，2樓則為女裝及配件，包括Milly、Dresscamp、Alexander Wang、Cloak & Dagger等等新鋭品牌。

DATA 地址：東京都港區南青山3-17-11
電話：03-3401-2301
網址：www.loveless-shop.jp
營業時間：12:00～20:00
地鐵口：表參道站，步行約3分鐘
MAP：P.167

COMME DES GARÇONS

　　日本服裝設計教母川久保玲希望各地的旗艦店均能呈現出獨特的風格，青山店由英國Future Systems建築事務所設計，店面外觀以一個個透著藍光的圓弧狀鐵網呈現出低調的神祕感，內部的動線設計則有如一區一區的迷宮般有趣。

彷彿迷宮的藍色鐵網設計

DATA 地址：東京都港區南青山5-2-1
電話：03-3406-3951、03-5774-7800
網址：www.comme-des-garcons.com
營業時間：11:00～20:00
地鐵口：表參道站，步行約3分鐘
MAP：P.167

HYSTERIC GLAMOUR

HYSTERIC GLAMOUR由設計師北村信彥創立，其作品除了搖滾、龐克與性感元素外，還充滿六〇、七〇年代的美國大眾文化色彩，包括字母Logo、人像照片、骷髏頭與Andy Warhol等大師的作品，都曾被他應用在商品上，由名師片山正通設計的青山旗艦店以「搖滾巨星的豪宅」為構想，其中最著名的為1樓陳列商品的超長形「餐桌」，還真有來到豪宅作客的感覺呢！在旗艦店的地

❶ 彷彿搖滾巨星豪宅的HYSTERIC GLAMOUR
❷ 陳列在超長型餐桌上的各式服裝

下樓品牌另設有藝文空間「Rat Hole」不定期展出藝術、時尚與音樂相關特展。

DATA 地址：東京都港區南青山5-5-3
電話：03-6419-3899
網址：www.hystericglamour.jp
營業時間：12:00～20:00，週末11:00～20:00
地鐵口：表參道站，步行約5分鐘
MAP：P.167

Y-3

由日本服裝大師山本耀司(Yohji Yamamoto)與ADIDAS合作的品牌Y-3一向為全球喜愛時尚運動風的人士津津樂道，其品牌的東京旗艦店即位於南青山的靜謐巷道內，於2006年揭幕的這家店，以「鏡面反射」為主題，店中運用大量的鏡面設計交錯反射出室內的光影及陳列的服飾，還可將店中隨時播放的伸展台影片出其不意地投射至四處，另外販售全系列男女裝的3個樓層也能隨著落地鏡面連成一氣，形成充滿視覺效果的購物幻境。

作者個人除了喜愛店內成功塑造的四度空間感之外，也發現裡頭播放的音樂似乎有著不同的主題，打聽之下才知道原來這裡的音

樂是由名DJ「ALEX FROM TOKYO」專門挑選，讓消費者親身能感受和當季時裝秀同步的「聽覺時尚概念」，近期內Y-3開始嘗試與街頭塗鴉藝術家MOMO等人合作設計服飾與鞋款，這系列的限量商品均能在Y-3青山店中購買收藏。

DATA 地址：東京都港區南青山3-14-17
電話：03-3408-8562
網址：www.40ct525.com
營業時間：11:30～20:00
地鐵口：表參道站，步行約5分鐘
MAP：P.167

❶ 山本耀司於服裝秀上謝幕
❷ 以鏡面反射為主題的Y-3店內設計

PRADA

由瑞士知名建築事務所Herzog & De Meuron打造的PRADA，是南青山地區最具代表性的品牌旗艦店，這棟以平面與凸透強化玻璃打造的蜂窩狀建築，讓來往的行人可從外頭窺見內部的商品陳設，到了夜晚，明亮的光線從內部透出，讓整棟建築物彷彿超大鑽石般閃耀，如此的創意設計打破了長久以來使用水泥外牆的建築模式，更帶動了青山一帶的建築新風潮。

DATA　地址：東京都港區南青山5-2
電話：03-6418-0400
網址：www.prada.com
營業時間：11:00～20:00
地鐵口：表參道站，步行約3分鐘
MAP：P.167

青山名氣第一的PRADA旗艦店

3.1 Philip Lim

Philip Lim是發跡自紐約時裝界的華裔設計師，他的作品不但獲得CFDA服裝大獎，更曾得到「時尚惡魔」美國VOGUE雜誌總編輯安娜溫圖的欽點讚賞。其品牌服裝沒有太誇張的設計，僅強調細緻的質料與精準的剪裁，呈現出優雅而都會的紐約風情，南青山商場GLASSAREA的品牌專賣店，於2008年開幕，是紐約及洛杉磯店外的首家海外分店，他的服裝除了受到好萊塢明星喜愛外，亦受到許多日本藝人與名模的推崇。

DATA　地址：東京都港區南青山5-4-41
電話：03-6418-5070
網址：www.31philliplim.com
營業時間：11:00～20:00
地鐵口：表參道站，步行約5分鐘
MAP：P.167

❶中島美嘉穿著PHILIP LIM
❷❸PHILIP LIM青山店內

UNDERCOVER

　　高橋盾曾被封為繼川久保玲與山本耀司後，為全世界時尚界帶來衝擊的日本設計師，而他也是裡原宿潮流店的始祖，早在九〇年代初就與APE主理人(Director) NIGO開設了潮流Select Shop「NOWHERE」。

❶搖滾風格的UNDERCOVER
❷2009年開幕的品牌旗艦店

而後高橋盾自創UNDERCOVER品牌，其風格與大部分潮牌的美式街頭風不太相同，走的是以黑白色系為主的搖滾風格，當中以特殊破壞處理的牛仔褲最受時尚人士歡迎，UNDERCOVER每一季都會設定新的服裝主題，總讓人驚喜連連，位於南青山的旗艦店是於2009年開幕的店面。

DATA　地址：東京都港區南青山5-3-18
電話：03-5778-4805
營業時間：11:00～20:00
地鐵口：表參道站，步行約3分鐘
MAP：P.167

HHSTYLE

　　HHSTYLE成立於2005年，引進來自歐美的設計師家具家飾，和青山其他高級家具店相比，這裡的產品價格較低，希望能讓20～30歲的年輕族群有機會欣賞並親身感受這些優質的設計師家具。北青山本店由名建築師隈研吾打造，在店面左側的小廣場中，隈研吾運用長方形淺色鐵片排列成三角幾何形狀的棚架，搭配上四周隨風搖曳的竹葉，讓日式和風成功融合摩登建築。

DATA　地址：東京都港區北青山 2-7-15
電話：03-5772-1112
網址：www.hhstyle.com
營業時間：12:00～20:00
地鐵口：外苑前站，步行約5分鐘
MAP：P.167

由名師打造的HHSTYLE

ALESSI

ALESSI創立於1921年，是一家帶著童趣風格的義大利家飾品牌，品牌認為就算是很小的日常家庭用品，也該讓它充滿設計與創意，如此才能讓我們在使用這些東西時感到愉悅與滿足。位於青山的ALESSI旗艦店包括3個樓層，每層樓分別以藍、黃、綠3種顏色的磁磚區隔，店內販售的商品都讓人會心一笑，像是尖鼻子的皮諾邱漏斗、印著人臉的蒼蠅拍、戴著帽子的蛋器小童以及胡蘿蔔形狀紙巾收納器等等。

DATA　地址：東京都港區北青山3-2-5
電話：03-5770-3500
網址：www.alessi.com
營業時間：週一～五11:00～20:00，
週六、日11:00～19:30
地鐵口：外苑前站，步行約5分鐘
MAP：P.167

CIBONE

位於北青山的CIBONE以「生活編輯家」自居，以複合經營的形式讓消費者一次看齊生活中所需的家飾家具、生活雜物、書籍、音樂與藝術品。B1樓層販售日本及國外設計師的家具、燈飾以及生活小物，很多人非常喜歡這裡的各式餐具，同樣的款式卻有著各種色系，不同的搭配可呈現出個人不同的創意。B2則以書籍和CD為主，一旁還有Art Gallery展出與攝影、現代裝置藝術與室內設計相關的作品。

DATA　地址：東京都港區北青山2-14-6 (B1&B1Down)
電話：03-3475-8017
網址：www.cibone.com
營業時間：11:00～21:00
地鐵口：外苑前站，步行約5分鐘
MAP：P.167

特色美食

Q-POT CAFÉ

設計師若松忠明原本是Men's Non-No雜誌的御用名模，他在10年前創立了Q-POT這個首飾品牌，並將自己最喜歡的甜點，包括夾心餅乾、巧克力、杯子蛋糕與馬卡龍等等變成一件件栩栩如生的飾品，繽紛的色彩與華麗的水鑽珍珠裝飾讓女孩們愛不釋手。

2012年底Q-POT開設了真正的甜點專賣店Q-POT CAFÉ。精緻小巧的店面被設計師巧妙地打造成9個不同的主題角落，讓顧客們彷彿來到童話故事「糖果屋」的場景一般，不論是粉色系的馬卡龍主題長餐桌、牆壁與桌面都是餅乾造型的區域，還是神祕的SE "Q" RET ROOM都將讓你驚奇萬分。這裡的甜點飲料套餐分為¥1,350、¥1,600與¥2,000三種，可任選一至四款經典點品，這些造型可愛的甜點竟然還彷彿珠寶般地排放在畫著圖案的餐盤上，如此別出心裁的設計可說是滿足了日本女孩心中的所有甜蜜幻想！

❶Q-POT的甜點彷彿珠寶般排放在特製的瓷盤中
❷夢幻的粉紅色櫃檯讓少女們從一進門就驚呼連連
❸以繽紛馬卡龍與茶壺為主題的用餐區域之一

DATA
地址：東京都港區北青山3-10-2
電話：03-6427-2626
網址：www.q-potcafe.jp
營業時間：11:30～20:00
地鐵口：表參道站，步行約5分鐘
MAP：P.167

SHAKE SHACK

SHAKE SHACK曾被紐約多家媒體評選為第一的漢堡名店，總店位於曼哈頓麥迪遜公園中，他們來到日本的一號店也特別選在同樣綠意盎然的神宮外苑周邊落腳。店內的人氣餐點包括經典的牛肉漢堡Shake Burger、煙燻培根起司漢堡與巧克力、焦糖、草莓等多口味的奶昔。

DATA　地址：東京都港區青山2-1-15
　　　　電話：03-6455-5409
　　　　網站：www.shakeshack.jp
　　　　營業時間：11:00～22:00
　　　　地鐵口：外苑前站，步行約8分鐘
　　　　MAP：P.167

SIGN CAFÉ外苑前

SIGN CAFÉ在全日本各地已有5家分店，其經營者為事業版圖橫跨藝術、時尚、創意與餐飲領域的Transit集團，在他們的精心打造下，每家SIGN CAFÉ皆呈現出不同的時尚氛圍。位於時髦青山的「SIGN外苑前」，特別請到韓國新銳室內設計師李明喜(Myeong Hee Lee)打造出兼具摩登與輕鬆的風格，在餐廳的牆壁上繪製了色彩繽紛的青山街道圖，讓店內與店外彷彿融為一體；在店內的角落還設置了DJ台、試聽機與水晶球等結合音樂元素的裝置，下午時段客人們可以靜靜

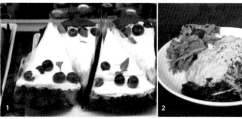

❶特製的各式甜點是下午茶時段的人氣單品
❷店內招牌餐點紅酒牛肉蛋包飯
❸風格俐落時尚的SIGN CAFE

地坐在窗邊享受美食與街景，到了夜晚店內則能立即變身成為熱鬧的LOUNGE BAR。

這裡提供的料理以和風洋食為主，價格多在￥1,000～2,000之間，人氣第一的餐點為滑嫩爽口的「紅酒牛肉蛋包飯」，中午時間店內推出￥1,000左右的午間套餐，下午茶時段則有精緻的甜點飲料組合，就連知名女星山田優也是店裡下午時段的常客呢！

DATA　地址：東京都港區北青山2-7-18
　　　　電話：03-5474-5040
　　　　網址：www.transit-web.com/shop/cafe/sign-gaienmae
　　　　營業時間：11:00～03:00
　　　　地鐵口：外苑前站步行約2分鐘
　　　　MAP：P.167

FLAMINGO CAFÉ

在寧靜且充滿異國風情的青山地區總讓人想找個露天咖啡座享受一番，來到GLASSAREA中的FLAMINGO CAFÉ，似乎真的有徜徉在西班牙陽光下的感受。這裡的餐點以義大利麵、西班牙TAPAS小菜及結

合和風的西式料理為主，在中午時段並推出包括沙拉、湯品、主餐與飲料的午間套餐（￥1,000～2,000），由於價格優惠、氣氛絕佳，在天氣好的時候無論店內或戶外的露天座位皆高朋滿座。

❶FLAMINGO CAFÉ的當日特選Menu
❷惬意開適的戶外座位區

DATA　地址：東京都港區南青山5-4-41
　　　　電話：03-6418-5020
　　　　網址：www.glassarea.com
　　　　營業時間：11:00～23:30
　　　　地鐵口：表參道站，步行約5分鐘
　　　　MAP：P.167

PARIYA

位於The Contemporary Fix 1樓的咖啡廳PARIYA是一間相當有趣的品牌咖啡廳，這裡不但有著潮流人士喜愛的休閒氣氛，餐點更是採用半自助的點餐方式，客人可任選當日特製的米飯、主菜、沙拉與配菜(內用￥1,000，外帶￥850)，11:30～15:00的中餐時段還提供免費的湯品與飲料吧，許多在青山一帶工作的雜誌編輯與時尚品牌員工都喜愛前來這裡午餐小聚，另外店內的Gelato冰淇淋也是招牌之一。

其氣氛休閒的座位區吸引青山時髦男女前來用餐小憩

DATA　地址：東京都港區北青山3-12-14
　　　　電話：03-3409-8468
　　　　網址：www.thecontemporaryfix.com
　　　　營業時間：11:30～23:00
　　　　地鐵口：表參道站，步行約5分鐘
　　　　MAP：P.167

CLINTON STREET BAKING COMPANY

　　這家來自紐約下東區Clinton St上的小餐廳，有著多個No.1的傲人事績，包括紐約媒體票選No.1的鬆餅、No.1的馬芬、No.1的奶油酥餅、No.1的甜派，以及Top 10的早餐等等。種種殊榮讓這家小店每天門庭若市，並飄洋過海來到東京。店內的招牌為現烤的「溫楓糖漿鬆餅」，外酥內軟的口感與撲鼻而來的奶油香，搭配上店家特製的溫楓糖漿與酸甜的藍莓，保證顛覆各位對於鬆餅的印象，此外像是炸雞格子鬆餅、羽衣甘

藍沙拉，與烤雞三明治等等紐約店的人氣餐點，也都可以在東京品嘗到！建議大家可和朋友合點一份鹹食與一份鬆餅共同享用。

DATA　地址：東京都港區南青山5-17-1
電話：03-6450-5944
網址：clintonstreetbaking.co.jp
營業時間：08:00～22:00
地鐵口：表參道站，步行約7分鐘
MAP：P.167

YOKUMOKU

YOKUMOKU的精緻
法式蛋糕

　　專賣西式甜點的YOKUMOKU在南青山開業已超過30年，店內最有名的「雪茄蛋捲」(Cigare)在百貨公司美食街均可見到，是很受歡迎的伴手禮，因為貌似雪茄而命名的蛋捲，除了原味外，還有牛奶與巧克力夾心等口味，南青山本店除了門市部外，另外開設了咖啡酒吧「BLUE BRICK LOUNGE」，取名為藍色磚瓦(Blue Brick)是因為整棟建築就是以藍白色系的磚頭堆砌而成，店內提供Pasta與Pizza等輕食，也供應蛋糕加飲料的Cake Set(￥1,155)，另外只要點用飲料都會附送雪茄蛋捲喔！

DATA　地址：東京都港區南青山5-3-3
電話：03-5485-7766
網址：www.yokumoku.co.jp
營業時間：Shop 10:00～19:00，
Lounge 10:00～23:00，週日及假日至19:00
地鐵口：表參道站，步行約3分鐘
MAP：P.167

PIERRE HERMÉ

PIERRE HERMÉ是近年來走紅的法國甜點名廚，其最有名的一款甜點為「Ispahan」，以玫瑰口味馬卡龍(Macaron)為基底，鑲入奶油、新鮮荔枝和覆盆子，讓酸、甜與芳香的3種口感一次混合，成為了轟動世界的經典之作。此外，包括玫瑰、焦糖、巧克力與香草等多種口味的馬卡龍也是人氣暢銷商品。位於青山的旗艦店由大師片山正通打造，除了1樓的門市外，2樓更開設了全球僅此一間的Bar Chocolat，販售特製的巧克力飲料、巧克力調酒與Chocolat Signature經典甜點組合(￥1,650)。

DATA 地址：東京都涉谷區神宮前5-51-8
電話：03-5485-7766
網址：www.pierreherme.co.jp
營業時間：Shop 11:00～20:00，
Café 12:00～20:00
地鐵口：表參道站，步行約5分鐘
MAP：P.167

❶馬卡龍與蛋糕的甜點組合
❷位於1樓的門市

INTERSECT BY LEXUS

房車品牌Lexus於青山打造了這處結合藝文、設計、音樂、時尚、科技與生活的展場與餐廳，建築由眾多時尚品牌御用的設計師片山正通打造，透過金色系的網狀外觀呈現出奢華與獨特性，內部則以日本的竹子與Lexus車輪鋼圈的相同素材，來呈現日本當地文化與品牌特色。一走進店中將先看到的是風格簡約的咖啡聽，提供挪威品牌Fuglen的各式飲品。而大廳後方才是車款的展示間，除了新款房車外，也搭配不同的藝術或攝影作品展覽。2樓則規畫為Lounge與餐廳，提供由創意名廚田島大地設計的歐洲風味料理。品牌希望不論是否對新車感興趣的朋友，都能來這裡感受由不同元素交織而成的新東京文化。

DATA 地址：東京都港區南青山4-21-26
電話：03-6447-1540
網址：www.lexus-int.com/intersect/tokyo
營業時間：1F Café 09:00～23:00，2F Restaurant & Shop 11:00～23:00
地鐵口：表參道站，步行約5分鐘
MAP：P.167

池袋　新大塚　茗荷谷　**後樂園**　本鄉三丁目　御茶ノ水　淡路町

後樂園站 KORAKUEN

達人報告

提到「東京」，不知道各位的腦海中浮現出哪些重要的地標呢？相信包括東京鐵塔、東京巨蛋、東京車站和皇居等等，都是大家能夠輕鬆列舉出來的地方，在這之中除了東京鐵塔必須搭乘JR山手線至濱松町站外，其他的知名景點都可以藉由「丸ノ內線」依序到達。

後樂園站因鄰近傳統庭院景點「小石川後樂園」而得名，只要一出站便能直接見到巨大壯觀的「東京巨蛋」，巨蛋本體與周邊的商場、樂園與旅館等設施共同組合成「Tokyo Dome City東京巨蛋城」，若不是來此處欣賞表演節目的朋友，不妨在與巨蛋合影之後繼續前往「LaQua樂園」、「黃色大樓」或「青色大樓」遊玩用餐，也可以至附近的百貨商場走走逛逛。

東京達人**3**大推薦地

作者最愛
LaQua樂園
東京難得的大型遊樂園，雲霄飛車、水上飛車與高空落體都很刺激。(P.183)

遊客必訪
小石川後樂園
有著精緻造景的日本傳統庭園，適合在風和日麗的午後前往遊賞。(P.183)

東京人推薦
東京巨蛋
野球博物館
在野球博物館裡可以看到跟棒球偶像明星相關的精采展覽！(P.182)

LaQua樂園

LaQua商場

CITY BUFFET

MOOMIN CAFÉ

BUBBA GUMP

Metro M

後樂園站

丸之內線

東京巨蛋／野球體育博物館

東京 DOME HOTEL

外堀通

黃色、青色大樓

小石川後樂園

後樂園站周邊街道圖

後樂園入口

遊賞去處

東京巨蛋／野球體育博物館

　　東京巨蛋可容納5萬5千名觀眾，是日本第一座巨蛋型多功能運動表演場，可提供棒球、籃球、美式足球比賽與大型演唱會演出，亦為日本職棒讀賣巨人隊的主場。位於21號入口處(GATE 21)另設有「野球體育博物館」，裡頭展示許多日本棒球史上的珍貴照片、文獻與球具等等，若遇到賽事舉辦

東京巨蛋城的大型聖誕燈飾展覽

時，巨蛋周邊更會擺滿大大小小的攤位販售棒球周邊商品，棒球迷們不可錯過。

DATA
地址：東京都文京區後樂1-3
電話：03-3580-9999
網址：www.tokyo-dome.co.jp、
www.baseball-museum.or.jp
開放時間：博物館3～9月10:00～18:00，
10～2月10:00～17:00
門票：博物館成人￥600、大學高中與65歲以上￥400、國中小學￥200
地鐵口：步行約3分鐘
MAP：P.181

黃色大樓、青色大樓

　　與巨蛋相鄰的黃色和青色大樓因有著黃色與青(藍)色的外觀而命名，裡頭設有保齡球場、運動主題遊樂場、拳擊場、男性SPA會館與餐廳等設施。

DATA 地址：東京都文京區後樂1-3
電話：03-3580-9999
網址：www.tokyo-dome.co.jp
開放時間：10:00～22:00(各處開放時間略異)
地鐵口：步行約5分鐘
MAP：P.181

黃色與青色大樓

LaQua樂園

雲霄飛車「Thunder Dolphin」

　　LaQua樂園是東京難得一見的市區型遊樂園，其中有多項驚險刺激的遊樂設施，包括直徑60公尺、全球第一座中空型摩天輪「Big O」，令人驚叫連連雲霄飛車「Thunder Dolphin」與高空落體「Wonder Drop」等，另外亦有適合全家大小共同參與的旋轉木馬、鬼屋與玩具王國。

DATA 地址：東京都文京區春日1-3
電話：03-3868-7011
網址：www.laqua.jp
開放時間：10:00～21:00(隨季節天候略異)
門票：入園免費，可單項付費搭乘(￥700～1,000)或購買無限暢遊票(18歲以上￥3,900，12～17歲￥3,400，6～11歲￥2,100，3～5歲￥1,300)
地鐵口：步行約1分鐘　MAP：P.181

小石川後樂園

　　小石川後樂園是東京著名的名勝古蹟，由藩主賴房於1629年建立，這裡的庭院建築採用了自中國明朝引進的「迴游式庭園」，並引用《岳陽樓記》中的名言「後天下之樂而樂」定名為「後樂園」。園中央大面積的泉水為仿中國「琵琶湖」打造，四周的造景亦是中日知名景點的縮影，包括小廬山、大堰川與通天橋等，其美輪美奐的景觀很難讓人想像是置身於繁忙的東京都呢！

DATA 地址：東京都文京區後樂一丁目
電話：03-3811-3015
網址：www.tokyo-park.or.jp/park/format/index030.html
開放時間：09:00～17:00
門票：國中以下免費，國中以上￥300，65歲以上￥150
地鐵口：步行約10分鐘
MAP：P.181

小石川後樂園的幽靜美景

※購物血拼

LaQua商場

　　LaQua商場位於LaQua樂園旁，一共包括了70多家的商店與餐廳，商店部分不乏知名日系中價位品牌如INDEX、Lazy Susan、Lowrys Farm、Global Works等等，另外如連鎖鞋店ABC Mart與平價品牌UNIQLO亦有分店，由於這一帶以Shopping為目的的觀光客與當地人不是多數，因此有時候店內就算是打折品的顏色與尺寸也十分齊全呢！

DATA 地址：東京都文京區春日1-3
電話：03-3868-7011
網址：www.laqua.jp
營業時間：Shop11:00～21:00，
Restaurant 11:00～23:00
地鐵口：步行約1分鐘
MAP：P.181

❶❷LaQua商場中多為日系服裝品牌

METRO M後樂園

　　Metro M是與後樂園車站相連接的百貨商場，以販售生活小物、配件、食品與食材等為主，大部分的客人是當地的通勤族與家庭主婦，5樓的部分則有中價位的中華料理「好好食堂」、義大利料理「Donna D'oro」與日本料理「家族亭」等等，由於這一帶的餐廳不多，此處是大家用餐的不錯選擇。

DATA 地址：東京都文京區春日1-2-3
電話：03-5800-2200
網址：www.metro-m-korakuen.com
營業時間：Shop11:00～21:00，
Restaurant 11:00～22:30
地鐵口：步行約1分鐘
MAP：P.181

生活型商場Metro M

特色美食

CITY BUFFET

東京巨蛋是適合全家人同遊的景點，因此在周邊也開設了許多適合家庭和親子共同前往的主題餐廳，CITY BUFFET 以寬敞明亮的空間與平價的自助餐形式提供超過60種日式料理、洋食、中華料理、飲茶點心與甜點等等，到了假日時總是大排長龍呢！

DATA 地址：東京都文京區春日1-1-1 (LaQua 1F)
電話：03- 5805-0311
營業時間：午餐11:00～15:50(平日大人 ¥1,678，小孩¥1,048；假日大人¥1,887，小孩¥1,048)
晚餐15:50～23:00(平日大人¥2,098，小孩 ¥1,048；假日大人¥2,413，小孩¥1,048)
地鐵口：步行約3分鐘
MAP：P.181

BUBBA GUMP

來自美國的「阿甘正傳」主題餐廳也進軍日本！店內最大的賣點是以電影中的經典場景布置讓大家彷彿走進阿甘的世界當中，除了一般美式餐廳常見的漢堡、洋蔥圈與薯條外，這裡的特色餐點是各式各樣的「蝦料理」，包括鮮蝦雞尾酒沙拉、鮮蝦義大利麵、越南式蝦湯麵包與蔬菜烤蝦串等等，在用餐過程中服務生還會不時來個電影故事的有獎徵答，讓大家吃得盡興又有趣。

DATA 地址：東京都文京區春日1-1-1 (LaQua 1F)　電話：03- 3868-7041
網址：www.bubbagump.jp　營業時間：11:00～23:00
地鐵口：步行約3分鐘　MAP：P.181

《阿甘正傳》的電影場景

MOOMIN CAFÉ

由芬蘭插畫家Tove Jansson創作的可愛河馬MOOMIN嚕嚕米在日本與亞洲各地都受到小朋友的喜愛，親子同行的朋友一定要來到這家嚕嚕米主題咖啡，這家店的布置十分可愛夢幻，就好像來到了「嚕嚕米谷」的小木屋般，裡頭更放置了許多大型的嚕嚕米娃娃和小朋友一起用餐，這裡的餐點以麵包、甜點、飲料與和風洋食為主，午餐時段還特別推出擺盤討喜的兒童特餐(¥700～1,300)。

DATA 地址：東京都文京區春日1-1-1 (LaQua 1F)　電話：03- 5842-6300
網址：www.moomin.co.jp　營業時間：08:00～22:30
地鐵口：步行約3分鐘　MAP：P.181

185

御茶ノ水　淡路町　大手町　**東京**　銀座　霞ヶ關　國會事議堂前

東京站 TOKYO

「東京站」除了是東京都內的交通樞紐外，也是全日本的運輸重心，包括新幹線、JR各線與多條地下鐵皆於此處通行。東京車站的周邊稱為「丸之內」(丸ノ內)，這個區域從江戶時代即開始發展，當時多為日本諸侯的居住地，天皇居住的「皇居」亦位於附近。隨著貴族政治的結束，丸之內開始由民間人士進行革新，三菱集團首先斥資將周邊的街道以英式的建築風格重建，就連「東京車站」的設計亦具有濃厚的英倫風情，此些革新後的街區因此被稱為「一丁倫敦」。

到了近年，丸之內附近除了歷史悠久的建築外，許多新興的摩天商業大樓與商場如丸大樓、新丸大樓與OAZO大樓等紛紛落成，這些建物大多採用美式的寬平面建築，和紐約第五大道的風格類似，因而又被稱為「一丁紐約」，這個新興街區完工後，許多國際品牌如TIFFANY、HERMÈS、BURBERRY等紛紛進駐，讓丸之內除了保留重要的歷史軌跡外，又成為新一代的流行時尚地標。

東京達人**3**大推薦地

作者最愛
かつ吉
酥脆的炸豬排搭配上酸酸甜甜的青紫蘇飯，不同以往的日式豬排新食感。(P.192)

遊客必訪
皇居
探訪日本皇室神祕的深宮生活、感受宏偉壯觀的日式宮殿建築。(P.189)

東京人推薦
OAZO
OAZO中的丸善書店是補充精神糧食的好去處，其中M&C CAFÉ的早矢仕ライス也是經典的料理。(P.191)

內堀通

🏨 東京皇宮酒店
Palace Hotel Tokyo

🍴 和田倉WADAKURA
🍴 CROWN
🍴 ROYAL BAR
🍴 PRIVÉ

🍴 かつ吉

新丸大樓 🏢

🏢 丸大樓

📷 皇居

● 岸本大樓

● 三菱大樓

🏢 丸大樓周邊
「一丁紐約」

● 古河大樓

🏢 KITTE

📷 三菱一號美術館／
BRICK SQUARE

● TOKIA東京大樓

OAZO大樓 🏢

🍴 M&C CAFÉ

東京車站一番街   日本橋二丁目

📷 東京車站

🏢 東京卡通商店街
TOKYO CHARACTER STREET

Ⓣ 東京站

丸之內線

八重洲站

中央通

昭和通

東京站周邊街道圖

遊賞去處

東京車站

東京車站建於1914年，由名建築師辰野金吾採用英式的「赤煉瓦」紅磚建築打造，不但保留了文藝復興時期的典雅精練特色，其圓弧形的銅頂也成為東京重要地標。二次世界大戰時日本遭遇空襲，東京車站也因此遭到毀損，戰後因為物資缺乏的緣故，僅能以戰機的廢棄原料，改建成八角與三角形的屋頂並就此沿用了60多年。2007開始日本政府與財團決定投入超過500億日圓的資金將東京車站重新整建為原本的樣貌，這項艱鉅的任務終於在2012年10月完工。

東京車站的重新揭幕，成為當年度最熱門的話題，除了外觀的穹形屋頂外，車站內部的天井也令人相當驚豔，典雅的米黃色屋頂、褐色的梁柱搭配上白色的和平鴿浮雕與復古的窗戶，讓許多日本人彷彿回到明治時代的輝煌時光。復

建後的東京車站被重新定位為「東京車站城 Tokyo Station City」，除了建築本身以外，站內的多個商場「GranSta」、「東京車站一番街」與「ecute」等等為往來的通勤民眾與觀光客提供了各式的美食、土產與東京紀念品，讓東京車站內部就好比一個小城市般的熱鬧與繁榮。

DATA 網址：www.tokyostationcity.com
地鐵口：出站即達
MAP：P.187

❶復原後的典雅天井令遊客們駐足仰望 ❷穹形屋頂讓東京車站重新回到輝煌的時光

❶三菱一號美術館
❷公園中的藝術品

三菱一號美術館／BRICK SQUARE

在1894年時英國建築師Josiah Conder曾在此處打造了全東京第一處英國式建築「三菱一號館」，成為「一丁倫敦」的起源，然而1968年時因為改建拆除的緣故，這棟建築物僅留存在歷史中。2006年三菱決定要讓這棟建築起死回生，於是依照當年的設計圖與建材樣本，一磚一瓦地讓三菱一號館於2010年春天重現!復原後的三菱一號館成為了美術館，並以代表「丸」的圓形概念設計了充滿藝術氣息的小公園，四周則開設多家歐式風情的商店與餐廳。

DATA　地址：東京都千代田區丸ノ內2-6-3
　　　電話：03-5777-8600
　　　網址：www.mimt.jp
　　　開放時間：週三～五10:00～20:00，
　　　週六～二10:00～18:00
　　　門票：依展覽不同
　　　地鐵口：步行約10分鐘
　　　MAP：P.187

❶皇居著名的二重橋
❷民眾難以窺探的深宮禁地

皇居

皇居所在地原為德川幕府所居住的「江戶城」，當時天皇的居所位於京都的宮殿，自明治天皇登基後，幕府時代結束，江戶正式更名為「東京」，天皇則移居至江戶城並將之更名為「宮城」。時至今日，日本天皇及皇室成員仍定居此處，因此皇居大部分的區域仍為世人難以窺探的深宮禁地，僅有「東御苑」開放民眾以事先登記的方式參觀，對於觀光客來說，全年開放的皇居前廣場「皇居外苑」則是最合適與方便的遊賞景點，外苑公園中不但有著大片的草原與松樹群，還可於此處眺望著名的「二重橋」，感受皇居既莊嚴又神祕的氣氛。

DATA　地址：東京都千代田區千代田1-1
　　　電話：03-3213-1111
　　　網址：www.kunaicho.go.jp
　　　門票：皇居外苑公園免費參觀，皇居內部東御苑須於10天前上網免費登記預約
　　　地鐵口：步行約10分鐘
　　　MAP：P.187

丸大樓

位於東京車站正對面的丸大樓是2002年落成的丸之內地標,大樓中的低樓層為商場與餐廳,高樓層則為辦公區域,許多知名國內外企業的總部均位於其中。商場的部分以適合30歲以上成熟上班族的品牌為主,包括relâcher trois rounds、DES PRÉS、DEUXIÈME CLASSE、L'est Rose Paris等品牌,BEAMS也在此開設販售高級男女服飾的BEAMS HOUSE,另外英國近代「設計教父」Terence Conran的專屬家飾品牌THE CONRAN SHOP亦在丸大樓中開設2層樓的大型店面。

英國設計教父之THE CONRAN SHOP

DATA
地址:東京都千代田區丸ノ內2-4-1
電話:03-5218-5100
網址:www.marunouchi.com/marubiru/index.html
營業時間:Shop平日11:00～21:00、假日11:00～20:00;Restaurant平日11:00～23:00假日11:00～22:00
地鐵口:步行約1分鐘
MAP:P.187

新丸大樓

新丸大樓在丸大樓誕生的5年後正式開幕,2棟並列的嶄新摩天大樓為丸之內帶來了全新的時尚面貌,新丸大樓以「互動性與多樣性為主題」引進了許多一流餐廳及質感服飾品牌,包括Paolo bottoni、non-sens raffiné、MICHAEL Michael Kors、Theory、HABERDASHERY與SOULEIADO等等,大部分的品牌以都會男女為訴求,因為這一帶的主要購物客群以摩登OL與雅痞上班族為主。

❶新丸大樓內的拱型迴廊
❷新丸大樓的精品商店

DATA
地址:東京都千代田區丸ノ內1-5-1
電話:03-3212-0808
網址:www.marunouchi.com/shinmaru
營業時間:Shop 平日11:00～21:00、假日11:00～20:00;Restaurant 平日11:00～23:00、假日11:00～22:00
地鐵口:步行約1分鐘
MAP:P.187

東京卡通商店街
TOKYO CHARACTER STREET

「東京卡通商店街」是東京車站內的人氣據點，這條販售各種卡通人物周邊商品的商店街集合了包括NHK、TBS、FUJI、朝日、日本電視台與東京電視的卡通人物專賣店，在店內所有當紅卡通明星商品一次到齊，讓小朋友粉絲們欣喜若狂，另外這裡還有宮崎駿、樂高、史奴比與鋼彈的專賣店，即使是大朋友們也不禁懷念起美好的童年時光呢！

DATA 地址：東京站八重洲「中央口」出站即達
電話：03-3210-0077
網址：www.tokyoeki-1bangai.co.jp/street/character
營業時間：10:00～20:30
地鐵口：步行約1分鐘
MAP：P.187

OAZO大樓

OAZO大樓位於東京車站右側，其中以「全國最大」的書店「丸善書店」為主，這家書店和台灣誠品書店的經營方式類似，不但將各種國內外書籍分門別類放置，也歡迎讀者們像來到圖書館一般，能直接在電腦中查詢書目，並試閱後再決定是否購買，另外OAZO中還有其他幾間販售生活雜物的商店及多家飲食專賣店。

內有大型書店的OAZO大樓

DATA 地址：東京都千代田區丸ノ內1-6-4
電話：03-5218-5100
網址：www.marunouchi.com/oazo
營業時間：09:00～21:00
地鐵口：步行約3分鐘
MAP：P.187

丸大樓周邊「一丁紐約」

丸大樓周邊由MY PLAZA、TOKIA、三菱大樓與古河大樓等建築所構成的街區即為俗稱的「一丁紐約」，在這個區域中有著寬廣的街道、翠綠的行道樹與許多來自國外的品牌旗艦店，彷彿讓人有置身紐約中城的感覺，然而這裡不如第五大道的人潮眾多，反而多了分寧靜閒適的時尚氛圍，附近的品牌包括來自紐約的Kate Spade、COACH、TIFFANY、JILL STUART以及來自倫敦的HARROD與BURBERRY全新概念旗艦店等等。

彷彿紐約中城的商店

DATA 網址：www.marunouchi.com/style
營業時間：大部分店家為11:00～20:00
地鐵口：步行約3分鐘
MAP：P.187

KITTE

位於車站對面JP TOWER中的「東京中央郵便局」在名建築師限研吾改造下變身為複合式商場，KITTE的日文「切手」即為郵票之意，這個商場除了購物與美食機能外，還保留了郵局的功能(1樓)，並設立免費參觀的「學術文化綜合博物館Inter Media Teque」(2～3樓)。

限研吾特別將日本各地的特色融入商場設計中，例如大量使用和紙空間的地下樓與使用北海道與愛知縣木材的1樓等，在6樓的部分還打造了日本各大新商場流行的「屋頂花園」，讓遊客能在庭園露台上俯瞰宏偉的東京車站新頂。

DATA 地址：東京都千代田區丸ノ内2-7-2
電話：03-3216-2811
網址：jptower-kitte.jp
營業時間：Shop 11:00～21:00(週日至21:00)，Restaurant 11:00～23:00(週日至22:00)
地鐵口：步行約1分鐘
MAP：P.187

特色美食

M&C CAFÉ

《流星之絆》劇中主角們家中經營的餐廳，以「早矢仕ライス」(HAYASHIRAISU紅酒牛肉飯)為招牌菜色，而在現實當中「早矢仕ライス」的發明人，正是丸善書店的創辦人早矢仕有的，於是在書店中開設的M&C CAFÉ當然以此餐點為招牌，燉到入口即化的大塊牛肉，搭配上濃郁的紅酒洋蔥醬汁，可說是和風洋食的經典之作。

DATA 地址：東京都千代田區丸ノ内1-6-4(OAZO 4F)
電話：03-3214-1013
網址：www.clea.co.jp
營業時間：09:00～21:00
地鐵口：步行約3分鐘
MAP：P.187

招牌早矢仕ライス

かつ吉 (KATSUKICHI)

從昭和年間就已開業的かつ吉炸豬排專賣店，除了外酥內嫩的炸豬排外（￥1,500～2,000），這裡的

かつ吉的炸豬排搭配青紫蘇飯

米飯可以選擇店家特製的青紫蘇飯(青じそご飯)，帶著酸甜味的青紫蘇飯正好能中和炸豬排的油膩感。

DATA 地址：東京都千代田區丸ノ内1-5-1 (新丸大樓5F)
電話：03-3211-6655
網址：www.bodaijyu.co.jp
營業時間：週一～五午餐11:00～15:00、晚餐17:00～22:30(週末11:00～22:30不休息)
地鐵口：步行約1分鐘　MAP：P.187

和田倉WADAKURA

東京皇宮酒店中的日式料理，以飯店正下方的「和田倉」噴水公園為名，提供傳統風味的高級日式料理，餐廳內分為3個不同主題的「店中店」，每個專區僅設有6～20個吧台型座位。其中「巽Tatsumi」供應精緻的天婦羅炸物，主廚選用頂級的明蝦、鯛魚、鮑魚等海鮮，搭配有機蓮藕、南瓜與時蔬。「鮨Kanesaka」為壽司專區，主廚Shinji Kanesaka為銀座米其林二星餐廳的名廚，擅長江戶風味的頂級壽司。「濠Go」為鐵板燒專區，套餐均使用黑毛和牛，上桌時盛放在加熱的岩板上保持最佳溫度，主廚另會準備海鹽、和風醬、西式醬等6種醬料，讓你嘗試不同風味的精緻和牛(午餐￥5,400起、晚餐￥14,000起)。

照片提供/Palace Hotel Tokyo

DATA 地址：東京都千代田區丸ノ內1-1-1 6F(Palace Hotel Tokyo)
電話：03-3211-5322
網址：en.palacehoteltokyo.com/restaurant/wadakura
營業時間：午餐11:30～14:30，晚餐17:30～22:00
地鐵口：步行約10分鐘，或大手町站直達
MAP：P.187

CROWN

　　超過50年歷史的米其林一星法式料理 CROWN，自1964年起即在皇宮酒店內營業。隨著整棟飯店的翻修，這裡也以更摩登奢華的形象新登場，並請來法國主廚刪設計結合傳統法式美食文化與精緻創意擺盤的全新菜單，除了雅致的用餐廳氣氛外，餐廳人員無微不至的服務，真的會讓客人感覺彷彿是皇冠(Crown)加身的貴族一般。CROWN的餐點以套餐形式為主(午餐￥7,000起、晚餐￥14,000起)，大家可以一道道品味主廚使用時令食材烹調的美味，主餐過後別忘了選擇這裡最經典的甜點「Piano au Chocolat」，精緻小巧的鋼琴造型，與黑白分明的琴鍵，可全部都是以巧克力與蛋糕製成的呢！

DATA
地址：東京都千代田區丸ノ內1-1-1 6F(Palace Hotel Tokyo)
電話：03-3211-5317
網址：en.palacehoteltokyo.com/restaurant/wadakura
營業時間：Lunch 11:30～14:30 Dinner 17:30～22:00
地鐵口：步行約10分鐘，或大手町站直達
MAP：P.187

照片提供/Palace Hotel Tokyo

LOUNGE BAR PRIVÉ

正對皇居的東京皇宮酒店,讓住客們有機會能居高臨下地欣賞皇家庭園美景;如果不是這裡的住客,飯店中其實還有另外一處祕密酒吧,讓你有機會一邊優雅地喝著調酒、一邊俯瞰丸之內的靜謐風光。

位於6樓的Lounge Bar Privé 包括風格時尚的室內區以及露天陽台座位,下午時段供應精

緻的三層下午茶組(¥4,000／¥5,800含香檳),以法式的鹹點與甜品為主,夜晚時段則提供各式調酒,每個季節也會設計期間限定的品項,下午茶時段相當熱門,分為14:00與17:30兩個時間段,建議大家可提前預約。

DATA 地址:東京都千代田區丸ノ內1-1-1 6F
電話:03-3211-5319
網址:en.palacehoteltokyo.com/restaurant/lounge-bar-prive/
營業時間:11:30～24:00
地鐵口:步行約10分鐘,或大手町站直達
MAP:P.187

ROYAL BAR

如果各位想要感受丸之內地區另一種都會洗鍊風格,則不妨前往皇宮酒店位於大廳旁的另一處酒吧Royal Bar,這裡帶給你的感覺就好比一杯經典的馬丁尼調酒,而在舊皇宮酒店時期的首位調酒師,正是被熟客們稱為「Mr. Martini」的師今井清呢!

酒吧的裝潢除了選用典雅的深色原木、皮革

與具尊貴質感的絲絨素材外,吧檯部分還是將1961年的檯面重新修復而成,讓此處在奢華中又保留了屬於舊時代的美好。吧裡的酒品均由曾獲得國際獎項的調酒專家設計,結合了日本時令水果與茶葉等當地元素,成為東京最具代表性的酒吧之一。

DATA 地址:東京都千代田區丸ノ內1-1-1 Lobby Level
電話:03-3211-5318
網址:en.palacehoteltokyo.com/restaurant/royal-bar/
營業時間:週一～五11:30～00:00 ,週六、日17:00～00:00
地鐵口:步行約10分鐘,或大手町站直達
MAP:P.187

四谷三丁目　四ッ谷　國會議事堂前

新宿御苑前　赤坂見附　霞ヶ關　銀座

赤坂見附站 AKASAKA-MITSUKE

「赤坂見附站」與鄰近的「赤坂站」、「溜池山王」皆可到達位於六本木以北、皇居以南的的赤坂地區，此區域最著名的古蹟景點為舉辦日本三大祭之一「山王祭」的「日枝神社」。2008年時「AKASAKA SACAS赤坂新城」於此正式揭幕，讓這個原本只以住宅和商業機能為主的區域一躍成為東京的人氣地標。

在整個赤坂新城當中，除了TBS電視台總部外，還包括了住宅大樓Residence、商業大樓Biz Tower、劇場Act Theater以及可供演唱會舉辦的BLITZ，在Biz Tower的低樓層中還設有商店、咖啡廳、酒吧與餐廳等等。

東京事件簿

AKASAKA SACAS的雙關涵義

AKASAKA SACAS由TBS電視台與三井不動產投入超過700億日圓興建，這個有點繞口的名稱其實代表著多重含意，除了AKASAKA是「赤坂」外，「Sacas」是日文中「櫻花盛開」的意義；另一方面，「Saca(坂)」則是日文中「山坡」的意思，因為在這一帶包括了三分坂、藥研坂、丹後坂與永川坂等坡地，所以用Saca「s」來代表眾多的山坡，此外，如果把整個名稱由右念到左，更有著SACA(坂)、SAKA(坂)、 SAKA(坂)的有趣涵義。

東京達人**3**大推薦地

作者最愛
水簾
精緻的懷石料理與優雅的用餐環境，東急凱彼德大酒店的最新力作！(P.201)

遊客必訪
日枝神社
三大祭「山王祭」的主辦地，東京具代表性的文化遺產之一。(P.200)

東京人推薦
SAKURA坂
東京賞櫻景點，只要在3～5月之間前來的朋友應該都有機會欣賞到唯美浪漫的櫻花雨。(P.198)

赤坂見附站

水簾

日枝神社

東急凱彼德大酒店

赤坂新城AKASAKA SACAS

日枝神社入口

（電扶梯）

千代田線

櫻花坂

DELIRIUM CAFÉ

MEDIA STAIRS

PCA

ACT

BLITZ

四季樹木

the b

赤坂站(千代田線)

SACAS廣場

TBS
東京電視台

赤坂見附站周邊街道圖

✳ 遊賞去處

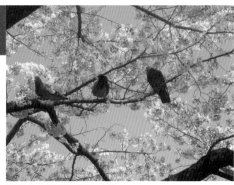

赤坂新城AKASAKA SACAS

DATA　地址：東京都港區赤坂5-3-1
電話：03-3584-8811
網址：sacas.net
營業時間：Shop 平日11:00～21:00、假日
11:00～20:00；Restaurant 平日11:00～
23:00、假日11:00～22:30 (各店略異)
地鐵口：步行約5分鐘
MAP：P.197

櫻花朵朵盛開的浪漫景致

赤坂新城AKASAKA SACAS
櫻花坂SAKURA坂

「Sacas」意味著「櫻花盛開」，為了讓AKASAKA SACAS能真正的地如其名，赤坂新城之中特別規畫了一條的櫻花步道「SAKURA坂」，種植了11種不同品種的櫻花，包括了山櫻、河津櫻、紅枝垂、寒緋櫻、思川、天之穿、閔山等等，這些經過特別挑選的櫻花，有些於3月下旬～4月上旬開花，有些為4月中下旬，另外如普賢象與兼六園菊櫻等品種則是在5月上旬才綻放，如此一來，從3～5月分來訪的遊客都有機會能一睹落「櫻」繽紛的浪漫美景。

陽光普照的赤坂新城「櫻花坂」

赤坂新城AKASAKA SACAS
多媒體階梯MEDIA STAIRS

位於BIZ TOWER和BLITZ聯通處地下1樓的的「MEDIA STAIRS多媒體階梯」也是赤坂新城的一大噱頭，在這一段樓梯當中，設計師運用了19個連續的LED燈幕階梯，投影出變化萬千的炫麗燈影效果，有時是朵朵盛開的櫻花，有時是飛舞的蝴蝶，忽然間還出現了AKASAKA SACAS的粉紅Logo，這些場景總是令來往的遊客連連驚呼！

燈幕變化萬千的MEDIA STAIRS

赤坂新城AKASAKA SACAS
四季樹木圖

　　位於BIZ TOWER地下2樓與地下鐵赤坂站連通處的另一大驚喜，是由日本知名畫家千住博繪製的超大型陶版壁畫「四季樹木圖」，這幅長24公尺、寬8公尺的高難度畫作，繪製於手扶梯的右側，依序以櫻代表春天、竹林象徵夏天、暗紅色的大銀杏描繪秋天，最後以落葉和流星譬喻冰冷的冬天。現代人常因忙碌的工作，忘了觀察周遭景物的變化，千住大師希望能用這幅圖畫，提醒往來的通勤者別忘了適時放鬆自己，留心大自然之美。

震撼力十足的四季樹木圖

赤坂新城AKASAKA SACAS
TBS東京電視台／SACAS廣場

　　TBS電視台的全新總部位於赤坂新城後方，在台灣許多廣受歡迎的偶像日劇皆由TBS出品，日劇迷們別忘了來此處朝聖一番，TBS電視台雖然不像NHK或富士電視台等成立專門的參觀區域，但遊客們仍然可以進入1樓大廳和大幅的偶像劇海報、劇照、戲服與周邊商品等拍照留念，除此之外，TBS的吉祥物黑色小豬BOO BO也是不論大小朋友都喜愛的人氣偶像，此外，每當有強檔大戲上檔時，TBS也會於前方的《SACAS廣場》中舉辦特別展覽或偶像見面會，夏天與冬天時廣場中還會不定期舉辦夏日水樂園與冰上樂園等有趣主題活動，很適合全家大小共遊。

❶TBS電視台內參觀展示區
❷「韓流」戲劇節目服裝特展
❸大型偶像劇海報

❶

日枝神社

　　日枝神社是江戶時期地位最崇高的神社，德川幕府將軍並將此地封為「山王大人」，每年6月15日左右在此舉辦的「山王祭」是日本重要的三大祭典之一，節日當天將有5、6百名身穿傳統服飾的民眾、神轎、花車與鑼鼓樂隊等浩浩蕩蕩地由神社遊行至東京街頭。

　　日枝神社分為供奉「大山咋神」的祭拜殿、收藏了各式歷史文物的「寶物殿」、可供傳統婚禮舉行的結婚會場以及可品茶小憩的「山王茶寮」等處。由於神社位於半山腰上，為了方便年紀大的民眾參拜，社方還於

山腳下設置了電扶梯。除了每年的山王祭與元旦新年祈福盛會外，春天時這裡也是著名的賞櫻景點，在傳統的寺院欣賞落「櫻」繽紛可說是別有一番滋味。

DATA 地址：東京都千代田區永田町2-10-5
電話：03-3581-2471
網址：www.hiejinja.net
開放時間：10～3月06:00～17:00，4～9月05:00～18:00
地鐵口：步行約10分鐘
MAP：P.197

特色美食

PCA

　　PCA位於Biz Tower中，店內以深色木質的壁櫥與大盞的水晶燈飾裝飾，顯得華麗而具質感，在室外還設置了藤編與不鏽鋼的桌椅，在時而變換的燈光下呈現出休閒風格，這裡的酒精飲料從¥500～¥1,400，餐點部分包括了義大利麵、肉類主菜以及多種Finger Food。

DATA
地址：東京都港區赤坂5-3-1 (BIZ TOWER 1F)
電話：(03)5545-7767
網址：www.miyoshi-grp.com/cardinal/pca
營業時間：週一～六11:00～04:00，週日11:00～23:00
MAP：P.197

DELIRIUM CAFÉ

　　DELIRIUM CAFÉ是專營「比利時啤酒」的咖啡酒吧，店內引進超過50種類的啤酒，客人可以點用主廚特製的魚肉類排餐或麵點，來搭配清涼爽口的啤酒，在彷彿歐洲街頭酒吧的輕鬆氣氛中，無論哪個時段都能讓人徹底放鬆、享受美食。

下午茶時段的冰淇淋鬆餅

DATA
地址：東京都港區赤坂5-3-1(BIZ TOWER 1F)
電話：03-5545-7739
網址：www.deliriumcafe.jp
營業時間：11:00～24:00
地鐵口：步行約5分鐘
MAP：P.197

水簾SUIREN

　　日本飲食文化中，「懷石料理」占有一席之地，其特色在於以當季食材為主、分量走精緻路線，盛裝的器皿相當講究且擺盤配色，就好比藝術品般珣麗。歷史悠久的東急凱彼得酒店於2010年改裝時，特地打造了這間結合古典日式禪風與當代時尚簡約風的「水簾」餐廳，並由主廚拓植實根據每季不同的食材，創作出多款精緻的懷石午間與晚間套餐(¥6,930起)。

DATA
地址：東京都千代田區永田町2-10-3 (The Capitol Hotel Tokyu)
電話：03-3503-0873
網址：www.capitolhoteltokyu.com/ja/restaurant/suiren
營業時間：午餐11:30～15:00，晚餐17:30～22:00
地鐵口：步行約10分鐘
MAP：P.197

秋葉原站 AKIHABARA

達人報告

日比谷線經過的4個重要區域可說是各具特色，在每一站當中，各位將能夠深刻體驗全然不同的東京文化縮影。首先，我們將到達的是有著「御宅族天堂」之稱的「秋葉原」。被東京人簡稱為「AKIBA」的秋葉原，自1980年代開始即陸續成立了大大小小的電器專賣店，車站周邊的區域並逐漸發展為規模完整的「秋葉原電器街」，到了今日彷彿3C百貨公司的超大型電器賣場比鄰而立、相互競爭，讓喜愛新科技產品的朋友們不但能有更多的選擇，也能以最優惠的價格入手。

後來動漫產業開始進駐秋葉原，為數眾多的漫畫店、電腦遊戲店、玩具公仔店與角色扮演(Cosplay)服裝店等紛紛成立；為了滿足御宅族的幻想世界，還發展出各種女僕咖啡廳，每逢假日也常能見到寫真女星在此舉辦簽名會，走紅全國的AKB 48也是從秋葉原劇場開始嶄露頭角。近年來除了動漫風潮外，隨著東京設計街、mAAch與3331Arts Chiyoda等文創商場與藝術展場陸續在周邊成立，秋葉原似乎又改吹起另一股全然不同的文青風呢！

東京達人**3**大推薦地

作者最愛
CHOMP CHOMP
秋葉原最新的美食大樓，風格時尚且選擇多樣化。(P.208)

遊客必訪
YODOBASHI AKIBA
超大型電器百貨公司，3C商品應有盡有且價格優惠實在。(P.207)

東京人推薦
東京設計街
東京設計街為周邊第一處文創商場，為秋葉原帶來前所未見的藝文氣息。(P.206)

秋葉原站周邊街道圖

藏前橋通
2K540 AKI-OKA ARTISAN
東京設計街

3331 ARTS CHIYODA

外神田三丁目　PINAFORE　外神田四丁目

台東區

CURE MAID CAFE

日比谷線

中央通

@Home Café 唐吉柯德店　UDX

神田松永町

神田和泉町

昭和通

神田明神通　秋葉原電器街

@ Home Café

外神田一丁目

神田相生町

石丸電器

YODOBASHI AKIBA

西口　東口

東西自由通路

JR秋葉原站

REMM HOTEL

AKIBA TOLIM

往神田町↓

CHOMP CHOMP

秋葉原站

mAAch ECUTE　萬世橋

遊賞去處

千代田藝術中心
3331 Arts Chiyoda

　　由昔日「練成中學」改建而成的藝術展場3331千代田藝術中心，為秋葉原地區注入了不同的藝文氣息。3331為一種日本的拍手節奏習俗，類似團康遊戲中的愛的鼓勵，代表著迎來好運，也象徵著迎接這所廢棄校舍的重生。藝術館中保留了原本的學校設施如教室、黑板與洗手台等等，讓參觀者彷彿來到日劇中常能見到的中學校園場景，原本的校園圍牆則已拆除，改建成藝術館外圍的公園綠地。

　　館內規畫了藝廊區域、咖啡廳、藝術家工作室、文創商店與講座教室等區域，除了每間「教室」中由本地與國際藝術家策畫的駐站展覽外，也不定期與知名藝術家合辦特展。為了迎合秋葉原的動漫文化，開館至今已舉過幾回插畫名家的系列特展。

　　除了藝術外，3331也期望發揮寓教於樂的功能，不僅定期舉

辦美術相關課程，還在屋頂上設置了東京都難得一見的「屋上菜園」，讓小朋友們親手體驗有趣的DIY農藝。

DATA　地址：東京都千代田區外神田6-11-14
電話：03-6803-2441
網站：www.3331.jp
營業時間：主展場10:00～21:00／特展場12:00～19:00
門票：主展場免費參觀，特展門票視展覽內容而定，請上網查詢
地鐵口：步行約8分鐘
MAP：P.203

購物血拼

神田萬世橋
mAAch Ecute

　JR中央線神田站與御茶之水站中間，曾有一座古老的「萬世橋車站」，車站下方的紅磚高架結構是建於1912年的古蹟。這裡過去是熱鬧的轉運樞紐，並於1936年被改建為交通博物館，直到1943年正式廢棄。塵封70年後，JR公司於2013年利用原本車站下的拱型橋墩結構，將此處打造成兼具歷史與文化感的新型態商場mAAch Ecute。在一個個相連接的拱形空間中，一間間販售文創商品、設計師服飾、優質生活雜物的店

家、咖啡廳與特色餐廳接連開設，行走在其中彷彿迷宮探險般，轉了個彎就是完全不同的景物。

　商店外側為與河道相接攘的戶外步道，穿梭其間就好比走入18世紀的時光迴廊中地有趣，途中還能看到保留過去樣貌的「1912階段」，以及交通博物館時期的「1935階段」；再向上走，則會到達屬於當代的「2013月台」，萬世橋站現今已不提供列車停靠，但館方特意在鐵道旁打造出這處模擬月台，以復古的梁柱加上昔日站牌，讓大家回憶屬於萬世橋的風華年代，月台底端更打造了位於鐵道旁的咖啡酒吧「N3331 Café &和酒」，開幕後即成為鐵道迷的最新朝聖地。

DATA 地址：東京都千代田區外神田須田町1-25-4
電話：03-3227-8910
網站：www.maach-ecute.jp
MAP：P.203

2K540 AKI-OKA ARTISAN 東京設計街

於2011年落成的東京設計街,為秋葉原地區帶來嶄新的文創元素,這個位於JR秋葉原站與御徒町站之間的區塊,原本只是高架橋下的閒置空間,在JR公司的規畫之下,搖身一變成為一處以「設計」為主題的2K540東京設計街。整個區域以白色簡約的設計呈現出現代又摩登的氛圍,2K540代表了此處與東京車站的距離2公里540公尺。裡頭的店家大多為結合工作室與賣場的複合式商店,包括手工皮件店、設計師銀飾店、針織圍巾專賣店、手染織品店以及可愛的公仔娃娃小鋪等等,許多商品都是手工限量製作,因此樣式絕對獨一無二。東京設計街的開幕,為秋葉原地區注入了另一種不同的藝術人文氣息。

DATA 　地址:東京都台東區上野5-9-23
　　　　電話:03-6806-0254
　　　　網址:www.jrtk.jp/2k540
　　　　營業時間:11:00～19:00
　　　　地鐵口:步行約10分鐘
　　　　MAP:P.203

YODOBASHI AKIBA

　有如電器百貨公司的YODOBASHI AKIBA，不僅是秋葉原地區最醒目的賣場，還是全日本最大的電器量販店，1～6樓的賣場面積加總起來竟然比東京巨蛋還要大呢！這裡販售的電器琳瑯滿目從手機、電腦、相機到各項大小家電，店內有許多會説中文的服務人員，各位不妨直接詢問自己鎖定的目標在哪個樓層以節省時間，另外店內還提供旅客免稅服務，非常便利。

DATA　地址：東京都千代田區神田花崗町1-1
　　　電話：03-5209-1010
　　　網址：www.yodobashi-akiba.com
　　　營業時間：09:30～22:00
　　　地鐵口：步行約3分鐘
　　　MAP：P.203

3C產品的超大型百貨公司YODOBASHI AKIBA。

AKIBA TOLIM

　秋葉原地區原本少有以服裝配件為主的大型商場，在2008年4月時AKIBA TOLIM在JR車站旁誕生，並以摩登簡約的建築設計，為向來霓虹閃爍的秋葉原帶來全新的時尚面貌，在TOLIM當中無印良品、UNIQLO與MINIPLA均設有大型賣場，而地下樓層還是有適合秋葉原顧客的大型模型店KYOSHO AKIHABARA，另外高樓層的部分則為走精緻路線的商務旅館REMM。

DATA　地址：東京都千代田區神田佐久間町1-6-5
　　　電話：03-5524-3182
　　　網址：akiba-tolim.com
　　　營業時間：11:00～22:00
　　　地鐵口：步行約3分鐘
　　　MAP：P.203

新穎摩登的複合商場大樓TOLIM

特色美食

CHOMP CHOMP

　　與TOLIM位置相對的CHOMP CHOMP，也是於2008年4月開幕的複合式餐飲大樓，這裡以20～30歲為訴求，在11個樓層中一次推出16家各具不同風格的餐飲店，包括日式居酒屋、涮涮鍋、海鮮料理、鐵板燒與和風洋食等多樣化的選擇，除了眾多美味餐點外，每家店的裝潢均相當別緻，而整棟大樓的外牆更使用了1,200個LED燈打造而成，在夜空中能變換出1,600萬種的五彩光芒，為秋葉原的夜晚增色不少。

DATA　地址：東京都千代田區神田佐久間町1-13
　　　　　電話：各店電話詳見網站
　　　　　網址：chompchomp.jp
　　　　　營業時間：09:00～23:00 (各店略異)
　　　　　地鐵口：步行約7分鐘
　　　　　MAP：P.203

以1,200顆LED燈打造的CHOMP CHOMP炫麗外觀

UDX

　　秋葉原的另一大美食天堂為早先於2006年開幕的UDX複合大樓，這棟樓的高樓層為企業辦公室，1～3樓則為「ICHI餐廳街」，其中開設了超過30家中小型餐廳與咖啡廳，包括日式炸豬排、美式漢堡、上海點心、廣東料理、義式麵點、與健康輕食等包羅萬象的選擇，讓來到秋葉原的朋友們在購物完後能有個舒適的美食饗宴。

❶美式餐廳「AMERICAN DINER BAR & GRILL」的香煎牛排
❷集結超過30家美食餐廳的UDX
❸UDX中的「和幸」豬排

DATA　地址：東京都千代田區外神田4-14-1
　　　　　電話：03-5298-4185
　　　　　網址：www.udx.jp
　　　　　營業時間：09:00～23:00 (各店略異)
　　　　　地鐵口：步行約3分鐘
　　　　　MAP：P.203

女僕咖啡廳MAID CAFÉ

　　相信許多朋友在來到秋葉原之前早已耳聞這一帶著名的「女僕咖啡廳」，在日文中稱為「メイド喫茶」的女僕咖啡廳，原本只是1998年東京電玩展中，依照遊戲「歡迎來到Pia Carrot!!」中情境所設計的小咖啡座，這個由身穿維多利亞風格女僕裝少女，為客人服務的咖啡廳瞬間在動漫迷中引起熱烈的迴響，在2000年之後許多以此主題為號召的女僕咖啡廳，便如雨後春筍般地在秋葉原地區開設。

　　目前在秋葉原一帶仍有數十家規模不等的女僕咖啡廳，店內的美少女們除了打扮成女僕的模樣外，更將客人視為尊敬的「主人」，不但在入口處以「主人，歡迎您回家」迎接客人，還會貼心地幫客人吊掛外套、介紹餐點、攪拌咖啡與噓寒問暖，不過由於女僕的台詞都是以「日文」為主，若是不懂日文的朋友可能會稍難感受到其中的樂趣。女僕咖啡廳中的餐點大多價位適中(飲料甜點約¥500～800，餐點約¥800～1,200)，但部分店家每人還需另收¥500～1,000的服務費，和女僕們拍照留念與玩各項小遊戲通常也都是需另外計費的(每項¥500～1,000不等)。在眾多店家中以「@HOME CAFÉ」名聲最為響亮，不但占地3個樓層，其中的人氣女僕們甚至還推出了唱片、DVD與寫真集，另外像是日劇《電車男》中曾出現的「PINAFORE」、與標榜精緻餐點的療癒系女僕咖啡「CURE MAID CAFÉ」等等亦是秋葉原的高人氣女僕名店，由於這些咖啡廳內幾乎都是禁止攝影，想要一探究竟的朋友不妨親自前來體驗！

DATA **@Home Café**
地址：東京都千代田區外神田1-11-4 4～7F
電話：03-3255-2808
網址：www.cafe-athome.com
營業時間：平日12:30～22:00，
週六 11:30～22:00，週日10:30～22:00
地鐵口：步行約7分鐘
MAP：P.203

@Home Café 唐吉柯德店
地址：東京都千代田區外神田4-3-3 5F
電話：03-3254-7878
網址：www.cafe-athome.com
營業時間：平日11:30～22:00，週六～日10:30～22:00
地鐵口：步行約7分鐘
MAP：P.203

PINAFORE
地址：東京都千代田區外神田4-6-2 4F
電話：03-6206-8510
網址：www.pinafore.jp
營業時間：12:00～22:00
地鐵口：步行約10分鐘
MAP：P.203

CURE MAID CAFÉ
地址：東京都千代田區外神田3-15-5 6F
電話：03-3258-3161
網址：www.curemaid.jp
營業時間：週一～四11:00～20:00，
週五、六11:00～22:00，週日11:00～19:00
地鐵口：步行約10分鐘
MAP：P.203

❶❸可愛的女僕們與顧客互動拍照
❷街頭的女僕咖啡招牌

人形町　茅場町　八丁堀　築地　東銀座　銀座　日比谷

築地站 TSUKIJI

達人報告

海鮮在日本料理中扮演了相當重要的角色，不論是家庭料理的炸天婦羅、烤鯖魚、鰻魚飯，或是高級餐廳的握壽司、生魚片與魚卵手捲等等，新鮮的海鮮總是能為餐桌上的美食增色加分。築地過去因為東京最大的魚貨市場而馳名，「築地場內市場」的魚貨競標也是觀光客們必訪的另類景點，然而經過數十年的營運，市場的設備已不敷使用，東京政府遂規畫了全新的「豐洲市場」，提供生鮮魚貨的批發。

在場內市場搬遷的同時，位於街道四周、俗稱「場外市場」的區域仍持續營運，當中有多百間餐廳、臨售魚販與乾貨店等等，提供一般民眾用餐消費；全新的室內小型批發市場「築地魚河岸」也在2016年底開幕，雖然規模不比從前，但仍保存了築地這特有的傳統，築地周邊許多店家只營業至中餐時段結束，建議想嘗鮮的朋友不妨早點前往築地。

東京達人**3**大推薦地

作者最愛
築地虎杖
料多味美的豪華海鮮丼，令人難忘的街邊好滋味。(P.215)

遊客必訪
築地魚河岸
全新的魚貨批發市場，來此感受築地獨有的下町風情。(P.215)

東京人推薦
壽司鮮
物美價廉的壽司名店，築地周邊共有4間分店。(P.214)

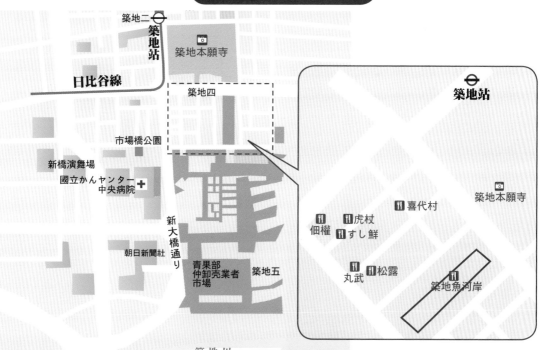

築地二

築地站

築地本願寺

日比谷線

築地四

市場橋公園

新橋演舞場

國立かんヤンター
中央病院

新大橋通り

朝日新聞社

青果部
仲卸売業者
市場

築地五

築地站

築地本願寺

喜代村

佃權　虎杖

すし鮮

丸武　松露

築地魚河岸

築地川

浜離宮恩賜庭園

築地站周邊街道圖

築地本願寺

步出築地車站後，即可見到外觀特殊的淨土宗派築地本願寺，其前身於1617年建於淺草附近，而後因為一場大火遭受焚毀，並於1657年選擇於築地重建，由建築師伊東忠太打造的寺廟外觀以古印度式石頭建築為基礎，並融合了佛教、印度教、伊斯蘭教、希臘與羅馬的建築樣式，中西合璧的感覺與日本傳統的寺廟建築十分不同，成為東京極具藝術價值的建築古蹟。

建築中西合璧的本願寺

DATA 地址：東京都中央區築地3-15-1
電話：03-3541-1131
網址：www.tsukijihongwanji.jp
開放時間：4～9月06:00～17:30，
10～3月06:00～17:00
地鐵口：步行約3分鐘
MAP：P.211

浜離宮恩賜庭園

沿著築地市場旁的新大橋通り即可到達建於東京灣畔的浜離宮恩賜庭園，這裡最初為德川幕府的庭院，後來還曾作為貴族的狩鷹場與獵鴨池，園中最著名的景點是面積超過2萬8千平方公尺、引入海水修建而成的「潮入之池」，明治天皇在位時，將此處設為離宮並命名為「浜離宮」，1964年後此地開放給一般民眾遊賞，園中的水面中央還設有傳統的喫茶亭，讓市民也能享受貴族般的優閒景致。

❶ 雅致寧靜的浜離宮恩賜庭園
❷ 位於湖面中央的傳統喫茶亭

DATA 地址：東京都中央區浜離宮庭園1-1
電話：03-3541-0200
網址：www.tokyo-park.or.jp/park/format/
outline028.html
開放時間：09:00～17:00，12月29日～1月1日閉園
門票：小學生以下免費，國中以上¥300，65歲以上¥150
地鐵口：步行約15分鐘
MAP：P.211

特色美食

松露

　　口味甜甜的日式厚蛋捲「玉子燒」是日本料理與居酒屋必備的家庭料理，位於築地的松露玉子燒是開業50年的老店，不過松露只是店名，並不是在玉子燒中加入松露喔！這裡的玉子燒除了口味甘甜的原味外，還有山菜、栗子、紀州梅、松茸與合鴨等變化的口味。

各種不同口味的玉子燒

DATA　地址：東京都中央區築地4-13-13
電話：03-3543-0582
網址：www.shouro.co.jp
營業時間：04:00～15:00，
週日及假日10:00起營業
地鐵口：步行約7分鐘
MAP：P.211

丸武

　　丸武是由搞笑藝人伊藤Terry開設的店鋪，和松露一樣販售傳統的玉子燒，但有些像海老與蒲燒鰻等獨家的口味，在購買的時候店家會貼心地提醒，玉子燒最好吃的時間可不是熱騰騰的出爐時，而是出爐後的12小時，因為那時高湯會全部被蛋皮吸收，嘗起來最美味順口。

DATA　地址：東京都中央區築地4-10-10
電話：03-3542-1919
營業時間：03:00～14:00，週日公休
地鐵口：步行約7分鐘
MAP：P.211

佃權

　　佃權是專賣手工關東煮的歷史名店，從明治年間營業至今已有140多年的光景，由於創始人「金子權三郎」出生於漁村「佃島」，於是遂將店名取為「佃權」。店家每天以新鮮的魚漿現作包括竹輪、三色丸子與章魚甜不辣等各種口味的關東煮，不添加任何人工味精，完整呈現出江戶時代的古早口感，另外以魚漿酥炸而成的丸子「千代田」也是店內的人氣商品(￥250)，吃完壽司已經很飽的朋友，也別忘了外帶一盒(￥500～1,000)回去品嘗。

DATA　地址：東京都中央區築地4-9-11(市場橋工房)
電話：03-3546-6871
網址：www.tsukugon.co.jp
營業時間：06:00～14:00
地鐵口：步行約7分鐘
MAP：P.211

築地すし鮮(壽司鮮)

壽司鮮是築地另一家壽司名店,它不但24小時營業,價格也顯得親民許多,從一個¥50的玉子、蝦卵、章魚壽司,¥150～190的生魚片、鮮蝦壽司到¥390～490的赤貝、牡丹蝦壽司均有,不過它的品質並未隨著價格而下降,

❶ 物美價廉的壽司鮮
❷ 令人食指大動的各式壽司

店家一律採用口感較佳的近海魚類而非養殖魚類,壽司米也是選取高級的越光米,如此用心的經營難怪在築地能擁有4家分店(其中四丁目店靠近鬧區最容易尋找)。

DATA 地址:東京都中央區築地4-9-7 (四丁目店)
電話:03-6226-3860
網址:www.sakanaya-group.com/01sushisen/
01sohonten
營業時間:24小時營業
地鐵口:步行約5分鐘
MAP:P.211

喜代村 廻るすしざんまい (迴轉壽司)

如果覺得從日文菜單上點用壽司有些困難的朋友,建議你不妨前來「喜代村 廻るすしざんまい」,因為這裡是採用築地比較少見的「迴轉壽司」方式,店內的壽司以不同顏色盤子區分定價,區分為¥98、128、148、198、248、298、389與¥498幾種,從最便宜的章魚壽司到最頂級的大鮪魚壽司均有,如果在軌道上一直沒看到自己喜愛的口味也可以直接向師傅點用,另外在築地地區還有數家以「喜代村」為名的分店,不過那些分店是以點餐的方式營業。

DATA 地址:東京都中央區築地4-10-2
電話:03-5550-8010
網址:www.kiyomura.co.jp
營業時間:11:00～23:00
地鐵口:步行約5分鐘
MAP:P.211

❶ 採迴轉壽司方式的喜代村
❷ 喜代村 廻るすしざんまい店外

築地虎杖

作者最早經過新大橋通旁、佃權附近的一條超狹窄巷弄時，一直好奇為何在巷口總是堆滿了等候的民眾，經過打聽才知道原來巷子裡頭是築地另一間美食名店「虎杖」。這家只有一個小餐檯、幾乎是路邊攤形式的小店以料多味美的「海鮮丼」聞名，當中的人氣單品為「築地三色丼」，師傅

❶ 虎杖位於狹小的巷道內卻總是高朋滿座
❷ 鮮嫩滑口的生魚片蓋飯

以大量的鮪魚生魚片、鮭魚卵及海膽覆蓋在幾乎已經看不到的壽司飯上，讓客人每一口都能吃到滿滿的鮮美滋味，此外還有更豐盛的「豪華海鮮丼」可供饕客品嘗。

DATA 地址：東京都中央區築地4-9-7 (築地表店)
電話：03-3541-1192
網址：www.itadori.co.jp
營業時間：週一～六午餐11:00～15:00、晚餐17:00～23:00，週日09:00～17:00
地鐵口：步行約7分鐘
MAP：P.211

築地魚河岸

在築地場內市場搬遷的同時，小規模的新批發市場築地魚河岸於2016年11月全新登場，集結約60家店舖販售新鮮海產、乾貨與傳統小吃。市場包括2棟建築、以空橋相連，雖然規模無法與大型的場內市場相

比，批發時段亦無開放參觀，但大家仍可以來此體驗一下不同的築地下町風味；3樓部分另設有「魚河岸食堂」，以美食街的方式提供壽司、炸物、中華料理與咖哩等餐點。

DATA 地址：東京都中央區築地6-26-1
網站：www.tsukiji.or.jp/forbiz/uogashi
營業時間：09:00～15:00 (09:00前為批發時段，不對遊客開放)
地鐵口：步行約5分鐘
MAP：P.211

體驗四種全然不同的東京風貌
日比谷線

小傳馬町　秋葉原　仲御徒町　上野　入谷　三ノ輪　南千住

上野站 UENO

達人報告

「上野站」也是東京都內重要的交通樞紐，包括JR山手線、銀座線、日比谷線、大江戶線等地鐵皆途經此處，然而上野卻不像其他東京的交通重心呈現出繁華且忙碌的氣氛，相反地這個區域中不僅保留住擁有大片綠地的「上野恩賜公園」、適合全家同遊的「上野動物園」，還陸續興建了「東京都美術館」、「國立西洋美術館」、「上野之森美術館」、「東京國立博物館」等數個藝術展場，彷彿成為東京市區中難得一見的藝術文化園地。

上野鬧區內的「阿美橫町」則是一條充滿古樸風味的老街市，在裡頭可見到一家接著一家熱情高聲叫賣的海產攤、乾貨店、水果店、藥妝店以及平價鞋店等等，另外在四周的小巷內還有許多路邊攤式的燒烤攤、居酒屋以及拉麵店，每到傍晚時分總是坐滿了三五成群的上班族們，呈現出上野特有的「下町」風情。

東京達人**3**大推薦地

作者最愛
國立西洋美術館
能盡賞經典西洋畫作與藝術品的美學聖地，別忘了於行前查詢當期展覽。(P.218)

遊客必訪
阿美橫町
體驗下町風情、品嘗街市美食與購買便宜小物好所在。(P.219)

東京人推薦
上野恩賜公園
春天時前來賞櫻，夏天則不妨穿著浴衣前來「夏祭り」共襄盛舉。(P.218)

上野站周邊街道圖

東京國立博物館

國立西洋美術館

水上動物園

上野恩賜公園／上野動物園

上野之森美術館

JR上野站

上野站

台東區

阿美橫町

昭和通

上野七丁目

日比谷線

東上野三丁目

阿美橫町

上野四目丁

春日通

阿美橫町街道圖

CROWN ACE

聚樂
聚樂酒亭

0101

FACE

立飲みカドクラ

磯丸水產

阿美橫町

帽子工房YAMASAN

ABAB
ANAP
MAGAZINES

美國屋

THE SUIT COMPANY OUTLET

WEGO

鰻登亭

✳ 遊賞去處

上野恩賜公園／上野動物園

上野恩賜公園是東京都內最大的公園，面積約5萬坪，在春天時園內的櫻花齊放，甚為壯觀且浪漫，是東京都內著名的賞櫻景點；園中的「不忍池」則是以夏天朵朵綻放的蓮花著名，假日時常能見到闔家大小於池畔野餐兼賞景。上野動物園亦位於恩賜公園內，是全日本第一個動物園，裡頭的鎮園之寶是2011年2月大陸送給日本的可愛熊貓「力力」與「真真」，另外像企鵝、北極熊、亞洲象與老虎等也是園中的人氣明星。

適合全家大小的上野恩賜公園

DATA 地址：東京都東台區上野公園池之端三丁目
電話：03-3828-5644
網址：www.tokyo-zoo.net/zoo/ueno、
www.kensetsu.metro.tokyo.jp/toubuk/ueno/
index_top.html
開放時間：公園05:00～23:00，
動物園09:30～17:00
門票：公園免費，動物園12歲以下免費，13～15歲
￥200，16～64歲￥600，64歲以上￥300
地鐵口：步行約10分鐘
MAP：P.217

國立西洋美術館

國立西洋美術館成立於1959年，建築物本身曾獲選為日本百大公共建築，館內

陸續收藏了許多19～20世紀前半期的印象派繪畫與雕刻，並不定期舉辦以歐洲藝術作品為主的特展。

DATA 地址：東京都台東區上野公園7-7
電話：03-5777-8600
網址：www.nmwa.go.jp
開放時間：週二～日09:30～17:30，週五至
20:00，週一休館
門票：常設展覽成人￥430，大學生￥130，18歲
以下、65歲以上免費入場，特展依展覽而定
地鐵口：步行約5分鐘
MAP：P.217

上野之森美術館

上野之森美術館定期舉辦不同類型的繪畫、雕刻與攝影等展覽，由於展覽空間不

大，遇到知名藝術家的展覽時門口往往大排長龍，2008年舉辦漫畫家井上雄彥的最後個展時，更創下開館以來的最高參觀人次。

DATA 地址：東京都台東區上野公園1-2
電話：03-3833-4191
網址：www.ueno-mori.org
開放時間：每日10:00～17:00，休館日依展覽不同
門票：依展覽而定
地鐵口：步行約5分鐘
MAP：P.217

東京國立博物館

　　東京國立博物館共分為5大展覽館，「本館」中展示日本傳統的茶道、宮廷畫、武士裝、藝妓服飾、雕刻與陶器等等，「東洋館」則以來自中國、韓國等亞洲國家的傳統工藝品、畫作與書法為主，「法隆寺寶物館」集合了過去王公貴族們進獻給法隆寺的珍貴法具與器皿，「平成館」保留了許多歷史文獻，至於「表慶館」則為特展的舉辦場所。

收藏萬件珍貴古物史蹟的東京國立博物館

DATA　地址：東京都台東區上野公園13-9
　　　　　電話：03-3822-1111
　　　　　網址：www.tnm.jp
　　　　　開放時間：週二～日09:30～17:00，週一休館
　　　　　門票：常設展覽成人￥620，大學生￥410，高中生以下、70歲以上免費入場，特展依展覽而定
　　　　　地鐵口：步行約5分鐘
　　　　　MAP：P.217

購物血拼

阿美橫町

　　上野不是以購物機能為主的區域，大型商場僅有01丸井百貨及生活型的ATRE百貨，但受當地居民及觀光客歡迎的，是位於車站附近充滿「下町感」的阿美橫町(「下町」即日文的「老街」之意)！

　　在阿美橫町中的店鋪可說是五花八門，無奇不有，可別以為有如傳統市場的阿美橫町只能買到「阿桑型」的東西！就連原宿很受歡迎的男裝品牌Grand Global與高中女生最

❶阿美橫町的平價服裝店
❷具有純樸下町風情的熱鬧街市

愛的美國平價首飾品牌Claire's都在這裡設有分店；喜歡球鞋的朋友也不妨在這裡挖挖寶，阿美橫町中有好幾家以超優惠折扣販售NIKE、ADIDAS、VANS、PRO KIDS、TIMBERLAND等名牌正品球鞋的鞋店，現今遍布日本的量販鞋店ABC MART也是從這裡起家的呢！

DATA　營業時間：多數商店為10:00～19:00 or 20:00
　　　　　網址：www.ameyoko.net
　　　　　地鐵口：步行約5分鐘
　　　　　MAP：P.217

ABAB

ABAB可説是上野的109百貨，除了LDS與HONEYS等受歡迎的109品牌外，還有其他相當平價的辣妹服裝，裡頭常擠滿了下課後的高中小女生。

DATA 地址：東京都東台區上野4-8-4
電話：03-3833-3111
網址：www.ababakafudado.co.jp
營業時間：10:00～21:00
地鐵口：步行約7分鐘
MAP：P.217

アメリカ屋(美國屋)

看似不起眼的「美國屋」可是進口了包括DICKIES、COLUMBIA、ETERNAL、FRED PERRY等知名歐美品牌的服裝配件，許多潮人們都特地過來尋寶呢！

DATA 地址：東京都東台區上野6-10-3
電話：03-3831-2531
網址：www.americaya.co.jp
營業時間：10:00～20:00
地鐵口：步行約7分鐘
MAP：P.217

各式各樣的包包是FACE的主力商品

FACE

FACE是阿美橫町著名的服裝配件店，強調店內商品都是直接由國外進口販售，也就是類似以批發價販售給顧客，主打商品是各款的皮革製包包，有喜歡的款式不妨直接詢問老闆是否能給個特別的折扣喔！

DATA 地址：東京都東台區上野6-10-13
電話：03-3832-0663
營業時間：11:00～20:00
地鐵口：步行約7分鐘
MAP：P.217

帽子工房YAMASAN

　　Yamasan也是阿美橫町中的老店之一，在沒有幾坪大的店面中，店主蒐羅了來自世界不同國家、各種樣式的男女帽子，稱為帽子工房可說是當之無愧。在眾多款式中不知如何下手的話，不妨請專業的店員為你推薦當季最流行的帽款！

DATA 地址：東京都台東區上野6-10-1
　　　　電話：03-6806-0315
　　　　營業時間：11:30～19:30
　　　　地鐵口：步行約7分鐘
　　　　MAP：P.217

新品與二手的Mix & Match搭配

MAGAZINES

　　MAGAZINES專賣美式風格的休閒服裝，店內的裝潢使用了木頭、磚牆及鐵架營造出復古的美國西部風味，店內部分商品是二手衣、部分是新品，希望顧客能在新衣與古著中體驗Mix & Match的樂趣。

DATA 地址：東京都東台區上野4-8-1
　　　　電話：03-3836-8565
　　　　營業時間：11:00～20:00
　　　　地鐵口：步行約7分鐘
　　　　MAP：P.217

WEGO

　　WEGO以販售二手古著起家，於原宿、涉谷、吉祥寺與下北澤等地均有分店，隨著規模逐漸擴大，WEGO亦開始設計自家品牌商品，為了維持二手風的特色，許多新品皆特別經過仿舊加工處理，WEGO的全新品牌型態不但更受年輕消費者的歡迎，還順利拓展版圖至上海開設新據點。

DATA 地址：東京都東台區上野4-3-8
　　　　電話：03-5816-5575
　　　　網址：www.wego.jp
　　　　營業時間：11:00～20:00
　　　　地鐵口：步行約7分鐘
　　　　MAP：P.217

特色美食

じゅらく 酒亭(聚樂酒亭)

　　「聚樂台」居酒屋是上野地區的歷史名店，1959年即開業於上野百貨店當中，由於座位數多且價格平實，許多老一輩的上野人都曾在這度過工作後的歡樂時光，隨著2008年上野百貨店結束營業，聚樂台也吹起了熄燈號。在饕客的期盼下，聚樂集團於阿美橫町中開設了全新的「聚樂酒亭」，並讓聚樂台的獨門料理「西鄉丼」於新店中復活重現，成為上野地區不可不嘗的人氣名物。

聚樂的人氣料理西鄉丼

DATA 地址：東京都東台區上野
6-11-6
電話：03-3831-9640
網址：www.juraku.com/rest/
sh_syutei_juraku_ueno
營業時間：11:30～23:00，週六、日至22:00
地鐵口：步行約5分鐘
MAP：P.217

じゅらく(聚樂)

　　聚樂集團在上野地區還擁有另一家專賣「下町風味洋食」的餐廳，人氣料理包括蛋包飯、漢堡排、鐵板牛排、德式香腸與咖哩飯等等，這些餐點可說是現今流行的「和風洋食」始祖，單點的菜色都可搭配湯、沙拉與飲料的套餐，除了西式餐點外，Menu中也可見到炒海鮮與炒麵的中華料理呢！

DATA 地址：東京都東台區上野6-11-11
電話：03-3831-8452
網址：www.juraku.com/rest/sh_rest_juraku_
uenoekimae
營業時間：週一～五11:00～23:00，
週末11:00～22:00
地鐵口：步行約5分鐘　MAP：P.217

立飲み カドクラ (KADOKURA)

　　「立飲」的意思是站立著喝酒，這種沒有座位的飲食店在日本流行已久，在阿美橫町中就有好幾家立飲小吃店，其中カドクラ可說是生意最好的一家，每到下班時間，總是擠滿了邊喝啤酒邊談笑的上班族，這裡的餐點都是便宜且方便食用的下酒小菜，像是烤肉串、串丸子、馬鈴薯燉肉與玉子燒等等。

沒有座位的「立飲」攤一樣食客眾多

DATA 地址：東京都東台區上野6-13-1
電話：03-3832-5335
營業時間：10:00～23:00
地鐵口：步行約5分鐘
MAP：P.217

CROWN ACE咖哩專門店

如果有一家餐廳只賣「咖哩」一種料理，還幫自己戴上了「皇冠」，這位店主想必對自己的手藝相當有信心！位於上野的這家老店，就是這樣的一個例子，這間咖哩專賣店不僅外觀維持著70年代的復古樣貌，就連菜單也是幾代相傳的傳統美味，包括牛肉咖哩、炸蝦咖哩與豬排咖哩等等。更重要的是，每樣單品都在￥500～800之間，只要在餐券販賣機前投下幾個硬幣，就能飽餐一頓呢！

DATA 地址：東京都台東區上野6-12-11
電話：03-3831-6721
營業時間：10:30～21:30
地鐵口：步行約5分鐘　MAP：P.217

磯丸水產

2010年底開幕的磯丸水產將店內裝潢成極具「下町」風味的港邊海產攤，店員們熱情親切的服務、便宜的下酒海產加上24小時全年無休，從開店以來幾乎天天爆滿，店裡受歡迎的菜肴包括新鮮生魚片、現烤蛤礪與各式海鮮口味的握壽司。

店內彷彿港邊的海產攤充滿下町風味

DATA 地址：東京都東台區上野6-8-13
電話：03-5818-8931
網址：www.samukawa.co.jp/isomaru
營業時間：24小時營業
地鐵口：步行約7分鐘
MAP：P.217

價格親民用料卻不馬虎的鰻魚飯

鰻登亭

鰻登亭是專賣烤鰻魚飯的名店，鰻魚一直以來是日本人很愛的料理，但真正高級的烤鰻魚飯均索價不低，於是鰻登亭的店主在反覆研究高級料理店的烹調方式後，製作出口感一流卻價位親民的鰻魚料理。店內除了以鰻魚量區分的松、竹、梅定食外(￥1,400～2,100)，上野店還推出特製的上野丼(￥2,000)，不但上頭鋪著大片鰻魚，在飯與飯的中間竟還有另一層鰻魚呢！

DATA 地址：東京都東台區上野4-3-10
電話：03-5807-3511
網址：www.noboritei.co.jp
營業時間：11:00～21:00
地鐵口：步行約10分鐘
MAP：P.217

體驗四種全然不同的東京風貌

日比谷線

中目黑　惠比壽　廣尾　六本木　神谷町　霞ヶ關　日比谷

惠比壽站 EBISU

達人報告

1980年代的惠比壽只是以工業為主的區域，其中以三寶樂(Sapporo)的啤酒釀造廠最為著名，在1901年時由於運輸啤酒的需要，惠比壽車站正式成立，而後隨著啤酒工廠的遷移，惠比壽車站開始提供一般旅客使用，原本的工廠所在地於1994年重建為目前的「惠比壽花園廣場」。

花園廣場的誕生，為惠比壽地區帶來極具歐洲風情的全新面貌，隨後許多歐式餐廳與咖啡廳陸續選擇於周邊開幕，更讓惠比壽一躍成為東京年輕情侶票選第一的約會勝地，如果各位是和情人共遊東京，這裡想必是你不能錯過的浪漫景點。除此之外，喜歡啤酒與拉麵的朋友也一定要來到惠比壽，因為此處不但有三寶樂的啤酒紀念館，JR惠比壽車站的東口一帶更是「電視冠軍」與「料理東西軍」等節目大力推薦的「拉麵」一級戰區，不知道各位客官，今天想吃哪一道呢？

東京達人**3**大推薦地

作者最愛
九十九拉麵
創意口味的起士豚骨拉麵，濃郁香醇的絕妙好滋味。
(P.229)

遊客必訪
惠比壽麥酒紀念館
了解惠比壽的歷史軌跡與啤酒工業的發展過程，啤酒迷還能現場試飲新鮮啤酒！
(P.228)

東京人推薦
惠比壽花園廣場
浪漫的惠比壽花園廣場是東京情侶們票選第一的約會勝地。
(P.226)

惠比壽站周邊街道圖

駒澤通　九十九拉麵

明治通

一風堂拉麵

日比谷線

惠比壽站
西口

光麵
惠比壽ATRE

JR惠比壽站

惠比壽一丁目

惠比壽南一丁目

惠比壽四丁目

惠比壽麥酒紀念館／BEER STATION惠比壽

惠比壽南二丁目

GLASS SQUARE
惠比壽花園廣場
EBISU GARDEN PLACE
東京都寫真美術館

惠比壽三越

Joël Robuchon Château Restaurant

遊賞去處

惠比壽花園廣場
EBISU GARDEN PLACE

惠比壽花園廣場落成於1994年，在三寶樂啤酒廠原址上興建的廣場園區中，包括了寫真美術館、百貨商場、電影院、多功能表演廳、Westin飯店與最著名的HIROBA中央廣場。以巨型玻璃屋頂覆蓋的中央廣場，在白天時能讓和

❶ 以巨型玻璃屋頂覆蓋的中央廣場
❷ 氣氛浪漫的中央廣場花園

煦的陽光自然透入，與花園中的紅花綠樹、小橋流水相互輝映；到了夜晚時分，遊客抬頭即能仰望點點繁星，成為情侶們的絕美約會場所，另外每逢聖誕節與情人節等特殊節日時，花園四周更會綴滿五彩燈飾，讓人彷彿置身歐洲的浪漫莊園之中。

DATA 如何前往：出站後尋找EBISU GARDEN PLACE廣場指標，並搭乘SKY WALK電扶梯即可到達。
網址：gardenplace.jp
地鐵口：西口，步行約5分鐘
MAP：P.225

東京都寫真美術館

成立於1995年的東京都寫真美術館，是東京地區第一個以攝影作品為主題的大型展覽館，一共包含12個樓層，分別為影像展示室、寫真展示室與寫真圖書館等等，除了展出攝影創作者的寫真作品外，有時亦會舉辦電影、電視劇或偶像明星的劇照寫真展，館中還另設有咖啡廳及販售攝影相關紀念品的MUSEUM SHOP。

DATA 地址：東京都目黑區三田1-13-3
電話：03-3280-0099
網址：www.syabi.com
開放時間：週六～三10:00～18:00，週四～五10:00～20:00，每週一公休
門票：依展覽不同
地鐵口：西口，步行約10分鐘
MAP：P.225

東京都寫真美術館

購物血拼

惠比壽三越

三越百貨是惠比壽地區規模最大的商場，其主要鎖定的客群為30歲以上的女性及熟齡主婦，所以館內的專櫃大多為典雅端莊路線的日系女裝品牌，除了服裝之外也有許多販售兒童玩具用品與實用生活雜物的專櫃。

風格成熟的惠比壽三越

DATA　地址：東京都涉谷區惠比壽4-20-7
　　　　電話：03-5423-1111
　　　　網址：www.mitsukoshi.co.jp
　　　　營業時間：11:00～20:00
　　　　地鐵口：西口，步行約10分鐘
　　　　MAP：P.225

GLASS SQUARE

相對於惠比壽三越，GLASS SQUARE的品牌則較適合20～30歲，包括ARMANI JEANS、BCBG MAXAZRIA、SYNCHRO CROSSINGS與PINKO等等，另外這裡的地下樓層部分另設有美食餐廳區，以中價位的日式料理為主。

適合年輕族群的GLASS SQUARE

DATA　地址：東京都涉谷區惠比壽4-20
　　　　電話：03-5423-7111
　　　　網址：gardenplace.jp/glass_square.html
　　　　營業時間：11:00～20:00
　　　　地鐵口：西口，步行約10分鐘
　　　　MAP：P.225

惠比壽ATRE

百貨商場附近包括上野、品川、目黑與惠比壽等等，與JR車站相鄰的惠比壽ATRE以適合輕熟女的服飾與配件品牌為主，另外3樓的部分為美食樓層，當中販售許多在日本相當受歡迎的日式與西式點心，包括PLUME、神戶屋、文林、KIHACHI等品牌。

DATA　地址：東京都涉谷區惠比壽南1-5-5
　　　　電話：03-5475-8500
　　　　網址：www.atre.co.jp/ebisu
　　　　營業時間：Shop 10:00～21:30，
　　　　Restaurant 11:00～23:00 (各店略異)
　　　　地鐵口：西口，步行約3分鐘
　　　　MAP：P.225

生活型百貨ATRE

Joël Robuchon Château Restaurant

　　惠比壽花園廣場中最引人注目的建築，是位於中央廣場底端的大型歐式城堡，原來這裡是法國名廚Joël Robuchon精心打造的美食王國，Joël Robuchon曾獲得「世紀名廚」的頭銜，旗下的餐廳更一共摘下了26顆米其林星星，他的甜點沙龍SALON DE THÉ也進駐台北名牌商場BELLAVITA，在媒體的大篇幅報導下，Joël Robuchon的知名度立刻水漲船高。

DATA 地址：東京都目黑區三田1-13-1
電話：03-5424-1338
網址：www.robuchon.jp/ebisu
營業時間：午餐11:30～14:00、
晚餐18:00～21:30
地鐵口：西口，步行約10分鐘
MAP：P.225

惠比壽麥酒紀念館／ BEER STATION惠比壽

　　惠比壽花園廣場的前身是三寶樂的啤酒釀造廠，改建之後三寶樂公司特地在廣場中成立了「惠比壽麥酒紀念館」，讓後續來訪的遊客們能從中了解此處的歷史軌跡。在免費參觀的紀念館中除了展示當年的機器設備與釀酒方式外，還特別保存了復古的廣告海報與啤酒包裝，成年的朋友並可於試飲區品嘗新鮮釀造的生啤酒。覺得試喝一杯還不過癮的朋友，不妨繼續前去一旁的啤酒主題餐廳「BEER STATION」，這裡提供多種日式與西式的下酒佳肴，保證能讓各位大快朵頤。記得飲酒後不要開車哦！

包括展示館與餐廳的惠比壽麥酒紀念館

DATA 地址：東京都涉谷區惠比壽4-20-3
電話：紀念館03-5423-7255
BEER STATION 03-3442-9731
網址：www.sapporobeer.jp/brewery/y_museum、
www.newtokyo.co.jp/tempo/beer_station/yebisu
營業時間：紀念館10:00～18:00，週一休館；
BEER STATION平日11:30～23:00，
假日11:30～22:00
地鐵口：西口，步行約10分鐘
MAP：P.225

九十九拉麵

　　香醇的豚骨拉麵加上濃郁的起士會是怎樣的滋味呢?這道每日限定200份的起士拉麵就是九十九拉麵的獨門產品,店主在嘗遍各種起士後選擇加入法國的湯姆起士(トムチーズ),這種帶有輕微酸度的圓型起士可中和湯的鹹度讓人食慾大開。在桌面上店家還準備了醬菜配料,「九十九」分的料理,最後的「一分」由客人自己依喜好加入配菜,完成各具特色的「一百分拉麵」。

DATA　地址:東京都涉谷區廣尾1-1-36
　　　　電話:03-5466-9488
　　　　網址:www.tukumo.com
　　　　營業時間:11:00～05:00
　　　　地鐵口:東口,步行約5分鐘
　　　　MAP:P.225

白丸湯底為一風堂的招牌

一風堂拉麵

　　來自福岡的一風堂拉麵於1985年創業,其店主河原成美曾分別獲得1997年「電視冠軍」及2005年「麵王」節目的優勝,這裡最大的特色在於以豚骨慢燉超過20小時的湯底「白丸」,許多吃過的朋友皆對於其濃郁的口感難以忘懷。

DATA　地址:東京都涉谷區廣尾1-3-13
　　　　電話:03-5420-2225
　　　　網址:www.ippudo.com
　　　　營業時間:11:00～04:00
　　　　地鐵口:東口,步行約5分鐘
　　　　MAP:P.225

光麵

　　自1995年發跡於池袋的光麵以「中華拉麵」著名,其主要的特色在於湯底以豚骨加上雞骨經12小時熬煮,上頭並放上大量蔬菜、魯蛋與肉片等配料,看起來比博多拉麵豐盛許多,第一次品嘗的朋友,推薦你不妨點用「熟成光麵全部のせ」。

DATA　地址:東京都涉谷區惠比壽1-9-5
　　　　電話:03-5475-0185
　　　　網址:www.kohmen.com
　　　　營業時間:週一～四10:30～07:00,
　　　　週五～六10:30～08:00,週日10:30～06:00
　　　　地鐵口:東口,步行約5分鐘
　　　　MAP:P.225

神樂坂 (牛込神樂坂站／飯田橋站)
KAGURAZAKA

達人報告

有「地下山手線」之稱的都營大江戶線是全東京唯一的環狀地下鐵，由於途中繞經許多具有懷舊風味的區域，當初在命名時遂以「大江戶」來表達其特色。隨著時代的進步，區域中原有的傳統氣氛也陸續加入了來自西方的元素，形成一種洋風與和風的交會，在這條路線的三個重點站中，我們將分別帶大家來體會！

神樂坂位於大江戶線「牛込神樂坂站」、東西線「神樂坂站」與「飯田橋站」之間，這裡有東京的「小京都」之稱，因為從江戶時代開始許多傳統料亭與居酒屋便在大街小巷中開業，每間餐廳內都能見到藝妓們與客人飲酒、吟詩與作樂的熱鬧場景。隨著時空荏苒，藝妓的盛況已不復見，但巷弄中的古老建築與石子地面仍被完整地保留，而那些百年老年也屹立不搖地為老顧客提供傳統的美味。

「坂」在日文中的意思為「坡道」，所以這一帶的熱鬧區域就是順著「神樂坂通り」由上而下的斜坡兩邊，除了傳統懷舊的店家外，在靠近飯田橋站的下坡處，竟然還能見到另一處彷彿歐洲湖畔的水上俱樂部，這個景點再加上鄰近的日法學院及其他歐式餐廳，神樂坂彷彿又從「小京都」搖身一變成為了「小巴黎」。

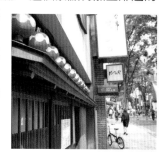

東京達人**3**大推薦地

作者最愛
五十番
神樂坂人氣第一的肉包專賣店，嘗嘗看和台式肉包有什麼不同！(P.235)

遊客必訪
毘沙門天善國寺
神樂坂的地標寺廟，《料亭小師傅》劇迷不可錯過的經典場景。(P.232)

東京人推薦
CANAL CAFÉ
彷彿塞納河畔的露天咖啡廳，能品嘗美食兼划船賞景，是約會出遊的好地方。(P.237)

赤城神社

神樂坂站

LA KAGU

鼓月

早稻田通

樂山五十番

たんす屋

紀の善

飯田橋站

毘沙門天善國寺

助六

陶柿園

東京水上倶樂部

CANAL CAFÉ

熱海湯階段

牛込神樂坂站

神樂坂(牛込神樂坂站+飯田橋站)周邊街道圖

遊賞去處

毘沙門天善國寺

「毘沙門天」是佛教中的護法武神，也是日本最受信眾尊敬的七福神之一，供奉毘沙門天的善國寺，自1595年德川家康時代建造至今，一直是神樂坂的信仰中心，其鮮紅色的大門與主殿更為神樂坂增添了幾分威嚴感。

鮮紅色的善國寺大門格外顯眼

DATA 地址：東京都新宿區神樂坂5-36
電話：03-3269-1129
網址：www.kagurazaka-bishamonten.com
地鐵口：牛込神樂坂站，步行約5分鐘
MAP：P.231

熱海湯階段

另外一個《料亭小師傅》迷必拍照留念的景點就是劇中主景料亭「坂下」的所在地「熱海湯階段」，這一條長長的復古石頭階梯，就是劇中女主角直美滾落蘋果

《料亭小師傅》劇迷最為熟悉的拍攝場景

並與小師傅一平邂逅的地點，即使日劇已經播畢多年，現在仍可看到拿著相機前來拍照的遊客粉絲呢！

DATA 地址：東京都新宿區神樂坂3-5
前往方式：由神樂坂通三丁目上鞋店左轉可達
地鐵口：牛込神樂坂站，步行約10分鐘
MAP：P.231

赤城神社

赤城神社原本是神樂坂地區最古老的神社，1555年時即在現址建造，此後曾遭受多次火災與戰亂而走向拆除的命運。2009年在三井建設運作下，神社的重建計畫啟動，請來建築大師隈研吾操刀，以傳統禪風結合現代的工藝，讓赤城神社以嶄新的面貌重現，神社一旁並興建了公寓、藝廊與咖啡廳等，成為神樂坂的地標之一。

DATA 地址：東京都新宿區赤城元町1-10
電話：03-3260-5071
網站：www.akagi-jinja.jp
地鐵口：牛込神樂坂站，步行約10分鐘；或搭乘東西線至神樂坂站，步行約2分鐘
MAP：P.231

購物血拼

LA KAGU

　　神樂坂另一個的地標，也是由名建築師隈研吾操刀，原本為日本出版集團新潮社的圖書倉庫，在2014年時以商場LA KAGU的面貌誕生！

　　神樂坂周邊由於鄰近名校早稻田大學，因此除了小京都的古樸風味外，不少巷弄間也因為的書店、出版社與咖啡廳的開設而飄散著文青風。新潮文庫在慶祝100週年時，決定讓神樂坂地區增添更多的文藝氣息，於是將建於1965年的倉庫賦予新的生命，以複合式文創商場的型態揭幕，LA KAGU的名稱則是來自外籍人士對神樂坂(「Kagu」razaka)的暱稱。

　　隈研吾保留了原本的倉庫原貌，並以原木坡道與階梯連接至路面，天氣晴朗的午後，不少東京文青們都喜歡坐在這階梯上，享受片刻的寧靜；倉庫內則規畫為2層樓的商場，引進設計師品牌服裝、配件飾品、生活用品還有新潮集團的書籍，商品陳列上也特意採用書架式的鐵架來保留原本書庫的概

念，館內另設置了寬敞的咖啡廳與講座空間，不時舉辦名家座談與手作教室等多元化的課程。

DATA　地址：東京都新宿區矢來町67番地
　　　　電話：03-5227-6977
　　　　網站：www.lakagu.com
　　　　營業時間：11:00～20:30
　　　　地鐵口：牛込神樂坂站，步行約10分鐘 (或搭乘東西線至神樂坂站，出站即達)
　　　　MAP：P.231

たんす屋(TANSUYA)

充滿復古懷舊氛圍的神樂坂周邊開設了許多販售傳統商品的店家，其中日本知名的和服品牌たんす屋也在此成立了專門店，店內

販賣和服、浴衣與各式印著古典花色的手帕布巾，和服的價格從￥3,000到上萬日圓均有，店內還有專業的老師教導顧客如何正確的選擇與搭配和服，如果是夏天前來東京的朋友，別忘了選購一套美麗的浴衣並穿著前往花火大會！

DATA 地址：東京都新宿區神樂坂2-12
電話：03-5228-1717
網址：www.tansuya.jp
營業時間：10:30～20:00
地鐵口：牛込神樂坂站，步行約7分鐘
MAP：P.231

助六

買完了和服浴衣，接下來可就得搭配上漂亮的鞋子與包包，神樂坂的另一家傳統老店「助六」，以出品精緻的手工木屐聞名，從1910年創立至今已超過百年，店內除了木屐外，還販售各式傳統的手袋、和傘與洋傘等，許多電視節目都曾來訪報導，這裡也是《料亭小師傅》劇中的場景之一。

助六販售的精緻手工布包

DATA 地址：東京都新宿區神樂坂3-6
電話：03-3260-0015
網址：www.sukeroku.in
營業時間：10:30～20:00
地鐵口：牛込神樂坂站，步行約7分鐘
MAP：P.231

陶柿園

陶柿園專賣各類的陶瓷器皿與擺飾，包括日本當地製作的有田燒與清水燒餐具，以及許多來自歐洲的高級骨瓷茶具，另外像是陶製人偶、招財貓、撲滿與其他動物造型的陶瓷小擺飾，則是很受觀光客歡迎的紀念禮品。

DATA 地址：東京都新宿區神樂坂2-12
電話：03-3260-6940
網址：www.toushien.net
營業時間：11:00～19:00
地鐵口：牛込神樂坂站，步行約7分鐘
MAP：P.231

特色美食

五十番

　　五十番是神樂坂知名的中華料理專賣店，除了內用的四川料理外，提供外帶的大包子可說是遊客必嚐的美味，就連《料亭小師傅》劇中的主角們都常人手一個呢！這裡的肉包不但直徑超過10公分且口味多樣化，包括黑豬肉、五花肉、野菜、泡菜、干貝、蝦仁等等，另外還有紅豆、奶黃與芝麻等甜的口味。

DATA　地址：東京都新宿區神樂坂3-2
　　　　電話：03-3260-0066
　　　　網址：www.50ban.com
　　　　營業時間：09:00～23:00，週日至22:00
　　　　地鐵口：牛込神樂坂站，步行約5分鐘
　　　　MAP：P.231

五十番的大肉包料多味美

樂山

　　茶葉禮盒是十分普遍的伴手禮，來到東京旅遊時，不妨在神樂坂的銘茶名店「樂山」，挑選致贈親友的禮品。這裡的茶葉包括煎茶、玄米茶與焙茶等，每種茶品皆有不同品種可供選擇，可以請店員替你解說並沖泡試飲。除了茶葉外，配茶食用的小零嘴「燒海苔」也是代表商品。

❷樂山中各種日式茶品與茶食

❶

DATA　地址：東京都新宿區神樂坂4-3
　　　　電話：03-3260-3401
　　　　網址：www.rakuzan.co.jp
　　　　營業時間：09:00～20:00
　　　　地鐵口：牛込神樂坂站，步行約5分鐘
　　　　MAP：P.231

鼓月

　　昭和年代即於京都創立
的京菓子專賣店鼓月，也
來到神樂坂開設分店，店
內人氣第一的商品為千壽
煎餅，波浪狀的外觀好比
飛鶴飛過水面時的波影，
象徵著吉祥，香脆的口
感搭配上微甜的奶油餡相當特殊；另外十數
種口味的米菓也是招牌產品，包括蜂蜜、抹
茶、柚子、黑芝麻、生薑、芝麻與黑糖等，
還有咖哩等鹹的口味呢！

DATA　地址：東京都新宿區神樂坂6-8
　　　　　電話：03-3235-5033
　　　　　網站：www.kogetsu.com
　　　　　營業時間：09:30～19:30
　　　　　地鐵口：牛込神樂坂站，步行約7分鐘
　　　　　MAP：P.231

紀の善

　　紀の善是神樂坂地區專賣和風甜點的名
店，包括紅豆水果冰、栗子紅豆涼粉與草莓
紅豆葛粉等，都是長賣的品項，另外以抹茶
布丁搭配鮮奶油與紅豆泥的「抹茶ババロ
ア」更其獨門甜點。

DATA　地址：東京都新宿區神樂坂1-12
　　　　　電話：03-3269-2920
　　　　　網址：www.kinozen.co.jp
　　　　　營業時間：週二～六11:00～20:00，
　　　　　週日11:30～17:30，週一公休
　　　　　地鐵口：牛込神樂坂站，步行約7分鐘
　　　　　MAP：P.231

紀の善各式日本傳統甜點與冰品

CANAL CAFÉ／東京水上俱樂部

「東京水上俱樂部」成立於西元1918年，當時的東京市長後藤新平認為市民們終日忙碌缺乏運動習慣，如果能在東京都內開鑿一處風景優美的水道，便能讓市民們有機會划船賞景兼運動。在富豪古川清的協助之下，長達600公尺的人工河道歷時多年完工，讓這個區域彷彿變為小型的巴黎塞納河，許多人喜愛在假日時前來租船遊河，感受片刻遠離塵囂的幽靜之感(30分鐘／¥600，1～3人)。

此外，河畔還開設了一家CANAL CAFÉ，室內的餐廳區提供精緻的義大利料理，而露天的咖啡區(Deck Side)則供應輕食、蛋糕與飲料，在自助式櫃檯點餐後就可於岸邊自由入座，許多年輕人總喜歡在午後一邊曬著陽光、一邊享受充滿歐洲風情的戶外庭園。

DATA　地址：東京都新宿區神樂坂1-9
　　　　電話：03-3260-806
　　　　網址：www.canalcafe.jp
　　　　營業時間：11:30～23:00，週日至21:30
　　　　地鐵口：飯田橋站，步行約1分鐘
　　　　MAP：P.231

❶CANAL CAFE 採自助式點餐
❷精緻的法式小點心
❸河岸區座位在陽光普照的午後總是高朋滿座

六本木站 ROPPONGI

達人報告

六本木地區因為在江戶時代曾住有6個姓氏中有「木」字的望族而得名，而後日本政府在此區域中設置了防衛廳等軍事單位，直到二次大戰日本戰敗後被美軍接收。由於外籍駐軍的到來，六本木的四周開始出現了許多西方人喜愛的酒吧與舞廳，逐漸發展成為東京著名的娛樂城。到了今日，「六本木交叉點」的周邊依然滿布著大大小小的居酒屋、DISCO CLUB、LOUNGE BAR、遊樂場及歌廣場(KTV)，每逢週末假日，總是聚集了三五成群的年輕男女，歌舞昇平直到天亮。

然而，在這幾年之間，由於「六本木之丘」、「東京中城」與「新國立美術館」等新興區域的陸續誕生，六本木除了舊鬧區中的夜生活機能外，更搖身一變成為兼具商業、居住、休閒娛樂、流行時尚與人文藝術等特色的摩登大都會，這個史無前例的街區大改造計畫，也成為日本發展史的一大成就與驕傲。

東京達人**3**大推薦地

作者最愛
東京中城

老街區新生的代表之作，
除了高質感的購物環境
外，還擁有東京市區難得
的大片花園綠地。(P.242)

遊客必訪
國立新美術館

建築大師黑川紀章的最後傑
作，藝文愛好者必訪的國際
級展覽中心。(P.244)

東京人推薦
六本木之丘

結合購物、美食與藝術，不論
年輕人或商務人士都有合適的
去處。(P.247)

南青山一丁目

21 21 DESIGN SIGHT

中城庭園

赤坂九丁目

檜町公園

南青山二丁目

三得利美術館

往虎之門之丘

國立新美術館

外苑東通

東京中城MIDTOWN

BRASSERIE PAUL
BOCUSE LE MUSÉE

中央廣場

富士影像廣場

六本目一丁目

Mercedes Benz
Connection

六本木七丁目

六本木四丁目

六本木站

六本木通

六本木七丁目

星條旗通

六本木西公園

六本木交叉點

都營大江戶線

西麻布一丁目

66 PLAZA

六本木六丁目

テレビ朝日通

森美術館／東京城市展望台

露天廣場

毛利庭園

PIZZAKAYA

東京君悅酒店

朝日電視台

けやき坂通

櫸樹坂大道

西麻布三丁目

OAK DOOR

旬房SHUN BOU

往麻布十番

FIORENTINA

六本木站周邊街道圖

六本木之丘
ROPPONGI HILLS

　六本木之丘於2003年4月15日正式開幕，它為一個三角形的區域總稱，由森大廈、君悅酒店、朝日電視台以及其他商場與商業大樓等共同構成，占地約8萬9千平方公尺，包含了商業、購物、藝術、休閒、飲食等多方面機能。

DATA 地址：東京都港區六本木6-10-1
電話：03-6404-6000
網址：www.roppongihills.com
營業時間：Shop 11:00～21:00，
Restaurant 11:00～23:00(各店略異)
地鐵口：步行約1分鐘
MAP：P.239

六本木之丘ROPPONGI HILLS
六六廣場66 PLAZA

　「六」本木之丘的Logo由「六」個圈圈組成，其中央的主要廣場也命名為「66 PLAZA」，在廣場的中間有一隻巨型的蜘蛛Maman，它是由藝術家Louise Bourgeois設計的鋼鐵製藝術品，它8隻長腳象徵著六本木四通八達的樞紐地位，而大大的肚子則代表著對於藝術文化的孕育，由於六本之丘以人文藝術機能著稱，在整個區域的周圍還可以看到許多當代設計師的裝置藝術品。此外，66

PLAZA也是能遠眺東京鐵塔的絕佳夜景觀賞點。

六本木之丘ROPPONGI HILLS
毛利庭園 MOHRI GARDEN

　毛利庭園原為東京望族毛利藩宅中的庭院，在六本木之丘建造時特別保留下來並加以修復，呈現出傳統的日式景觀，目的是讓繁忙的都市人能擁有片刻的寧靜與清閒，感受和四周摩登建築全然不同的風味。

完整保留傳統日式造景的毛利庭園

六本木之丘ROPPONGI HILLS
露天廣場HILLS ARENA

位於櫸樹坂綜合大樓和朝日電視台之間的露天廣場常有活動、展示會及演唱會進行，夏天時還會與麻布十番商店街聯合舉辦類似傳統廟會的盛大「夏祭り」，所有參與者不分男女老少均穿著浴衣齊跳日本傳統舞蹈，十分熱鬧有趣。

露天廣場中舉辦的夏祭り

六本木之丘ROPPONGI HILLS
森美術館
MORI ARTS CENTER

森美術館位於樓高52層的「森大樓」中，展場面積大約2,000平方公尺，由葛拉克門美拉藝術建築公司負責設計，這裡曾展出多位當代藝術家與新銳設計師的作品，包含繪畫、建築、攝影、當代藝術與裝置藝術等等，每個檔期的展覽內容均不相同，可事先上網查詢。

森美術館與東京城市展望台入口處

DATA 網址：www.mori.art.museum
開放時間：每日10:00～22:00，
週二10:00～17:00
門票：依展覽而定
地鐵口：步行約1分鐘
MAP：P.239

六本木之丘ROPPONGI HILLS
東京城市展望台TOKYO CITY VIEW

想眺望更清楚的東京鐵塔與浪漫的東京夜景時，位於森大樓頂端、高250公尺的東京城市展望台將是不錯的選擇，展望台四周以高11公尺的透明玻璃環繞，還可另行購票前往露天展望台SKY DECKER，感受無拘無束的東京全貌。

DATA 網址：www.roppongihills.com/tcv
開放時間：平日10:00～23:00(最後入館22:30)，假日前夕10:00～01:00(最後入館24:00)；SKY DECK 11:00～20:00
門票：成人¥1,800，高中大學¥1,200，國中以下¥600；SKY DECK需另加¥500，也可購買美術館＋觀景台套票
地鐵口：步行約1分鐘
MAP：P.239

六本木的璀璨夜景

朝日電視台 TELEVISION ASAHI

朝日電視台新總部2003年於此處落成，台內的最佳代言人哆啦A夢就站在入口處迎接大家！電視台1樓設有紀念品販賣處，並不定期舉辦各類電視節目或偶像連續劇特展供遊客免費參觀。

❶❷❸電視台的鎮台之寶們在大廳迎接大家，可盡情合影留念

DATA　網址：www.tv-asahi.co.jp
　　　開放時間：10:00～19:00
　　　地鐵口：步行約1分鐘
　　　MAP：P.239

東京中城
TOKYO MIDTOWN

東京中城原本是日本防衛廳的總部，在三井不動產投入3千7百億元的巨額資金重建後於2007年盛大揭幕，成為與六本木之丘抗衡的東京地標。整個中城以MIDTOWN TOWER和其他5棟巨型建築物為主體，包括了商店街、餐廳、辦公室、飯店、花園廣場與美術館等設施，設計者期盼這樣的規畫能為忙碌的東京人帶來高品質的每一天，更希望能將此地發展成為日本藝術設計的基地，將日本的美學文化推廣到全世界。

DATA　地址：東京都港區赤坂9-7-1
　　　電話：03-3475-3100
　　　網址：www.tokyo-midtown.com
　　　營業時間：Shop 11:00～21:00，
　　　Restaurant 11:00～24:00(各店略異)
　　　地鐵口：步行約5分鐘
　　　MAP：P.239

東京中城 TOKYO MIDTOWN
中央廣場PLAZA

　　以玻璃屋頂覆蓋的中央廣場，讓來往的遊客們在閒逛之餘，也能抬頭仰望天空和四周的自然景致，忘卻城市的喧囂擾嚷，廣場中有數家中價位的咖啡廳與輕食餐廳，還設有電台的OPEN STUDIO與超大電視螢幕。

視野遼闊的中央廣場

東京中城 TOKYO MIDTOWN
中城庭園 MIDTOWN GARDEN

　　東京中城除了摩登的建築外，還擁有都市中難得一見的大片綠地，在中城庭園中不但有翠綠的草坪，還有櫻花、銀杏與樟樹等日本的代表性植物，不妨在旁邊的可愛小餐車購買些輕食飲料後席地而坐。

中城庭園內專為小朋友們設置的各項設施

東京中城 TOKYO MIDTOWN
檜町公園HINOKICHO PARK

　　檜町公園由毛利家族位於麻布別墅的庭園「清水亭」改建而成，保留了許多江戶時代的庭園造景，呈現出復古典雅的傳統風格。

保留江戶時代風味的檜町公園

東京中城 TOKYO MIDTOWN
三得利美術館SUNTORY MUSEUM OF ART

　　三得利美術館由名建築師隈岩吾打造，外部採用白色磁磚，內部則運用了木材與手工和紙，其靈感來自於日本的傳統和室，為融合古典與現代之作。館內收藏了繪畫、陶瓷、漆器與玻璃等藝術品，期盼能傳達「生活美學」的概念，並希望藉由這棟坐落於大片綠地旁的展覽館創造出人與自然的「連結美與開創美」。

DATA 地址：東京都港區赤坂9-7-4
　　　　電話：03-3479-8600
　　　　網址：www.suntory.co.jp/sma
　　　　開放時間：週日、一及例假日10:00～18:00，週三～六10:00～20:00，週二休館
　　　　門票：依展覽不同
　　　　地鐵口：步行約5分鐘
　　　　MAP：P.239

東京中城 TOKYO MIDTOWN
21_21 設計美學館
21_21 DESIGN SIGHT

　　英美國家習慣用20_20 SIGHT來表示最
佳、看得最遠的視力，此區域的籌畫者，希
望能藉由這裡將新一代的設計理念，傳達
到更遠的地方，遂將之命為21_21 DESIGN
SIGHT。美學館的外觀由服裝大師三宅一生與
建築大師安藤忠雄共同打造，三宅一生將其
擅長的「一片式」打版概念用於建築物上，運
用一大片鐵板作為建築物的屋頂，呈現出極
具時尚感的外觀，在展覽方面以各類型的設

計展為主，每年約展出2～3個
不同主題。

DATA 網址：www.2121designsight.jp
　　　 開放時間：11:00～20:00
　　　 門票：依展覽不同
　　　 地鐵口：步行約5分鐘
　　　 MAP：P.239

東京中城 TOKYO MIDTOWN
富士影像廣場
FUJIFILM SQUARE

　　由富士軟片投資的影像廣場共分為PHOTO
IS主題展覽館、富士軟片寫真沙龍與展出富
士公司各式相機配備的FUJI FILM PHOTO
MUSEUM，另外還設有PHOTO CAFÉ提供輕
食點心與咖啡。

DATA 網址：fujifilmsquare.jp
　　　 開放時間：10:00～19:00
　　　 門票：免費入場
　　　 地鐵口：步行約5分鐘
　　　 MAP：P.239

國立新美術館

　　國立新美術館落成於2007年1月，與「森
美術館」和「三得利美術館」合稱為六本木
「藝術金三角」。美術館的外觀建築為已故
大師黑川紀章的最後傑作，他運用透明波浪
狀的玻璃帷幕包覆整棟建築物，將陽光導入
展場內部，不但可達到節能減碳的效果，且
能呈現與自然融合之感，其建築物本身就等
於是一件相當壯觀的藝術品，曾榮獲Chicago
Athenaeum 2006年的國際建築大獎。展覽方
面，館內沒有固定的館藏而採定期舉辦不同
展覽的方式，另外館中著名的「雙塔」上，
還分別開設了米其林三星餐廳「Brasserie
Paul Bocuse Le Musée」以及與VOGUE雜誌
合作的時尚咖啡廳「Salon de Thé Rond」。

❶建築本身就是壯
觀藝術品的國立新
美術館
❷館內雙塔中的時
尚咖啡廳與頂級餐
廳

DATA 地址：東京都港區六本木7-22-2
　　　 電話：03-5777-8600
　　　 網址：www.nact.jp
　　　 開放時間：10:00～18:00，週五至20:00
　　　 門票：依展覽不同
　　　 地鐵口：步行約7分鐘
　　　 MAP：P.239

六本木藝術之夜
ROPPONGI ART NIGHT

六本木成功轉型為藝術之都後，自2009年起每年均盛大舉辦「六本木藝術之夜」，活動舉辦時，六本木成為真正的「不夜城」，從日落到隔天日出，大大小小的藝術活動與表演於六本木之丘、東京中城與六本木街道的各處上演，許多藝術家還設計了讓觀眾能參與互動的項目。2016年時，活動由原本的1晚延長為連續3天，主辦單位更邀請來自世界各地的藝術家共襄盛舉，周圍的美術館也紛紛響應舉辦特別活動，讓藝術夜成為人人皆能參與的國際盛宴。

六本木藝術夜的舉辦日期每年略異，可事先上網查詢。

http www.roppongiartnight.com

虎之門之丘
TORANOMON HILLS

虎之門之丘於2014年6月揭幕，為表參道之丘與六本木之丘等「Hills」系列複合式大樓再添一員，並一躍成為東京第二高樓，僅次於東京中城的中城大廈。這棟由東京政府與森集團共同開發的項目，為日本迎接2020東京奧運所準備的都市更新計畫之一。虎之門周邊原本均為老舊的中小型商用與住宅大樓，虎之門之丘以「東京‧未來」為口號，期許這個街區能持續發展成為東京的國際新都心。

虎之門之丘的另一項人氣話題，為藤子不二雄工作室特別為它打造的吉祥物「哆啦NO夢(Toranomon)」，除了與哆啦A夢的名字如兄弟外，也和他一樣，是從22世紀乘坐時光機來到東京的機器貓，不但多了一對耳朵，還有著黑白花紋的虎斑，模樣相當可愛討喜，來到入口大廳時，別忘了跟他的大型塑像合影留念。

虎之門之丘的1～4樓為餐廳與商店，高樓部分則為辦公室、高級住宅與君悅酒店旗下的精品旅館Andaz。這裡的餐廳與商店雖然不如六本木之丘豐富，但卻相當有特色，包括了幾個相當具有藝文氛圍的咖啡廳，其中的The Third Café除了一般的吧檯區與座位外，還設計了隔板式辦公桌的位置，讓消費者使用筆電或安靜地閱讀；餐廳部分則有西班牙酒館Girona、牛排館Tajimaya、日式料理Washoku Bar以及亞洲風味料理Green Rattan等等。全家便利商店也在當中開設了新型態的店鋪「FAMIMA!!」，店內除了販售零食飲料外，還有許多精緻的三明治甜點、創意生活小物、文具用品，以及各類雜誌食譜等Lifestyle相關商品。

DATA
地址：東京都港區虎ノ門1-23-1
電話：03-6406-6665
網站：toranomonhills.com
營業時間：10:00～23:00(各店略異)
地鐵口：由六本木站步行約30分鐘，也可轉乘Tokyo Metro日比谷線至「霞ヶ関站」A12出口步行8分鐘或銀座線至「虎ノ門站」1號出口步行5分鐘即可達
MAP：P.239

購物血拼

六本木之丘
ROPPONGI HILLS

　　六本木之丘的商店集中在以下幾個區域：「METRO HAT地鐵名冠」以中價位休閒品牌為主；「WEST WALK西側步行區」多為歐美進口品牌；「HILLSIDE 庭園側步行區」是日本與亞洲設計師品牌集中區域；「KEYAKIZAKA COMPLEX欅樹坂綜合大樓」則以代理設計師精品的ESTNATION為主。

六本木之丘HILLSIDE購物區

DATA
地址：東京都港區六本木6-10-1
電話：03-6404-6000
網址：www.roppongihills.com
營業時間：Shop 11:00～21:00(各店略異)
地鐵口：步行約1分鐘
MAP：P.239

欅樹坂大道上的LV旗艦店於夜空中閃耀出品牌Logo

欅樹坂大道
KEYAKIZAKA DORI

　　如果各位是名牌精品的愛好者，建議各位一定要前來欅樹坂大道朝聖，在這條氣氛寧靜優雅的林蔭大道兩側，國際精品旗艦店一字排開，包括LV、TIFFANY、ARMANI等等，這條路上還設置了許多裝置藝術，如宮島達男的數字牆與內田繁的創意座椅等，逛街之餘也別忘了欣賞這些別出心裁的街頭風景！

DATA
如何前往：穿越六本木之丘主區域後即達
地鐵口：步行約5分鐘
MAP：P.239

東京中城
TOKYO MIDTOWN

　　「GALLERIA」為東京中城的商店區域，為了配合戶外的庭園景觀，商場內亦特別布置了綠油油的竹林與流水，令人感到格外心曠神怡，這裡的品牌以日本與國際精品為主

包括HARRY WINSTON、BEAMS HOUSE、VIA BUS STOP等等。

DATA
地址：東京都港區赤坂9-7-1
電話：03-3475-3100
網址：www.tokyo-midtown.com
營業時間：Shop11:00～21:00，Restaurant 11:00～24:00(各店略異)
地鐵口：步行約5分鐘
MAP：P.239

THE OAK DOOR

由於早年美軍駐紮的緣故，六本木地區開設了許多氣氛輕鬆的美式餐廳，為了配合此一特色，六本木之丘中的君悅酒店，亦精心規畫了這間以美式料理為主的「THE OAK DOOR」。餐廳內供應牛排、雞排與海鮮等美式炭烤料理，主廚堅持不使用電子烤爐，僅以高級的天然木炭烘烤食材，如此才能呈現炭烤料理的特殊燻香氣味；在食材方面，餐廳選用高等級的日本和牛，並以透明冷藏庫、開放式廚房的設計讓消費者能親眼看見廚師們準備食材與烹調料理的用心。

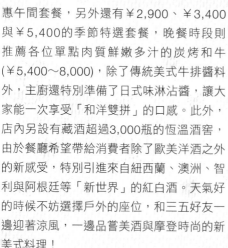

這裡在中餐時段提供¥1,800的優惠午間套餐，另外還有¥2,900、¥3,400與¥5,400的季節特選套餐，晚餐時段則推薦各位單點肉質鮮嫩多汁的炭烤和牛（¥5,400〜8,000），除了傳統美式牛排醬料外，主廚還特別準備了日式味淋沾醬，讓大家能一次享受「和洋雙拼」的口感。此外，店內另設有藏酒超過3,000瓶的恆溫酒窖，由於餐廳希望帶給消費者除了歐美洋酒之外的新感受，特別引進來自紐西蘭、澳洲、智利與阿根廷等「新世界」的紅白酒。天氣好的時候不妨選擇戶外的座位，和三五好友一邊迎著涼風，一邊品嚐美酒與摩登時尚的新美式料理！

❶經典炭烤和牛佐和洋雙拼沾醬
❷THE OAK DOOR品味與質感兼具的室內座位區

❶

❷

DATA
地址：東京都港區六本木6-10-3 (Grand Hyatt)
電話：03-4333-8784
網址：tokyo.grand.hyatt.com
營業時間：午餐11:30〜14:30，晚餐18:00〜22:00，Bar 11:30〜01:00
地鐵口：步行約5分鐘
MAP：P.239

旬房SHUNBOU

　　位於君悅酒店內的日本料理「旬房」以木頭、玻璃與石塊等傳統素材裝飾，原來這全部出自建築大師杉本貴志之手，建築的概念是希望來到這裡的客人，能先放下水泥叢林中的瑣事，回到傳統和風的氣氛中，細細品味各項以新鮮食材製作的美味料理。

　　旬房的意思是「季節的廚房」，顧名思義這裡的師傅在每季都會為顧客挑選出當季最新鮮美味的食材，不添加過多的元素，只重

視精湛的刀工與技法，讓食材的原味完美呈現。除了單點的菜色外，午間還推出精緻平價的商業午餐(￥1,800)以及各式高級的午餐便當套餐(￥2,900～8,000)，晚餐則有￥13,000～21,000的頂級懷石料理，想要品嘗正統清酒或梅酒的朋友，也不妨請穿著傳統和服的服務員，為你推薦店內來自日本各地的藏酒。

DATA　地址：東京都港區六本木6-10-3 (Grand Hyatt)
電話：03-4333-8786
網址：tokyo.grand.hyatt.com
營業時間：午餐11:30～14:30，晚餐18:00～21:30
地鐵口：步行約5分鐘
MAP：P.239

FIORENTINA

氣氛休閒的義大利餐廳Fiorentina，以中等的價位提供義式風味前菜、義大利麵、披薩和魚肉類料理；從早餐、午餐、下午茶到晚餐，均提供單點或套餐形式的Menu。室內座位區選用了採光極佳的挑高設計，並設置

了位於欅樹坂大道旁的露天區域，除了能感受六本木的時尚氛圍外，春天櫻花盛開時，還能在此享受花下用餐的樂趣。

DATA 地址：東京都港區六本木6-10-3 (Grand Hyatt)
電話：03-4333-8780
網站：tokyo.grand.hyatt.com
營業時間：09:00～22:00
地鐵口：步行約5分鐘　MAP：P.239

❶甜點外帶專區 ❷挑高設計的明亮空間 ❸午間推出的麵食套餐

BRASSERIE PAUL BOCUSE LE MUSÉE

PAUL BOCUSE是20世紀法國最偉大的主廚之一，曾連續45年獲得米其林三星的殊榮，在日本擁有8家主題餐廳，其中位於新國立美術館內三角塔上的BRASSERIE LE MUSÉE CAFÉ走休閒風格，沒有正式服裝的要求，價格也比品牌其他餐廳便宜，在中午時段推出每天限量70客的午間套餐(包含主菜與甜點)，在特別展覽期間往往是大排長龍。晚餐時段則可品嘗高級的套餐，

主廚希望在不同時段以不同價位的餐點，讓消費者都有機會體驗精緻的法式美食文化。

DATA 地址：東京都港區六本木7-22-2
電話：03-5770-8161
網址：www.paulbocuse.jp
營業時間：午餐11:00～16:00；
晚餐16:00～21:00，週五至22:00
地鐵口：步行約7分鐘
MAP：P.239

MERCEDES BENZ CONNECTION

一向熱衷於時尚活動的賓士集團除了固定贊助世界各大時裝週外，更於2011年7月在東京中城附近打造了全球第一座MERCEDES時尚咖啡與餐廳，這棟建築物請來名師窪田茂打造，運用不規則的梁柱以及五彩光影和六本木的燦爛夜色相互輝映。MERCEDES BENZ CONNECTION 1樓為Downstairs Café，販售各式飲品與甜點，

其中飲品的部分重金請到2008年花式咖啡冠軍澤田洋史擔任監督指導；而2樓部分為Upstairs Restaurant，由義大利麵名廚AW kitchen

❶ 由名建築師窪田茂打造的時尚外觀
❷ 位於1樓的Downstairs Café

渡邊明設計餐點，包括午間套餐(￥1,600～1,800)、下午茶組合(￥2,400)與各項單點菜色，每逢週末入夜後，更有不同的主題派對於2樓展開。除了咖啡與餐廳外，1樓也另外設有房車展示區域，讓大家在享受美食的同時也能欣賞最新的時尚車款。

DATA
地址：東京都港區六本木7-8-1
電話：03-3423-1256
網址：www.mercedes-benz-connection.com
營業時間：Downstairs 07:00～22:30；
Upstairs 11:00～23:00，假日前夕至04:00
地鐵口：步行約5分鐘
MAP：P.239

GREEN RATTEN

位於虎之門之丘的GREEN RATTEN，由經營多家時尚風格餐廳的Operation Factory全新打造，以南洋島嶼的度假情調，結合Lounge風的昏黃燈光，讓忙碌的東京人能有個下班後和好友小聚的祕密空間。這裡的餐點以創意亞洲料理為主，包括鮮蝦魚卵涼拌沙拉、蜜汁香烤雞排、10日熟成牛排，與印尼爪哇風炒飯等等。除了餐點外，這裡的調酒更

是由曾任職銀座與青山多家人氣夜店的調酒專家荻原善治設計，結合多種水果與香料的調酒，將為你增添更多的度假心情。

DATA
地址：東京都港區虎ノ門1-23-1 (Toranomon Hills 2F)
電話：03-5157-5566
網站：www.opefac.com/g_rattan
營業時間：平日11:00～23:00，假日11:00～22:00
地鐵口：同「虎之門之丘」(P.246)說明
MAP：P.239

麻布十番站 ASABUJUBAN

達人報告

沿著六本木之丘旁的「芋洗坂」往下走，或搭乘都營大江戶線一站，即可到達另一處集和風與洋風於一體的地區「麻布十番」。這裡原本是一片窪地，在江戶時代開始以填海造陸的方式開發，並逐漸成為與神樂坂齊名的繁榮商店街，而麻布「十番」的名稱由來，則是因為當初此處在進行河川工程時的編號為十號。

由於區域發展開始得早，許多麻布十番的老店至今都已超過百年歷史，這些商店大多分布在「麻布十番商店街」周邊。另外，因為麻布十番的地勢多為清幽寧靜的斜坡台地，不少外籍人士喜愛選擇來此定居，周邊並陸續設立了20多個駐外使館，為了迎合外籍朋友的喜好，歐式的餐廳與咖啡廳如雨後春筍般出現，為古老傳統的麻布十番地區增添了不一樣的西洋風味。

東京達人**3**大推薦地

作者最愛
あべちゃん
不可錯過的平價美食烤肉串飯，現點現烤的下町風美味。(P.260)

遊客必訪
麻布十番商店街納涼祭
麻布十番地區8月分的盛事，別忘了穿上夏季浴衣前來湊熱鬧。(P.255)

東京人推薦
更科堀井
店齡超過200年的蕎麥麵名店，多年不變的傳統好味道。(P.260)

AW KITCHEN PASTA HOUSE

🍴　🏛
麻の葉

🍴
更科堀井

都營大江戶線

往東京鐵塔

麻布十番站

🍴
たぬき煎餅

👜
THINK BEE！

麻布かりんと

🍴 浪花家總本店

🍴 豆源

鰻呼吸 🍴

🍴
MONT-THABOR

あべちゃん

パティオ十番

📷

HONOLULU COFFEE 🍴

麻布十番站周邊街道圖

遊賞去處

パティオ十番(PATIO十番)

　　建於1986年的橄欖形小公園「パティオ十番」是附近居民們休憩納涼的好去處，每個月的第一個週六並固定舉辦「古董跳蚤市場」，許多電視劇像《流星之絆》等都曾以此處為拍攝場景。在公園中有個知名的「紅鞋女孩」銅像，這個銅像是為了紀念明治44年時去世的小女孩紀美，她原本應被美國傳教士收養並過著幸福的生活，卻因為罹患結核病無法成行，為了幫助更多世界上的孩童免於疾病，雕像的下方特別設有捐款箱，至2010年止已募得超過1,200萬日圓給聯合國兒童基金會。

紅鞋女孩銅像

DATA　地址：東京都港區麻布十番二丁目
地鐵口：步行約5分鐘
MAP：P.253

東京鐵塔

　　「東京鐵塔」位於地鐵赤羽橋、神谷町、御成門、大門與浜松町站之間，由於出站後仍要走10～15分鐘，許多人也喜歡直接從麻布十番地區一路散步約20分鐘前往。東京鐵塔全長為333公尺，比巴黎鐵塔還高12公尺，但重量卻比巴黎鐵塔輕了幾乎一半，這點足以證明日本人高超的建築功力，鐵塔原本的功能是用來架設廣播電視頻道的發射器，而後逐漸變成觀光客必訪的地標建築，塔內除了展望廳外，底層的「塔腳廣場(Foot Town)」另設有水族館、紀念品專賣店和餐廳等，2015年並規畫了「海賊王主題樂園(Tokyo One Piece Tower)」，吸引眾多卡通迷們前往朝聖！(詳情請見P.42)

DATA　地址：東京都港區芝公園4-2-8　電話：03-3433-5111
網址：www.tokyotower.co.jp　營業時間：09:00～23:00
門票：高中生以上￥900、中小學生￥500、四歲以上￥400(樂園、展館與特別瞭望台須另行購票)
地鐵口：由麻布十番站步行約20分鐘，也可繼續搭乘都營大江戶線至「赤羽橋站」，由「赤羽橋出口」依指標步行5分鐘即達
MAP：P.253

❶在夜空中閃耀的東京鐵塔
❷可愛的東京鐵塔娃娃

麻布十番商店街納涼祭

麻布十番商店街是此區域商店與餐廳聚集的地帶，這裡沒有六本木的摩登建築與熙攘人潮，僅呈現出鬧中取靜的雅緻情懷，其道路兩旁的行道樹為此處保留了傳統和風，但街道上的弧形紅磚又是日本早期西化的代表，而在其中的店家也是和風與洋風各異。麻布十番商店街最熱鬧的時候是每年8月舉行的「納涼祭」，活動舉辦

時，現場將擺設超過30個攤位販售來自各地的小吃、童玩與特產，還有日本傳統舞蹈的表演，不分男女老幼皆會穿著夏季浴衣前來共襄盛舉！(每年納涼祭舉辦日期請查詢麻布十番商店街網站)

DATA　網址：www.azabujuban.or.jp
　　　地鐵口：步行約5分鐘
　　　MAP：P.253

❶販賣傳統童玩的攤位
❷年輕人們穿著浴衣前來共襄盛舉

結合傳統刺繡與時髦亮片元素的包款

THINK BEE！

　Think Bee！是麻布十番商店街中最具規模的商店，也是最能代表麻布十番「和洋混血」的時尚品牌。Think Bee！的前身是創立於1898年的傳統提包店「はちや」，到

了第3代傳人河合史郎接手經營後，決定將品牌原有的日本傳統立體刺繡技術結合上西方高級的高布林(Gobelins)車工與流行的水饟亮片等元素，設計出來自日本卻能

符合西方時尚的手工包款，Think Bee！的包包除了不時登上日本雜誌外，更曾受邀至波士頓美術館展覽呢！

DATA 地址：東京都港區麻布十番2-5-14
電話：03-3402-1324
網址：www.thinkbee.co.jp
營業時間：10:00～19:00
地鐵口：步行約5分鐘
MAP：P.253

麻の葉

　麻の葉專賣以傳統藍染與泥染等手法製作的精緻手帕、布包、抱枕與餐墊等小物，以麻の葉為店名，因為亞麻的樹葉是日本傳統印染的代表圖案之一，這裡的商品除了工法傳統外，圖案也選用了能代表日本的招財貓與歌舞伎時代的各種圖騰，十分具有古早風味。

DATA 地址：東京都港區麻布十番1-5-24
電話：03-3405-0161
網址：artsou.co.jp
營業時間：10:30～19:00，週五、六至20:00
地鐵口：步行約7分鐘
MAP：P.253

特色美食

鰓呼吸

　　麻布十番商店街上有一棟特別突出的餐廳，不但有著傳統市場般的外觀，斗大的店名「鰓呼吸」更是引人注目，原來這裡是專賣築地直送海產料理的居酒屋，店內包括烤魚、烤牡蠣與生魚片等各式彷彿會「呼吸」的新鮮餐點，這裡的氣氛很像台灣的海產攤，店家特別標榜此處是「父親和兒女」等全家人都能一同前來的歡樂場所！

DATA
地址：東京都港區麻布十番1-5-29
電話：03-6435-1168
網址：www.eraera.jp
營業時間：平日15:00～04:00，
週日12:00～23:30
地鐵口：步行約5分鐘
MAP：P.253

浪花家總本店

　　民間小吃「鯛魚燒」的創始店就是位於麻布十番的浪花家總本店，在1909年時，浪花家首先將類似雞蛋

親切的浪花家店主神戶將守

糕的人形燒改為鯛魚的形狀並填入紅豆餡料，香香脆脆的外皮搭配上香濃的紅豆香，讓這項小吃一下子紅遍街頭巷尾，浪花家的鯛魚燒並標榜採用來自北海道的十勝紅豆，難怪門口總是排滿等候的客人！

DATA
地址：東京都港區麻布十番1-8-14
電話：03-3583-4975
營業時間：11:00～20:00
地鐵口：步行約5分鐘
MAP：P.253

豆源

　　豆源從店名就可得知是家「豆類」產品專賣店，自1865年創業以來店家不斷以新的配方和技術將大豆、豌豆、花豆與花生等豆類製成超過100種的傳統點心，像鮮蝦口味的海老豆、香氣撲鼻的白芝麻大豆、酸酸的梅子落花生與甜味的大豆糖等都是很受歡迎的商品。

超過百種的豆類零嘴讓人眼花撩亂

DATA　地址：東京都港區麻布十番1-8-12
　　　　電話：03-3583-0962
　　　　網址：www.mamegen.com
　　　　營業時間：10:00～20:00
　　　　地鐵口：步行約5分鐘
　　　　MAP：P.253

麻布かりんと(KARINTO)

　　かりんと(花林唐)是日本傳統的甜零嘴，製作方法是將糖及麵粉條油炸後再沾上各種口味的糖粉，有點類似我們過年吃的炸麻花，這個點心相傳是由奈良時代的遣唐使從中國帶入日本供貴族食用。許多日劇迷對花林唐的印象，則是來自於綾瀨遙主演的日劇《鹿男與奈良》，她在劇中經常拿著食用的零嘴就是花林唐。麻布かりんと販售的花林唐口味非常多樣，包括黑糖、芝麻、抹茶、蜂蜜與海苔等五花八門，可以試吃後再購買。

DATA　地址：東京都港區麻布十番1-7-9
　　　　電話：03-5785-5388
　　　　網址：www.azabukarinto.com
　　　　營業時間：10:30～20:00，每月
　　　　第二個週二公休
　　　　地鐵口：步行約5分鐘
　　　　MAP：P.253

各種口味的香脆花林唐

たぬき煎餅(TANUKI)

　　たぬき煎餅店外有隻大大的狸貓作為店家的吉祥物，有趣的是店內販售招牌煎餅與米菓也命名為「大狸」、「小狸」、「古狸」與「豆狸」等等，這些米菓都採用高等級的稻米製作，並以手工刷上店家祕煉的醬汁，

各種以「狸」來命名的煎餅米菓

吃起來香香脆脆，讓人一口接著一口。

DATA 地址：東京都港區麻布十番1-9-1
電話：03-3585-0501
網址：www.tanuki10.com
營業時間：09:00～20:00
地鐵口：步行約5分鐘
MAP：P.253

MONT-THABOR

　　日本知名法式麵包店MONT-THABOR的本店也位於麻布十番商店街，創業於1977年的這家店是麻布十番地區西化的始祖之一，店內最著名的產品是每日限量供應的「北海道牛奶麵包」，另外像是栗子麵包與水果奶油夾心可頌等也是相當特別的商品。

DATA 地址：東京都港區麻布十番2-3-3
電話：03-3455-7296
網址：www.sweetstyle.co.jp/mont-thabor
營業時間：09:00～21:00
地鐵口：步行約5分鐘
MAP：P.253

水果鮮奶油夾心可頌

更科堀井

　「更級」與「保科」是蕎麥主產地信州的
兩大製麵所，而後日人便以「更科」作為高
級蕎麥麵的代名詞，220年前即開業於麻布
地區的麵坊「堀井」，獨家研發了萃取蕎麥
芯製成白色蕎麥麵的獨門技術，和一般常見
帶有顆粒的深色蕎麥麵大不相同。店內提供
的蕎麥麵包括湯麵(かけそば)與
蒸的乾麵(せいろ)2種，
通常可搭配炸天婦
羅、野菜、鴨肉或
牡蠣等食用，別忘
了灑上店家特製的柚
子七味粉提味！

店家獨門的白色蕎麥麵

DATA　地址：東京都港區元麻布3-11-4
電話：03-3403-3401
網址：www.sarashina-horii.com
營業時間：11:30～20:30
地鐵口：步行約7分鐘
MAP：P.253

あべちゃん(ABECHAN)

　あべちゃん是麻布十番地區著名的平民美
食，其中現點現烤的雞肉串燒飯(やきとり
丼)是必嘗的美味料理，另外店家特製的牛
肉丼「麻布飯」(麻布ライス)也是許多老饕
最愛，這些丼飯在中午時段均特價￥650，
吃不過癮的朋友不妨再加點幾串串燒。

DATA　地址：東京都港區麻布十番2-1-1
電話：03-3451-5825
營業時間：午餐11:30～13:00、
晚餐15:30～22:00
地鐵口：步行約5分鐘
MAP：P.253

香味撲鼻的現烤串燒飯

HONOLULU COFFEE

夏威夷最大的咖啡品牌Honolulu Coffee，也在這一波鬆餅咖啡熱潮中登陸東京，並陸續在表參道、赤坂與橫濱等地開設分店。店中的招牌科納(Kona)咖啡口感濃醇不苦澀，並帶有淡淡的肉桂香氣，全部的咖啡豆都是來自品牌位於夏威夷的自有咖啡莊

園，強調無農藥的有機栽培。此外夏威夷經典的鳳梨冰茶「Plantation Iced Tea」，和擠滿咖啡奶油的科納鬆餅也是店內的人氣商品。

DATA　地址：東京都港區麻布十番2-14-2
電話：03-3451-1500
網站：honolulucoffee.co.jp
營業時間：08:00～22:00
地鐵口：步行約5分鐘
MAP：P.253

AW KITCHEN PASTA HOUSE

日本料理名廚渡邊明開設的義大利麵專賣店AW KITCHEN，也進駐麻布十番商店街，店家與日本知名的野菜農家合作，每日以超過15種的有機蔬菜製作沙拉、前菜與義大利麵，像蘿蔔人參沙拉、蜂蜜甘藷沙拉、有機番茄鮮蝦麵與蔬菜千層麵等，都是主廚的獨門料理，這位Pasta大師2010年與日本女星中島史惠完婚，AW KITCHEN也因此登上影劇頭條。

手藝與話題性皆一流的主廚渡邊明

DATA　地址：東京都港區麻布十番3-11-3
電話：03-3403-7196
網址：www.eat-walk.com
營業時間：週一～五午餐11:30～15:00、
晚餐17:30～24:00，週六～日11:30～24:00
地鐵口：步行約7分鐘
MAP：P.253

代官山站 DAIKANYAMA

達人報告

「東急東橫線」為東急集團所經營的私鐵，自涉谷出發後可一路與港區未來線連接直達橫濱地區，由於這條鐵路沿線的車站不像JR山手線或TOKYO METRO各線大站般熱鬧繁華，許多行事低調或極具個人風格的服裝設計師、大廚與甜點師傅等紛紛選擇於鄰近的代官山、中目黑、自由之丘與祐天寺等站開設店鋪，讓東急東橫線在近年間成為東京當地時髦人士心中尋找獨一無二風格的祕密路徑。

「代官山站」為沿線較早發展的區域，並已為觀光客所熟知，這個地區原本僅為高級住宅與外國使館所在地，由於不少駐外使節與外商人士居住於此，許多來自歐美的精品店、新銳設計師品牌、歐洲風味的餐廳與咖啡廳等皆受到吸引而陸續於此處設立，讓代官山地區呈現出濃厚的異國風情。而後因為偶像劇與雜誌的推波助瀾，代官山瞬間成為時尚人士購物逛街與追求質感生活的新興據點，如果仔細觀察，你將發現代官山時髦男女的打扮和涉谷與新宿一帶十分不同，似乎每個人都具有獨特的個人魅力與不凡的品味氣質。

東京達人**3**大推薦地

作者最愛
T-SITE
代官山人氣新地標，包含藝文氣息濃厚的書店、餐廳與文創空間(P.265)

遊客必訪
代官山 ADDRESS
代官山著名的高級住宅區與購物商場，別忘了跟前方的綠椰樹地標合影留念。(P.264)

東京人推薦
CAFFÉ MICHELANGELO
充滿歐洲風情的浪漫咖啡廳，夏天時坐在戶外的區域用餐彷彿置身在巴黎的街頭！(P.274)

涉谷區

猿樂町

洋麵屋五右衛門

ONITSUKA TIGER

LA FUENTE

SHUTTERS

LOG ROAD

MR. FRIENDLY CAFÉ

PAUL SMITH

A.P.C. Femme

STYLES

CA4LA

代官山 ADDRESS

東急東橫線

BEAMS

CHEZ LUI

TENOHA

ANJIN

T-SITE

A.P.C. Homme

BONJOUR RECORDS

代官山站

CAFFÉ MICHELANGELO

MATSUNOSUKE
松之助N.Y.

HOLLYWOOD RANCH MARKET

EVISU THE TOKYO

代官山站周邊街道圖

駒沢通り

購物血拼

代官山ADDRESS

由同潤會公寓改建的代官山ADDRESS是結合居住、購物與娛樂休閒機能的複合型區域,在知名日劇《大和拜金女》當中,松嶋菜菜子就是謊稱自己居住在這個高級社區呢!ADDRESS中的商場分為「dixsept」(法文17),及「Promenade」(法文散步之意)兩部分,dixsept商場1樓為食品區,包括壽司、和菓子、蛋糕以及茶酒專賣店,2、3樓則為中

❶ 複合型高級住宅區ADDRESS
❷ 代官山ADDRESS中的dixsept商場

高價位的設計師品牌服飾;至於Promenade商場則是以販售生活雜物、帽子與配件類的商店為主,另外ADDRESS前方的大型椰樹藝術品也是代官山的著名地標呢!

DATA 地址:東京都涉谷區官山町17-6
電話:03-3461-5586
網址:www.17dixsept.jp
營業時間:Shop 11:00〜20:00,
Restaurant 11:00〜23:00(各店略異)
地鐵口:步行約3分鐘
MAP:P.263

LA FUENTE

LA FUENTE是代官山最主要的購物商場,占地3層樓,其中包括了服裝店、咖啡廳、餐廳、LOUNGE BAR以及美容沙龍等等。這裡販售的服裝以風格年輕

的日本設計師品牌為主,包括TSUMORI CHISATO、FINAL HOME、SUNAOKUWAHARA等等,常常可以看到打扮時髦有型的年輕男女相約於此購物用餐。

DATA 地址:東京都涉谷區猿樂町11-1
電話:03-3462-8401
網址:www.lafuente-daikanyama.com
營業時間:11:00〜20:00,Restaurant 11:30〜04:00(各店略異)
地鐵口:步行約5分鐘
MAP:P.263

❶ LA FUENTE中的TSUMORI CHISATO大店
❷ 建築風格時尚簡約的LA FUENTE

書店內分門別類的圖書專區

以TSUTAYA「T」字立體石材堆砌而成的建築外觀

T-SITE 蔦屋書店

　　蔦屋書店於2012年開幕，一向以氣質著稱的代官山，因為這個大型書城的正式營運而增添了更多書卷氣息。蔦屋書店以三大棟白色的主體建築構成，建築物外觀以代表TSUTAYA的「T」字立體石材堆疊而成相當壯觀，1、2、3館則以類別區分，分別販售人文、美術、旅行等種類的書籍雜誌與音樂CD、文具，並提供DVD出租服務，可說是台灣誠品書店的豪華版，店內的書籍與CD都可試閱試聽，店內並設有非常高科技的視聽設備與舒適的座位區。這個複合式的書城中還另外開設了藝文展覽區、酒吧、餐廳、自行車設備專賣店、寵物用品店和狗狗公園等等，讓時髦男女們能在這裡體驗高質感生活方式與樂趣。

書店內附設的STARBUCKS充滿書卷味與咖啡香

DATA 地址：東京都涉谷區猿樂町17-5
電話：03-3770-2525
網址：tsite.jp/daikanyama
營業時間：1F：07:00～02:00，
2F：09:00～02:00
地鐵口：步行約5分鐘
MAP：P.263

ONITSUKA TIGER

Onitsuka Tiger為運動鞋品牌亞瑟士(Asics)的前身，創立於1949年，以創辦人的姓氏鬼塚(Onitsuka)加上代表迅速敏捷的老虎為名。近年這個品牌因為復古時尚運動風的流行而重新復刻，並在代官山開設了旗艦店。除了經典的運動鞋外，品牌也積極發展不一樣服裝線，請來知名的義大利設計師Andrea Pompilio操刀，運用鮮豔的色塊拼接，以及如封條膠帶般的創新設計，讓這個歷史老牌邁入新的時尚里程。

❶ 為品牌操刀的義大利設計師Andrea Pompilio ❷❸品牌最新主打的服裝系列

DATA 地址：東京都涉谷區猿樂町20-7
電話：03-5489-1711
網站：www.onitsukatiger.com
營業時間：11:30～20:00
地鐵口：步行約5分鐘
MAP：P.263

HOLLYWOOD RANCH MARKET

HOLLYWOOD RANCH MARKET是代官山資深的Select Shop，店中精選來自歐洲、美國與日本的男女服裝、牛仔褲、帽子、包包和小飾品等等，以復古與休閒風格為主，這裡商品的定價並不低，但由於款式特殊且進貨量少，前來購物的時髦男女仍是絡繹不絕，另外，店內的裝潢及音樂亦頗具美式復古風味，與代官山的異國情調十分切合。

HRM的店外裝潢亦具有復古懷舊異國風

DATA 地址：東京都涉谷區猿樂町28-17
電話：03-3463-5668
網址：www.hrm.co.jp
營業時間：11:00～20:30
地鐵口：步行約5分鐘
MAP：P.263

CA4LA

　　CA4LA的日文發音CA-SHI-LA是古文「頭」的意思，顧名思義這家店裡就是專賣「頭上」戴的帽子，不論是紳士帽、漁夫帽、鴨舌帽、畫家帽還是南瓜帽，只要是你能想像到的帽款全都能在店內找到，更重要的是，CA4LA的帽子全部都為手工製作，不但做工精細而且數量稀少，有時候看到喜歡的樣式卻不一定適合自己的頭型，能不能將心儀的帽子帶回家多少還得碰碰運氣呢！

DATA　地址：東京都涉谷區代官山町17-5
　　　　電話：03-5459-0085
　　　　網址：www.ca4la.com
　　　　營業時間：11:00～20:00
　　　　地鐵口：步行約3分鐘
　　　　MAP：P.263

❶CA4LA店內各式各樣的帽子
❷位於ADDRESS中的CA4LA

BEAMS系列商店

　　日本知名的Select Shop品牌Beams，於代官山開設了2間不同於其他以街頭服飾為主的新型態概念店，其中「B印Yoshida」專門販賣Beams與Porter吉田包合作設計的包包與配件，這系列的商品除了維持吉田包一貫的質感外，還加入了許多色彩與限量的圖案設計；而相鄰的另一家店則為以Happy為主題的可愛童裝店專賣店「こども ビームス(Kodomo Beams)」。

❶❷Beams與Porter合作推出的商品
❸位於街角的專賣店

DATA　地址：東京都涉谷區猿樂町19-6、19-7
　　　　電話：03-5428-5952
　　　　網址：www.beams.co.jp
　　　　營業時間：11:00～20:00
　　　　地鐵口：步行約5分鐘
　　　　MAP：P.263

❶❷❸ PAUL SMITH街頭風副牌R. Newbold

PAUL SMITH 系列商店

　　Paul Smith亦於代官山設立了不同系列的商店，包括全日本第三間的牛仔休閒系列「Paul Smith Jeans」、首家日本限定授權生產的配件與鞋類專賣店「Shoe & Accessories」，以及僅在英國和日本開設專賣店的副牌「R. Newbold」，這個副牌的商品維持了品牌一貫的英倫風格並融入更多的休閒元素，價位也比主線來得親民。

DATA 地址：東京都涉谷區猿樂町19-4
電話：03-5489-3726
網址：www.paulsmith.co.jp、www.rnewbold.com
營業時間：11:00～20:00
地鐵口：步行約5分鐘
MAP：P.263

A.P.C. 系列商店

　　由設計師Jean Touitou於1988年創立的法國品牌A.P.C.一直深受東京品味人士的愛用，設計團隊秉持著品牌精神「Atelier de Production et de Création 」(創造與創意之作)，選用高級的素材、簡單大方的樣式與低調的色系，讓商品歷久不衰且實穿好搭，其中加入軍裝元素的外套與車工細緻的丹寧褲等均為品牌經典。代官山八幡通上的女裝專賣店由名建築師Paul Chemetov打造，簡潔低調的外觀與品牌特色完美結合，位於旁邊巷內的男裝專賣店則於2008年擴大營業，並以綠意盎然的庭院貫穿新、舊兩店面。

DATA 地址：東京都涉谷區猿樂町11-9
電話：03-5489-6851
網址：www.apc.fr
營業時間：11:00～20:00
地鐵口：步行約5分鐘
MAP：P.263

綠意盎然的A.P.C. Homme全新店面

EVISU THE TOKYO

以大型「M」字為Logo的超人氣牛仔褲品牌EVISU，由設計師山根英彥於1991年在大阪創立，位於代官山的EVISU THE TOKYO是東京規模最大、商品也最齊全的店面。EVISU的牛仔褲分為日本版與歐洲版2種，台灣專賣店販售的，幾乎都是有較多種褲型的歐洲版，而日本版則大多為直筒褲型的復刻

❶EVISU東京旗艦店❷EVISU以牛仔系列服飾著稱

版。在日本購買EVISU的價格，大約比台灣少三分之一左右，是十分值得投資的潮流單品。

DATA 地址：東京都目黑區上目黑1-1-5
電話：03-3710-1999
網址：www.evisu.jp
營業時間：12:00～20:00
地鐵口：步行約5分鐘
MAP：P.263

STYLES

STYLES專賣各運動品牌推出的限量商品或與設計師合作的聯名款式，店內代理品牌包括ADIDAS、NIKE、NEW BALANCE、OAKLEY、REEBOK與UNDEFEATED等等，其中ADIDAS和紐約新銳設計師JEREMY SCOTT共同推出的商品最為熱門，在嘻哈明

星的加持之下，一推出就立刻吸引收藏家們預約訂購，店內有時亦有零碼商品的折扣促銷，大家不妨碰碰運氣！

DATA 地址：東京都涉谷區猿樂町11-8
電話：03-6415-7722
網址：www.styles-tokyo.jp
營業時間：11:00～20:00
地鐵口：步行約5分鐘
MAP：P.263

JEREMY SCOTT與ADIDAS合作推出的限量鞋款

❶入口處的啤酒餐廳Spring Valley ❷綠意盎然的戶外造景 ❸❺美國品牌Fred Segal系列商店 ❹波特蘭的藍色星星甜甜圈

LOG ROAD

東急東橫線涉谷至代官山的路面鐵道地下化後，大家都在引頸期盼原本長220公尺的鐵道會另作何種用途，在設計師柴田陽子與建築師大堀伸的通力合作下，這處以兼具購物、美食與休憩機能的Log Road商場於2015年誕生。

以原木(Log)為主題，除了迎合日本近年的有機綠化建築風潮外，也相當貼近代官山的優雅文藝氣息。沿著原本軌道搭建的商場由5棟木造小木屋組成，打造出彷彿歐美度假村的休閒風格，設計師並以大片落地窗與半開方式空間讓狹長型的區域呈現出開闊感，而沿途的庭園造景則請來了園藝大師齊藤太一選擇了日本當地與進口的花草植物，讓四季都能呈現不同的風貌。

5棟建築包括了啤酒餐廳Spring Valley Brewery、美國西岸品牌Fred Segal的男女裝與生活小物系列、來自波特蘭的知名甜甜圈Camden's Blue Star、販售有機商品的Garden House Crafts，以及來自加州的麵包坊Tartine Bakery；除了餐廳附設的露天座位外，戶外也設置了多處座椅與可愛的餐車，買份點心和飲料就可以恣意享受這綠意盎然的都市野餐樂趣！

DATA 地址：東京都涉谷代官山町13-1
電話：03-3464-3961
網站：www.logroad-daikanyama.jp
營業時間：商店11:00～20:00 (餐廳各異)
地鐵口：步行約5分鐘
MAP：P.263

TENOHA

　有機綠化的風潮也一路吹到了代官山的中心地區，原本著名的複合式商場Loveria，在東急集團的改造下，以「五年期間限定」的Tenoha商場登場，從2015年開始，預計經營至2020年。

　該地的前身為小型公寓，在Loveria時期即保留了中庭庭園的部分，到了Tenoha開幕時除了將此概念保留外，還增添了戶外座位以及大量的綠色植物造景，並以庭園為中央延伸至四周各主題商店。

　Tenoha當中包括了販售設計師生活雜物的& Style Store、提供義式餐點的& Style Restaurant、咖啡廳與酒吧Bondolfi Boncaffe、來自鎌倉的鮮果冰棒Paletas以及提供輕食的Si-empre等等，每逢假日時也常

❶❸頗具歐風的戶外座位區❷❹商場保留原本小型公寓的外貌❺❻生活雜物專賣店& Style

有各種活動於中庭花園舉行，成為年輕人們相約代官山的新據點；至於2020年時會有什麼新的演變也相當令人期待。

DATA　地址：東京都涉谷區代官山町20-23
電話：03-5784-0741
網站：tenoha.jp
營業時間：商店11:00～20:00 (餐廳各異)
地鐵口：步行約5分鐘
MAP：P.263

BONJOUR RECORDS

「Bonjour!」法文的早安你好，無論是熟識或陌生的朋友都可以用這句話來招呼問好，在音樂方面也是一樣，不論是哪種類型的音樂，只要你敞開心胸去聆聽，就會發現音樂的無遠弗屆。Bonjour Records自從1996年開業以來，一直以此原則

為聽眾們選擇類型廣泛的音樂，包括搖滾、龐克、爵士、嘻哈、電子與沙發音樂等。除了唱片外，店內也販售和音樂相關的雜誌、樂團T-Shirt與提袋等商品。

❶店內精選的各式CD❷服裝與配件周邊商品

DATA
地址：東京都涉谷區猿樂町24-1
電話：03-5458-6020
網址：www.bonjour.co.jp
營業時間：11:00～20:00
地鐵口：步行約5分鐘
MAP：P.263

特色美食

MR. FRIENDLY CAFE

Mr. Friendly是許多朋友童年的可愛回憶，懷念這位老朋友的話，來到代官山時別忘了前去拜訪他的專屬商店與咖啡廳！位於電車鐵道附近的Mr. Friendly Daily Shop除了販賣Mr. Friendly的相關產品外，還開設了Mr. Friendly Café販售飲料、蛋糕、聖代與可麗餅，每樣點心都會以可愛的人形蛋糕裝飾，也可以單點7個(¥263)或18個裝(¥630)的小蛋糕。

造型可愛的Mr. Friendly小蛋糕

DATA
地址：東京都涉谷區惠比壽西2-18-6
電話：03-3780-0986
網址：www.mrfriendly.co.jp
營業時間：11:00～20:00
地鐵口：步行約7分鐘
MAP：P.263

CHEZ LUI

專賣歐式蛋糕與麵包的CHEZ LUI在日本各地擁有近10家分店，而它的發跡處正是位於代官山八幡通大樹旁的這家店，自1975開店至今，店家標榜以天然的原料，製作出無添加物的各項精緻西點，其中像可麗露、蜜桃派、甘薯餅與栗子蒙布朗等都是其代表作，除了外帶外，店內也提供飲料與午茶組合。

DATA 地址：東京都涉谷區猿樂町23-2
電話：03-3476-3853
網址：www.chez-lui.com
營業時間：Shop 09:00～22:00，
Cafe Shop 09:00～21:00
地鐵口：步行約3分鐘
MAP：P.263

CHEZ LUI每日新鮮出爐的甘薯餅

MATSUNOSUKE 松之助N.Y.

坐落在優雅寧靜舊山手通上的松之助N.Y.，是代官山近期內開幕的話題甜點店，這裡的主人是有名的甜點食譜作者平野顯子，在店的傳單上印了一個美國和一個日本小女孩的照片，原來這是平野小姐和她在美國紐英格蘭攻讀甜點學校時的好友Cheryl Jean，Cheryl傳授了平野許多正統美式甜點的做法，回到日本後她便以祖父之名「松之助」，先後在京都與代官山開設了正統美式甜點店。這

裡最著名的點心包括蘋果派、馬芬與紐約起司蛋糕等，店內每月還固定舉辦料理教室教大家DIY做點心。

DATA 地址：東京都涉谷區猿樂町29-9
電話：03-5728-3868
網址：www.matsunosukepie.com
營業時間：08:00～18:00，週一公休
地鐵口：步行約5分鐘
MAP：P.263

口味正統的美式馬芬

CAFFÉ MICHELANGELO

　　Caffé Michelangelo是日劇中經常出現的場景，這裡就如同其義大利文店名般地呈現出浪漫的歐風情調，在下午時許多名媛貴婦總喜歡與三五好友在露天的座位喝茶聊天，更不時能見到明星名模的身影。這裡的餐點以義大利式輕食為主，中午推出￥1,000元左右的套餐，下午茶時段也提供點心組合，除了咖啡廳外，餐廳的後方還設有宴會廳與歐式花園，別忘了前去拍照留念！

DATA　地址：東京都涉谷區猿樂町29-3
電話：03-3770-9517
網址：www.hiramatsu.co.jp/eng/restaurants/
michelangelo
營業時間：11:00～22:30，假日至23:00
地鐵口：步行約5分鐘
MAP：P.263

咖啡廳外的露天座位是日劇中常見的場景

酒吧內氣勢磅礴的大型吧檯

ANJIN

　　在書店內開設咖啡廳已是十分常見的複合式經營方式，然而在書店裡規畫LOUNGE BAR可是頭一回的創舉，蔦屋書店的2樓就特別設置了兼具人文與時尚氛圍的酒吧ANJIN，這裡提供義大利式的輕食、咖啡茶飲並擁有大型的吧台，由專業的BARTENDER為客人調製各式酒精飲料，下午以及夜晚時分，不少代官山的名媛雅士們紛紛前來小酌，一邊輕聲聊天、一邊翻閱店內提供的各式日、英文雜誌書籍，度過慵懶又愜意的書香時刻。

DATA　地址：東京都涉谷區猿樂町17-5 2F (TSUTAYA BOOKS)
電話：03-3770-1900
網址：tsite.jp/daikanyama/store-service/anjin
營業時間：09:00～02:000
地鐵口：步行約5分鐘
MAP：P.263

SHUTTERS

代官山地區的餐廳普遍來說消費略高，如果想要品嘗異國風味的料理卻又預算有限時，建議各位可以前來LA FUENTE商場的地下樓層，這裡有幾家料理、氣氛皆不錯且價位適中的美食餐廳。SHUTTERS是一家以美式料理為主的餐廳，提供各式義大利麵

❷

❶SHUTTERS在店內布置了海洋風的水族箱
❷SHUTTERS經典碳烤豬肋排

（¥995起）、野菜沙拉（¥665）、排餐與甜點，其中炭烤豬肋排（¥1,995）與焗烤田螺（¥1,295）為最多人點用的招牌料理，很適合朋友們一起點用分享。

DATA 地址：東京涉谷區猿樂町11-1(LA FUENTE B1)
電話：03-3461-3371
網址：www.ys-int.com
營業時間：11:30〜23:00
地鐵口：步行約5分鐘
MAP：P.263

洋麵屋五右衛門

將西式料理加入東洋元素的「和風洋食」已成為日本美食文化的一大特色，洋麵屋五右衛門就是一間標榜「筷子」吃Pasta的和風洋麵專賣店，五右衛門是日本安土桃山時代的大盜，最後被處以「釜煎之刑」，後來日本人便將用來燒熱水的大鐵鍋稱為「五右衛門釜」，餐廳以此為名，除了強調以大鐵鍋烹煮的麵條外，也象徵著將西洋食材「盜」來製成日式美食的有趣涵義。店內料理一律使用自義大利原裝進口的麵條、橄欖油、番茄與起士，再加上當地的海鮮、野菇、紫菜與調味料，人氣餐點包括帆

立貝白醬、醬油風鮮蝦、明太子青醬與海鮮番茄等日式口味的義大利麵（¥1,000〜1,600），另外店家還特別選用高級的有田燒餐具來增添傳統的日本風味呢！

洋麵屋五右衛門的特製和風義大利麵

DATA 地址：東京都涉谷區猿樂町11-1(LA FUENTE B1)
電話：03-3780-3680
網址：www.yomenya-goemon.com
營業時間：11:30〜22:00
地鐵口：步行約5分鐘
MAP：P.263

涉谷　代官山　中目黑　祐天寺　學藝大學　都立大學　自由之丘

中目黑站 NAKAMEGURO

達人報告

中目黑對於一般觀光客而言並非名氣響亮的遊覽景點，然而在日本時尚潮流人士的眼中，這裡可是排名第一的尋寶勝地。中目黑地區原本只是單純的住宅區域，步出中目黑車站時，各位可能會覺得這裡和一般社區並無差異，然而穿過前排的樓房之後，你將發現此處竟有著一整排的濃密樹蔭與蜿蜒貫穿其下的小河流「目黑川」。這種隱身在都市中的寧靜氛圍，讓中目黑成為許多人夢想中的居住首選，到了春天時目黑川兩側的櫻花同時盛開，如此絕美的景致可是只有行家級的賞花客才知曉的。

當代官山一帶經過媒體炒作而成為人潮聚集的「觀光勝地」後，許多風格低調的設計師們紛紛決定將店鋪遷移至幽靜的目黑川兩側以及四周的小巷弄間，而後越來越多別具特色的服裝店、潮流店、家飾店、藝廊、咖啡廳與餐廳等等陸續進駐，在大家的口耳相傳之下，中目黑逐漸成為了東京最低調其實卻是最新潮的時髦男女匯集地。

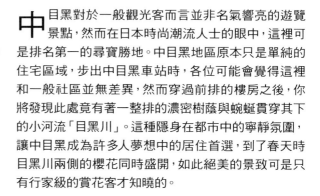

東京達人**3**大推薦地

作者最愛
VENDOR

潮流達人必訪的街頭風
Select shop。(P.280)

遊客必訪
FRAMES

目黑川旁的時尚咖啡店，悠閒自在的好氣氛。(P.283)

東京人推薦
TELEPATHY ROUTE

店內有很多民族風古著，另外品牌自行設計的「老布新衣」也是時尚雜誌揭載的注目單品。(P.278)

中目黑站周邊街道圖

MOTHER
天神橋
LEAH K
COW BOOKS
綠橋
青葉台
朝日橋
VENDOR
HOSU.ATPD
TELEPATHY ROUTE
宿山橋
MEMENTO 上目黑
山手通 MOKE'S
EXILE TRIBE STATION
櫻橋
LOURMARIN
FRAMES
OUVRAGE CLASSE
中目黑高架下 別所橋
目黑川
中目黑站
東急東橫線

TELEPATHY ROUTE

TELEPATHY ROUTE是中目黑地區元老級的服裝店，早在5、6年前店主即相中此區域的時尚潛力，選擇在幽靜的目黑川沿岸開設了這間小店，店內以進口自美國與歐洲的二手古著為主，包括T-Shirt、襯衫與帽子等等，和下北澤與原宿的大型二手店相比，這裡的商品雖然沒有非常多，但質料與保存狀況均十分良好，更特別的是店家還四處搜購中古布料，以及自行設計樣式，再送往俄羅斯工廠製作「老布新衣」系列商品，這些服裝往往能兼具復古的質感與流行的版型，深受喜愛古著風的時髦人士歡迎。

DATA 地址：東京都目黑區青葉台1-21-9
電話：03-3456-3939
網址：telepathyroute.com
營業時間：12:00～21:00
地鐵口：步行約3分鐘
MAP：P.277

HOSU.ATPD

由日本潮流設計師Hosu開設的HOSU．ATPD店內僅以簡單的原木色系裝，除了商品之外還陳列了其個人的腳踏車收藏，各式顏色鮮豔的復古腳踏車也是中目黑潮人們的最愛，在目黑川沿岸時常能看見款式特殊的單車呼嘯而過。HOSU．ATPD的服飾包括以中古丹寧布或二手牛仔褲加工而成的「Heritage」系列、由Hosu與Le coq sportif合作發售的「Golden Line」鞋款、街頭休閒風格的機能服飾「Lefty-h」與強調特殊設計的「Over Rap」系列。

DATA 地址：東京都目黑區青葉台1-21-11
電話：03-5428-8239
網址：www.hosu.jp
營業時間：12:00～20:00，週四至23:00
地鐵口：步行約3分鐘
MAP：P.277

THE ARMY GYM

Nigel Cabourn是來自英國的天才服裝設計師，並從六〇年代開始活躍於時尚界至今，他早在17歲即立定志向進入服裝學校就讀，1970年時因為幫歌手Adam Faith設計一款大圓領外套「Budgie Jacket」而聲名大噪。「THE ARMY GYM」為Nigel旗下以軍裝為靈感的品牌，商品包括風格沉穩內斂的大衣、外套與配件等。該品牌原本僅在歐洲的高級百貨販售，日本則在Select Shop陸續引進後大受時尚人士推崇，Nigel遂決定在2009年於中目黑開設全球首家GYM門市店，並為該店設計日本獨家的限量商品。

DATA 地址：東京都目黑區青葉台1-21-4
電話：03-3770-2186
網址：www.cabourn.jp
營業時間：11:00～20:00
地鐵口：步行約3分鐘
MAP：P.277

MOTHER

MOTHER是設計師Eri(永井繪理子)的自創品牌，在紐約出生、東京成長的她現年才26歲就已擁有CHICO、MOTHER與BIG FEMME 3個品牌，還是「裝苑」時尚雜誌的專欄作家。本身就是甜美可愛女生的Eri，設計的服裝亦充滿民族風小碎花、動物花紋、編織與蕾絲等元素，另外店內也販售Eri親自於東南亞國家挑選的民族風包包與飾品。

年輕設計師ERI的個人品牌MOTHER

DATA 地址：東京都目黑區青葉台1-13-12
電話：03-3780-4455
網址：www.mothermother.com
營業時間：12:00～20:00
地鐵口：步行約3分鐘
MAP：P.277

LEAH K

LEAH K是中目黑地區知名的二手服飾專賣店，不同於一般古著店的低價路線，店主特別至法國、義大利、美國等地蒐羅五〇～七〇年代的高級服裝配件，像是款式歷久不衰的毛料大衣、手工縫製的皮革包包與具有歷史痕跡的長筒軍靴等等，讓客人們能從中打造出一身優雅摩登的復古風情。

DATA 地址：東京都目黑區青葉台1-25-2
電話：03-6452-2617
網址：leah-k.jp
營業時間：12:00～20:00
地鐵口：步行約5分鐘
MAP：P.275

店主蒐羅自歐美各地的復古包款

LOURMARIN RIVERSIDE MARKET

開設在中目黑巷道中的LOURMARIN有著彷彿是歐洲田園小屋的可愛外觀，而店內的服裝更是以歐式優雅的休閒風為主，就連音樂都是浪漫的法文香頌呢！除了服裝外，這裡也販售生活小物、碗盤瓷器、香氛蠟燭與精油產品，讓每個人都能把自己的家中變成有氣氛的歐風小宅。

DATA 地址：東京都目黑區上目黑1-14-6
電話：03-5456-7010
網址：www.melrose.co.jp/lourmarin
營業時間：11:00～20:00
地鐵口：步行約7分鐘
MAP：P.277

店中販賣的歐風碗盤瓷器

OUVRAGE CLASSE

OUVRAGE CLASSE是知名日系品牌NICE CLAUP推出的高級女裝品牌，東京的唯一一家專賣店就選擇在目黑川旁的獨棟白色洋房中落腳，品牌的服裝不但用料高級且樣式典雅大方，許多名媛們都是其忠實客戶，Ouvrage是法文「工藝品」之意，因此如同工藝品般的服裝價格當然也是不低的。

DATA 地址：東京都目黑區上目黑1-13-7
電話：03-3780-8007
網址：ouvrage.jp
營業時間：12:00～20:00
地鐵口：步行約3分鐘
MAP：P.277

VENDOR

VENDOR引進的限量球鞋鞋款

代官山的著名潮流店VENDOR於日前搬遷於此，更寬敞的店面引進了更多歐、美、日的新興潮牌包括NONNATIVE、JOHN SMEDLEY、GENERIC SURPLUS與NUGGETS等，許多如NIKE、NEW BALANCE與KEDS的限量鞋款也可不時在店內找到，除了服飾外，店內也精選了類型獨特的CD與雜誌。

DATA 地址：東京都目黑區青葉台1-23-14
電話：03-6452-3072
網址：vendor.co.jp
營業時間：12:00～20:00
地鐵口：步行約3分鐘
MAP：P.277

EXILE TRIBE STATION

店內販售的EXILE周邊商品

人氣團體EXILE所屬的經紀公司LDH於中目黑開設了東京唯一一家專賣旗下藝人相關產品的EXILE TRIBE STATION，店內的產品琳瑯滿目包括CD、海報、演唱會周邊商品，還包括由EXILE團員設計的T-Shirt、包包與吊飾等等，如果你是EXILE、LOVE、DREAM等團體的支持者，一定別忘了來此處朝聖一番。

DATA 地址：東京都目黑區上目黑1-17-4
電話：03-6452-3312
網址：www.exiletribestation.jp
營業時間：12:00～20:00
地鐵口：步行約5分鐘
MAP：P.277

MEMENTO

❶❷❸精選自歐美的多樣化品牌❹帶有點搖滾風格的店內擺飾

Memento是深受日本藝人、名模與造型師喜愛的Select Shop，在帶著華麗搖滾風格的裝潢中，店家精選來自義大利、巴黎、紐約、洛杉磯與日本當地的人氣品牌服裝配件，不少款式都是當季的雜誌介紹款，時尚的店員們也會定期在店家的部落格中，分享最新的穿搭潮流。

DATA 地址：東京都目黑區青葉台1-20-5
電話：03-6904-2066
網站：www.mementomori.jp
營業時間：週一～六11:30～20:00，
週日11:30～19:00
地鐵口：步行約3分鐘
MAP：P.277

COW BOOKS

Cow Books是東京著名的中古書店，以乳牛為店名，意味著如牛群在草原奔馳的自由，這裡收集了許多60～70年代的絕版書，以社會運動的書籍和許多文學家的首版著作為主。除了書冊外，店內也販售簡單的咖啡飲品，讓大家以咖啡香和著書香，靜靜地感受中目黑的優雅氛圍。除了實體的店面外，Cow Books也以行動書車的方式，不定期於二子玉川、奈良、長野與京都等地巡迴，讓更多愛書的朋友能夠有機會接觸這些中古書籍。

可供閱讀小憩的咖啡座

DATA 地址：東京都目黑區青葉台1-14-11
電話：03-5459-1747
網址：www.cowbooks.jp
營業時間：12:00～20:00(週一公休)
地鐵口：步行約5分鐘
MAP：P.277

中目黑高架下

　　繼萬世橋廢棄橋墩變身創意商場後，閒置多年的中目黑車站高架橋下空間，也在2016年底成為商場加美食的新名所，還直接了當地取名為「中目黑高架下」。這個全長700多公尺的空間，在東急電鐵與Tokyo Metro的合作下，一口氣開設了28間的嶄新店面，一路從中目黑延伸至祐天寺車站，其中最醒目的非車站正對面的蔦屋書店莫屬，其外觀是與代官山T-Site相同的T型白色立體牆面，裡頭則區分為Meet、Talk、Work與Share四個主題區域，販售、文具與文創商品；除了書店外，商店部分另有英國服裝品牌Select Shop MHL。

　　餐廳區域可說是中目黑高架下的精華，在一個個橋下空間中，來自世界各國的美食比鄰而立，成為中目黑的美食天堂，其中包括美式風味炭烤Good Barbecue、來自湘南的法式吐司專賣店Loncafe Stand、濃郁的雞湯關東煮 だしおでん さもん、西班牙家常料理Asador Del Prado、創意的烏龍麵居酒屋二0加屋長介、江戶前壽司專門店壽司的磯松以及韓國美食おばんざいソウル小町等等，由於選擇實在太多樣化，第一次前來的朋友不妨先從「國別」挑選吧！

DATA　地址：東京都目黑區上目黑一丁目至三丁目
　　　　　電話：各店電話請至網站查詢
　　　　　網站：www.nakamegurokoukashita.jp
　　　　　營業時間：各店營業時間請至網站查詢
　　　　　地鐵口：出站即達
　　　　　MAP：P.277

FRAMES

在氣氛悠閒的目黑川沿岸開設了數家別具特色的咖啡餐廳，許多前來中目黑的時髦人士，總喜歡在購物之後繼續前往用餐聊天，所以來到這些地方，總是能遇到東京頂尖的帥哥美女甚至藝人名模。FRAMES以白色系的空間設計營造出簡單卻舒適的用餐環境，在下午時段隻身前來的客人，總是喜歡一邊品嘗飲料甜點套餐（￥525～630），一邊安靜地閱讀

FRAMES每日精選主餐與甜點

雜誌書籍；到了晚餐時間，店內的氣氛開始熱絡起來，年輕男女們於其間高聲談笑並點用店家特製的和風義大利麵、Pizza或排餐類（￥900～1,500）；由於這裡與涉谷知名夜店AIR、MICROCOSMOS隸屬同一集團，不少人也喜歡選在深夜時段前來，除了能喝喝調酒外，還能藉著由知名DJ設計的音樂來讓身心徹底放鬆。

DATA 地址：東京都目黑區上目黑1-18-5
電話：03-5724-5097
網址：www.frames-tokyo.info
營業時間：11:30～05:00
地鐵口：步行約3分鐘
MAP：P.277

MOKE'S BREAD & BREAKFAST

Moke's又是另一家來自夏威夷的人氣鬆餅店，這個由麵包師傅Moke Warren開業並四代相傳的夏威夷小餐廳以獨創的Lilikoi鬆餅成功在東京這一波鬆餅大戰中脫穎而出，Lilikoi為夏威夷語中的百香果，Moke's在鬆軟的煎餅表面淋上酸酸的特製百香果糖霜，特別的口感可跟一般淋楓糖或鮮奶油的鬆餅大不相同，除了Lilikoi外還有莓果與夏威夷果等口味，想要一次全部品嘗嗎?店家貼心推出了迷你版的下午茶組合，讓你每種都能嘗得到！

DATA 地址：東京都目黑區上目黑1-17-8
電話：03-6451-2400
網址：www.mokeskailua-japan.com
營業時間：週日～三09:00～20:00，週四～六09:00～21:00
地鐵口：步行約3分鐘　MAP：P.277

真正屬於東京時髦男女的祕密路線

東急東橫線

中目黑　祐天寺　學藝大學　都立大學　自由之丘　田園調布　多摩川

自由之丘站 JIYUGAOKA

達人報告

自由之丘(自由が丘)的地名來自當地早年宣導自由主義的學校「自由之丘學苑」，而在區域當中也真的布滿了高低起伏的山丘，由於此處氣氛寧靜、景色優美，許多歐式的房舍陸續在小山丘之間興建，讓早期的自由之丘就已具備歐洲小鎮的特色，而後不少販售歐洲舶來品的委託行在車站周邊開設並逐漸發展成著名的「小義大利」商店街，另外販售家飾用品與生活雜物的小店也紛紛進駐，成為自由之丘至今的一大特色。

除了生活雜物的愛好者不能錯過自由之丘外，這裡更是甜點迷的天堂，許多自西方學成歸國的日本甜點師傅也因為喜愛自由之丘的歐風氣氛，紛紛選擇於此開設精緻的蛋糕店與咖啡廳，隨後數家國際知名的甜點名店也在這個區域設立分店，讓各式各樣的美味甜點成為自由之丘的新特色。

東京達人**3**大推薦地

作者最愛
黑船

結合日式元素與西洋甜點的老牌名店，不論是蜂蜜蛋糕還是花式銅鑼燒都值得一嘗。(P.291)

遊客必訪
SWEETS FOREST

喜歡甜食的女生不能錯過的夢幻點心天堂，在粉紅色的森林中能夠一次品嘗8位甜點名師的好手藝。(P.289)

東京人推薦
TRAINCHI

小巧可愛的生活型商場，許多創意小物都能在此處找到！(P.286)

自由之丘站周邊街道圖

MONT ST. CLAIR　綠小通　自由が丘ロール屋　東急東横線
熊野神社
自由之丘公園
黑船
サンタ通
LUZ
TIPPY TOP
2ND STREET
MONT-BLANC
正面口(北口)
SWEET FOREST
COUCA
COU COU　自由之丘站
綠色街道
TRAINCHI
南口
GAP
自由通
無印良品　Franc franc

❶外觀充滿時尚感的LUZ
❷LUZ中的專賣店相當多元化

LUZ

2009年7月開幕的LUZ是自由之丘地區最新的複合式商場，L、U、Z分別代表了光輝燦爛(Luminous)、都會感(Urban)與最高品質(Zenith)，經營者希望藉由這棟外觀充滿時尚感的生活商場為自由之丘帶來高品味的新面貌，LUZ以「美、知、衣、食、住」為5大主題，引進多個保養品、生活雜物、家飾用品與服飾配件品牌，另外在代官山曾介紹過的餐廳SHUTTERS亦在此設有分店。

DATA 地址：東京都目黑區自由之丘2-9-6
電話：03-3725-4511
網址：www.luz-jiyugaoka.com
營業時間：Shop 11:00～20:00，
Restaurant 11:00～23:00 (各店略異)
地鐵口：北口，步行約3分鐘
MAP：P.285

TRAINCHI

TRAINCHI是自由之丘另一著名的生活型商場，不同於東京慣見的高樓百貨，這裡是以數小棟2層樓的建築圍繞而成，在建物外觀還特別營造成木製小屋的感覺，十分有歐洲郊區小型商場的風味，在三角形的區域中一共開設13家商店與餐廳，包括生活雜物專賣店PYLONES、DCOUTURE、NATURAL PLENTY，服裝品牌BULLE DE SAVON、VANILLA DEW與玩具店NIKITIKI等等，許多附近的主婦們總喜愛在平日相約前來購物用餐。

❶由數棟小建築構成的TRAINCHI
❷TRAINCHI中的西點專賣店

DATA 地址：東京都目黑區自由之丘2-13-1
電話：03-3721-2540
網址：trainchi.jp
營業時間：Shop 10:00～20:00，
Restaurant 11:00～23:00 (各店略異)
地鐵口：南口，步行約5分鐘
MAP：P.285

COU COU

　　CouCou浪漫甜美的粉紅色裝潢，總是深深吸引了少女的目光。店內販售各式各樣的生活雜物、餐具、文具、首飾、貼紙，與指甲彩繪用品等等。這些商品清一色都是日本女生最愛的粉嫩色系，並裝飾著可愛圖案。更重要的是，CouCou店中所看到的任何商品，竟然都只要￥300，可以説是夢幻版的300元店，難怪店裡總是人潮不減呢！

所有可愛的商品都只要￥300

DATA
地址：東京都目黑區自由之丘2-11-16
電話：03-6421-1358
網址：www.coucou.co.jp
營業時間：11:00～20:30
地鐵口：北口，步行約2分鐘
MAP：P.285

CUOCA

　　甜點迷們除了前來自由之丘品嘗美味的蛋糕外，是否也想嘗試自己動手做點心呢？來到CUOCA，各位可以將各式各樣的甜點材料與烘焙器具一次購齊，店內從打蛋器、蛋糕模、烤盤到蛋糕粉、酵母粉與餅乾麵糰等等一應俱全。除了功能性外，這裡販售的烘焙器具就連顏色外型也相當夢幻繽紛，讓大家在製作甜點的同時也能有愉悦心情，另外店中還設有烘焙教室，不定時開辦各種點心教學課程。

DATA
地址：東京都目黑區綠之丘2-25-7
電話：03-5731-6200
網址：www.cuoca.com
營業時間：10:00～20:00
地鐵口：南口，步行約5分鐘
MAP：P.285

❶專賣甜點材料與烘焙器具的CUOCA
❷CUOCA中各式造型特殊的模具

TIPPY TOP

　　TIPPY TOP可以説是一間真正的「雜貨」專賣店，在小小的店面中堆滿了成千上萬種的超級Kawaii小東西，從帽子、拖鞋、包包、鉛筆盒到鑰匙圈、手機吊飾、文具、餐具、收納盒等等無奇不有，其中還不乏知名卡通人物的造型商品如微笑娃娃、麵包超人、ELMO與湯瑪士小火車等等，更重要的是店內商品都相當便宜，難怪不分男女老少都能樂在其中享受尋寶之趣呢！

DATA　地址：東京都目黑區自由之丘2-9-10
　　　　電話：03-3724-1771
　　　　營業時間：10:30～19:30
　　　　地鐵口：北口，步行約5分鐘
　　　　MAP：P.285

❶販售各式生活雜貨的TIPPY TOP
❷顧客們總是對於可愛的小物愛不釋手

2ND STREET

　　2ND STREET為日本連鎖型二手服飾買賣店，原名為Jumbo Store，於涉谷、下北澤與吉祥寺等均有分店。有別於其他的古著店，這裡收取與販售的服裝大多是七、八成新以上的知名品牌商品，包括各大潮流品牌和日本設計師品牌，有時還能找到市價三至五折的國際名牌服裝、包包和飾品呢！

❶❷店內商品均為狀況良好的七八成新品

DATA　地址：東京都目黑區自由之丘1-10-3
　　　　電話：03-5731-0117
　　　　網站：www.2ndstreet.jp
　　　　營業時間：10:00～22:00
　　　　地鐵口：北口，步行約3分鐘
　　　　MAP：P.285

特色美食

SWEETS FOREST

SWEETS FOREST是自由之丘名氣最響亮的甜點朝聖地，因為在這座夢幻的甜點森林當中，集結了8家由日本名師開設的甜品專賣店，其中包括以北海道鮮奶布丁著名的COCORO no AKARI、標榜新鮮現製草莓奶油蛋糕的EMO CAFÉ、主打以零下20度大理石冰板拌炒冰淇淋的MIX'N MIXREAM、販售港式風味點心糖水的HONG KONG SWEETS KAKA、獨賣創意法式可麗餅的MERCI CRÊPE與有著「天神級舒芙蕾」美稱的舒芙蕾專門店LE SOUFFLE，除此之外，還有兩間由各地甜點達人輪流入駐的「期間限定」專櫃。為了呼應SWEETS FOREST的名稱，店內的座位區也特地布置成在樹林中用餐的感

覺，而這些樹木竟然也跟著甜點一起變成粉紅色的呢！由於店內採取美食街自由點餐入座的方式，建議一群人同行的朋友不妨每個人挑選不同的店家，並在彷彿童話世界的氣氛中一起享用。

DATA 地址：東京都目黑區綠之丘2-25-7
電話：03-5731-6600
網址：www.sweets-forest.com
營業時間：10:00～20:00
地鐵口：南口，步行約5分鐘
MAP：P.285

粉紅色的夢幻甜點森林

自由が丘ロール屋
（自由之丘蛋糕捲屋）

日本知名甜點名師辻口博啟出生於石川縣的和菓子名店，18歲起便前往法國學習西點並多次獲得世界甜點大獎，回到日本後他在東京成立了多家不同主題的甜點店，包括其這家專賣蛋糕捲的自由が丘ロール屋，這裡的蛋糕捲口味非常多樣，包括草莓、栗子、蘋果、黑糖、抹茶與香蕉

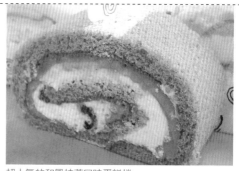
超人氣的和風抹茶口味蛋糕捲

等等，由於店內座位非常少，再加上總是大排長龍，建議大家可外帶品嘗！

DATA 地址：東京都目黑區自由之丘1-23-2
電話：03-3725-3055
網址：www.jiyugaoka-rollya.jp
營業時間：11:00～19:00，每週三與每月第三個週二公休
地鐵口：北口，步行約10分鐘
MAP：P.285

MONT St. CLAIR

Mont St. Clair為辻口博啟大師在代官山的另一人氣名店，店內販售主廚拿手的精緻法式蛋糕，整間店也充滿浪漫的法式風情，很適合女孩們來場下午茶之約，其中的人氣點心包括新鮮水果塔，以及曾榮獲法國糕點大賽冠軍的「C'est la Vie」蛋糕。「C'est la Vie」六角形的白色外觀，搭配上酸甜的覆盆子與香氣十足的堅果奶油，成為口感多層次的經典甜品，其造型還象徵著為國爭光的日本國旗呢！

DATA 地址：東京都目黑區自由之丘2-22-4
電話：03-3718-5200
網站：www.ms-clair.co.jp
營業時間：11:00～19:00 (內用最後點餐為17:30)
地鐵口：北口，步行約10分鐘
MAP：P.285

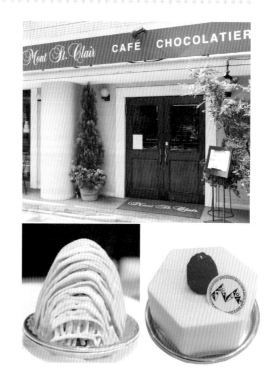

黑船 QUOLOFUNE

　　不僅是歐洲風味的蛋糕，大家在自由之丘也能品嘗到結合西式與日式元素的甜點。在自由之丘已開業多年的黑船，就是以各式銅鑼燒與蜂蜜蛋糕聞名。黑白雙色的簡約外觀，若不加留意，很可能會誤以為是間珠寶或服裝店呢！這裡最有名的是半圓形對折的銅鑼燒，除了經典的黑糖紅豆外，還有抹茶紅豆與鮮奶油草莓等特殊口味。另外，帶有濃濃奶香的餅乾「Q au lait」，也是伴手禮的好選擇。除了外帶區外，2樓另設有咖啡廳「CoCooCen」，提供精緻的午茶組合與日式煎茶。

DATA
地址：東京都目黑區自由之丘1-24-11
電話：03-3725-0038
網址：www.quolofune.com
營業時間：10:00～19:00
地鐵口：北口，步行約8分鐘　　MAP：P.285

風味獨特的草莓鮮奶油銅鑼燒(照片提供／黑船)

MONT-BLANC

　　MONT-BLANC是自由之丘元老級的甜點專賣店，自1933年成立至今已超過70年，雖然不像其他甜點店有著新穎可愛的裝潢，裡頭的點心卻仍歷久不衰地擁有超高人氣。這裡的招牌甜點是與店名相同的「栗子蒙布朗」(MONT-BLANC)，下層包括了鮮奶油、卡士達醬與海綿蛋糕的3種口感，上層則是以新鮮栗子製成的栗子泥，口感綿密、甜度適中。除了蛋糕外，大家也別錯過店內的另一項代表作──非油炸的各式「烤」甜甜圈。

DATA
地址：東京都目黑區自由之丘1-29-3
電話：03-3723-1181
網址：www.mont-blanc.jp
營業時間：10:00～20:00，週二不定時公休
地鐵口：北口，步行約3分鐘
MAP：P.285

來到MONT-BLANC不可不嘗的栗子甜點

濱田山　高井戶　富士見丘　久我山　三鷹台　井之頭公園　吉祥寺

吉祥寺站 KICHIJOJI

「京王井之頭線」連接了風格相近的2個區域——「吉祥寺」與「下北澤」，這2個地方均開設了許多平價美味的餐廳與風格特殊的服裝店，街區中也都呈現出不同於忙碌都會的悠閒「下町」氣氛，由於兩處的範圍皆不大，建議大家可在一天之中連續前往。

「吉祥寺」的地名來自江戶時代曾建於此處的寺廟名稱，雖然廟宇已不存在，但區域中仍擁有東京都內難得一見的山光水色「井之頭恩賜公園」，吉祥寺也因此獲選為東京最適合居住的地點。另外，充滿人情味的SUN ROAD商店街、車站四周的平價小吃與新興的時髦區域公園，更讓吉祥寺成為學生們及闔家大小休閒玩樂的好去處。吉祥寺的地形非常簡單，分為北口和南口(公園口)兩大區域，各位不妨早點出門，趁著陽光普照時先享受大自然，再一路從南口逛到北口！

東京達人**3**大推薦地

作者最愛
MAPLE HOUSE
小小的店面販售著外酥脆內香濃的楓葉燒。(P.303)

遊客必訪
井之頭恩賜公園
享受東京難得一見的山光水色，春季的櫻花與秋季的楓林是絕對不能錯過的美景。(P.294)

東京人推薦
PEPACAFÉ FOREST
位於小樹林中的特色餐廳，販售美味的南洋風味料理。(P.301)

東急百貨

公園通

吉祥寺美術館

COPPICE

SUN ROAD サンロード商店街

POTOHAR

LATTICE

サトウ(SATOU松阪牛肉專賣店)

Maple House

京王井之頭線　　　　吉祥寺站北口

吉祥寺站北口周邊街道圖

RAGTAG

七井橋通

THE ORIGINAL PANCAKE HOUSE

↑ 往 吉祥寺站南口

HEART LAND

PEPPERMINT CAFÉ

NEW YORK JOE EXCHANGE

PIZZERIA GG

König

WACHIFIELD

いせや

公園入口

井之頭恩賜公園

PEPACAFÉ

吉祥寺站南口周邊街道圖

遊賞去處

井之頭恩賜公園

　　井之頭恩賜公園自1917年開園至今已近百年的歷史，這片難得的美景成為東京人假日休閒的好去處，也是日劇常見的拍攝場景。公園內種植了超過萬棵的櫻花樹、楓樹、松樹與柏樹，春季時的賞櫻人潮總是將公園內擠得水洩不通，到了秋天，一片朱紅的楓林讓這裡和春天呈現出全然不同的景色與氣氛。公園中央的湖水為「井之頭池」，昔日東京的用水仰賴神田川的供應，而這裡正是神田川的源頭。在池邊遊客可租用天鵝船和小舢舨遊湖，不過根據民間傳說，情侶最好不要一起搭乘天鵝船，否則感情可能會生變！園區裡面另外設有「井之頭自然文化園」提供小朋友前往學習關於鳥類、魚類與水生物的知識。

DATA　地址：東京都武蔵野市御殿山1-18-31
電話：0422-47-6900
開放時間：公園無休，
自然文化園區09:30～17:00
門票：公園免費，自然文化園區￥400
地鐵口：南口，步行約5分鐘
MAP：P.293

❶春天一片粉紅的櫻花盛開
❷井之頭公園的秋季楓林

吉祥寺美術館

　　成立於2002年的吉祥寺美術館收藏了許多東洋畫、油彩、版畫與攝影作品,其中以日本繪畫大師野田九浦的畫作最為著名,除了館藏外,館內的「計畫展覽室」則不定期展出新銳畫家與學生的作品,希望能成為屬於「東京市民」的作品展覽空間,以培養更多的藝術愛好者。

DATA　地址:東京都武藏野市吉祥寺本町1-8-16 7F
　　　　電話:0422-22-0385
　　　　網址:www.musashino-culture.or.jp/a_museum
　　　　開放時間:10:00～19:30,每月最後一個週三休館
　　　　門票:￥100,小學生、65歲以上免費
　　　　地鐵口:北口,步行約5分鐘
　　　　MAP:P.293

※購物血拼

南口

RAGTAG

　　RAGTAG是日本知名的「BUY & SELL」二手商品店,這種可以買賣名牌服飾的商店於近年來相當流行,店內只收取7、8成新以上的名牌商品,經過專業人員鑑定後以市價的3～8折販售。在RAGTAG中,知名品牌如LV、TIFFANY、DIOR、YSL與BV等商品均不難發現,有些甚至還是吊牌未拆的全新品,大家不妨來看看有沒有意外的收穫。位於通往井之頭公園途中的吉祥寺分店為了配合周圍的公園氣氛,特地放置了多棵大型樹木,讓店裡也綠意盎然了起來。

DATA　地址:東京都武藏野市吉祥寺南町1-8-6
　　　　電話:0422-70-5850
　　　　網址:www.ragtag.jp
　　　　營業時間:11:00～20:00
　　　　地鐵口:南口,步行約3分鐘
　　　　MAP:P.293

店內二手商品均分門別類整齊陳列

WACHIFIELD

　由日本插畫家與童書作家池田晶子創作的
WACHIFIELD，在台灣亦擁有很多的愛好者，
而池田小姐的出生地就是在吉祥寺一帶，在
她的童話世界「WACHIFIELD」中以達洋貓為
主角，而品牌的周邊商品也都印有達洋貓的
可愛圖樣，在吉祥寺的專賣店中包括包包、皮
夾、馬克杯與餐具等產品都能一次購齊，除了
達洋貓外，兔子瑪西與鱷魚伊旺的商品也同
樣有趣討喜。

DATA　地址：東京都武藏野市吉祥寺南町1-17-9
　　　　電話：0422-40-5524
　　　　網址：www.wachi.co.jp
　　　　營業時間：11:00～20:00，週四公休
　　　　地鐵口：南口，步行約5分鐘
　　　　MAP：P.293

WACHIFIELD的故事主人翁達洋貓

NEW YORK JOE EXCHANGE

　NEW YORK JOE EXCHANGE是吉祥寺南口
的二手服裝店，店內的服飾以美式風格為主，
除了販售二手衣外也接受商品交換與買取，店
內收取和販售的服裝以中低價位為主，大多數
的商品甚至在¥2,000以內，喜歡休閒古著風的
朋友可前去尋尋寶。

DATA　地址：東京都武藏野市吉祥寺南町1-15-14
　　　　電話：0422-26-9355
　　　　網址：newyorkjoeexchange.com
　　　　營業時間：12:00～20:00
　　　　地鐵口：南口，步行約5分鐘
　　　　MAP：P.293

HEART LAND

　HEART LAND為日系風格的Select Shop，店內引進LEFUA LEA、ANTGAUGE與VALET OOPS等風格休閒甜美的女裝品牌，而男裝包括JACKROSE、AUDIENCE與FREQUENCY等多個街頭品牌，除了這家實體店外，HEART LAND還擁有生意相當好的網路店，是日本知名的網拍賣家。

深受吉祥寺學生族群喜愛的清新服裝風格

DATA　地址：東京都武藏野市吉祥寺南町1-16-1
電話：0422-48-0363
網址：ameblo.jp/heartlandnews
營業時間：11:00～21:00
地鐵口：南口，步行約3分鐘
MAP：P.293

北口

SUN ROAD商店街

　繞過吉祥寺車站到達另一頭的北口時，各位將發現街道的氣氛和悠閒的公園口有顯著的差別，SUN ROAD是北口歷史悠久的市集型商店街，這種在樓房之間以棚子搭架而成的商店街在關西一帶常能見到，但在東京已日漸罕見。商店街裡一部分是針對年輕學生所開設的平價服飾店，另一部分則是針對附近主婦與年長消費者開設的乾貨店、食品行與藝品店等等，在傍晚及假日時整條街總是熱鬧無比。

DATA　地址：東京都武藏野市吉祥寺本町1-15
網址：www.sun-road.or.jp
營業時間：09:00～21:00(各店略異)
地鐵口：北口，步行約1分鐘
MAP：P.293

❶❷熱鬧熙攘的SUN ROAD商店街彷彿台灣的夜市一般

LATTICE

　　LATTICE是女生飾品配件的專賣店，每季都會推出最新款式的設計，不論是耳環、項鍊或是包包，都可以在這邊找到當季流行的款式，最吸引人的是這裡的飾品每樣只要¥300，包包類則全部都是¥1,000，難怪店裡天天都擠滿了拿著小籃子選購的女生。

DATA　地址：東京都武藏野市吉祥寺本町1-15-3
　　　　　電話：0422-28-7851
　　　　　網址：www.palgroup.co.jp/brands/lattice
　　　　　營業時間：10:00～21:00
　　　　　地鐵口：北口，步行約3分鐘
　　　　　MAP：P.293

平價又時髦的飾品總是吸引美眉們駐足選購

COPPICE

　　吉祥寺北口周邊也是大型百貨商場的聚集地，包括PARCO、TOKYU東急百貨與COPPICE，以英文小樹林「Coppice」為名代表著吉祥寺綠蔭叢生的在地特色，整棟商場分為A、B兩館，其中包括UNITED

ARROWS、BEAUTY & YOUTH、TOMMY HILFIGER與CINNAMON ROSE等109個服裝、配件與生活雜物品牌專賣店，是吉祥寺的流行據點。

DATA　地址：東京都武藏野市吉祥寺本町1-11-5
　　　　　電話：0422-27-2100
　　　　　網址：www.coppice.jp
　　　　　營業時間：10:00～21:00
　　　　　地鐵口：北口，步行約5分鐘
　　　　　MAP：P.293

位於COPPICE中的BEAUTY & YOUTH專賣店

特色美食

南口

König

König店外掛著超大的熱狗招牌,一目了然地説明了它是家熱狗專賣店,König是德文的King的意思,而在這家「熱狗王」中果然進口了各式各樣的火腿、熱狗與煙燻肉,許多產品都曾經獲得國際美食大賞的優勝,天氣好的時候許多客人總喜歡點份熱狗堡坐在路旁,一邊品嘗美食,一邊享受吉祥寺的悠閒氣氛。

DATA 地址:東京都武藏野市吉祥寺南町1-17-10
電話:0422-49-4186
營業時間:11:00～20:00,週末至21:00
地鐵口:南口,步行約5分鐘
MAP:P.293

從遠處即可望見König的大熱狗招牌

THE ORIGINAL PANCAKE HOUSE

東京鬆餅早午餐的熱潮也一路延燒到了吉祥寺,來自美國波特蘭的鬆餅名店The Original Pancake House,也於東京開設了首間海外店。這家已經三代相傳的老店,以貌不驚人卻意外好吃的「荷蘭寶貝(Dutch Baby)」鬆餅打下一片天。這款用高溫烘烤而成的鬆餅四周微微鼓起,鬆軟的口感加上

新鮮檸檬、糖霜與奶油形成絕配的新鮮組合。喜歡甜一點的朋友,則不妨點用另一

款經典的焦糖蘋果鬆餅。除了甜食外各式特製的蛋捲也是早午餐的好選擇。

DATA 地址:東京都武藏野市吉祥寺南町1-7-1(01百貨)
電話:0422-226-6378
網站:www.iseya-kichijoji.jp
營業時間:09:00～20:00,週一公休
地鐵口:南口,步行約3分鐘
MAP:P.293

PEPPERMINT CAFÉ

　吉祥寺周邊開設了許多亞洲風味的平價異國料理，其中PEPPERMINT CAFÉ就是專賣泰式料理的餐廳。位於地下室的店內別有洞天，不但裝潢使用了各種南洋風味的素材，還特地選放了民族風的音樂。這裡晚餐以單點為主，像泰式海鮮酸湯、泰式炒河粉、炸魚餅與辣炒豬肉等都是招牌菜色，中餐時段還特別推出每人￥1,050的泰式自助餐吃到飽，非常划算。

DATA　地址：東京都武藏野市吉祥寺南町1-15-14 B1
電話：0422-79-3930
網址：www.peppermintcafe.com
營業時間：12:00～24:00，午餐12:00～16:00
地鐵口：南口，步行約5分鐘
MAP：P.293

PIZZERIA GG

　PIZZERIA GG是由2位自義大利拿波里學藝歸國的Pizza廚師所開設，他們以正統的麵粉、水、鹽與酵母比例製作餅皮，並用450度窯烤出和拿波里道地Pizza相同的口味，由於十分平價，開幕沒多久就在顧客的口耳相傳下名氣暴增。這裡的Pizza分為番茄紅醬(Pizza Rossa)與起司白醬(Pizza Bianca)兩大類，每個￥850～1,500，另外還能品嘗主廚特製的傳統義式包餡Pizza。

DATA　地址：東京都武藏野市吉祥寺南町1-17-1 B1
電話：0422-26-5024
營業時間：午餐11:30～16:00、
晚餐17:30～22:30(週末下午不休息)
地鐵口：南口，步行約5分鐘
MAP：P.293

在食客的口耳相傳下店內天天客滿

PEPACAFÉ FOREST

PEPACAFÉ FOREST是位於井之頭公園中央的「森林餐廳」，這裡的餐點以改良式的泰國及亞洲料理聞名，中午時段推出包括湯、沙拉、南洋風主食和飲料的午間套餐，由於只要¥1,050又能體驗在森林中用餐的樂趣，店內總是高朋滿座。到了晚上，這裡則變身為熱鬧的小酒館，除了一樣有各式主食外，還提供來自各國的啤酒、調酒與越南咖啡等飲料。

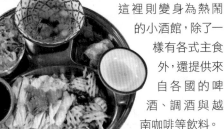

① ③ 在PEPACAFÉ中可享受在林間用餐的樂趣
② 每日中午時段推出的套餐十分物超所值

DATA　地址：東京都三鷹市井之頭4-1-5
電話：0422-42-7081
網址：forestblog.jugem.jp
營業時間：12:00～22:00
地鐵口：南口，步行約10分鐘
MAP：P.293

いせやISEYA串燒專賣店

井之頭公園入口處附近，每到中午時分總是開始大排長龍，原來這裡是開業超過80年的串燒專賣店いせや。這間歷史名店於2013年9月重新裝修，以嶄新的居酒屋面貌提供不變的傳統美味。日本的串燒以豬肉和雞肉為主，燒烤的方式可分為「鹽燒(Shio)」和「醬燒(Tare)」兩種；鹽燒可以品嘗肉類鮮美多汁的原味，而醬燒則能讓味覺有更多層次的享受。這裡的串燒每串在¥80～100之間，大家不妨兩種都品嘗看看。

❶❷現點現烤的串燒香味撲鼻

DATA 地址：東京都武蔵野市吉祥寺南町1-15-8
電話：0422-43-2806
網站：www.iseya-kichijoji.jp
營業時間：12:00～22:00(週一公休)
地鐵口：南口，步行約5分鐘
MAP：P.293

北口

現炸現裝的松阪牛肉餅吸引大批人潮搶購

サトウ(SATOU松阪牛肉專賣店)

サトウ是吉祥寺另一家排隊名店，店家的招牌商品是用純正松阪牛肉加上馬鈴薯與洋蔥製成的牛肉餅(メンチカツ)，每個只

賣¥180的誘人價格吸引了大批顧客前來購買。大家在排隊時得特別留意，因為守秩序的日本人為了不阻礙交通，在交叉路口中間會自動斷開隊伍於後方繼續排隊，可別無意間插了別人的隊伍喔！

DATA 地址：東京都武蔵野市吉祥寺本町1-1-8
電話：0422-22-3130
網址：www.shop-satou.com
營業時間：09:00～20:00
地鐵口：北口，步行約5分鐘
MAP：P.293

MAPLE HOUSE SAKU-SAKU MAPLE SHOU

MAPLE HOUSE是來自日本金澤市的甜點名店，其店內最著名的人氣甜點「脆脆楓葉燒」(Saku-Saku Maple Shou)終於來到了東京。位於吉祥寺的小小店鋪雖然只販售這一樣商品卻還是天天吸引人潮上門，這款楓葉

燒(￥150)的魅力來自於令人驚豔的超酥脆外皮，香香的肉桂搭配上店家獨門的卡式達奶油呈現出不同於一般脆皮泡芙的口感，店家還會不定時推出如蘋果、南瓜、栗子與抹茶等期間限定的特殊口味。

不可不嘗的脆脆楓葉燒

DATA 地址：東京都武藏野市吉祥寺本町1-1-6
電話：0422-27-2650
網址：www.e-maplehouse.com
營業時間：10:00～20:00
地鐵口：步行約3分鐘
MAP：P.293

POTOHAR

POTOHAR是吉祥寺另一家著名的異國風餐廳，這裡販售的是道地的印度料理，包括蔬菜、羊肉與雞肉咖哩、印度甩餅(NAN)以及印度優格等等，除了價格便宜外，在中午時段(10:30～16:00)還推出每人￥1,050吃到飽方式，客人可以盡情點用4種口味的咖哩、甩餅、飲料並搭配每人一套的沙拉，喜愛印度餐的朋友一定會大呼過癮。

DATA 地址：東京都武藏野市吉祥寺本町1-9-10 B1
電話：0422-22-3999
營業時間：10:30～22:00
地鐵口：北口，步行約5分鐘
MAP：P.293

❶❷中午時段的吃到飽可任意點用印度甩餅與各式咖哩

下北澤站 SHIMOKITAZAWA

達人報告

下北澤是東京充滿獨特個性與學生氣息的區域，這裡的商店與餐廳不走奢華路線，而是以風格特殊的二手古著店與氣氛休閒的咖啡餐廳聞名，許多求新求變的年輕人總喜愛前來此處尋寶，並與同伴們共度吃喝玩樂的開心時光。

下北澤的街區分為北口與南口兩大塊，北口密密麻麻的小街巷是特色商店和餐飲店的主要聚集處，除了二手服裝店外，大型連鎖品牌如無印良品、UNIQLO、ABC-MART與STEP IN STEP等亦於此處設立分店。而南口周邊最熱鬧的地方為「下北澤南口商店街」，裡頭的店鋪包括了超級市場、百元商店、蔬果攤、麵包店、手機店、生活雜貨店、服裝店與平價連鎖餐廳等等，除了學生族群外，這裡在白天時也是附近主婦們的購物天堂呢！

東京達人**3**大推薦地

作者最愛
ORANGE WAFFLE CAFÉ
專賣各式鬆餅的人氣咖啡廳，來此感受下北澤特有的年輕氣息。(P.312)

遊客必訪
東洋百貨店
集結了20多家小店的商場，是下北澤地區不能錯過特色名店。(P.309)

東京人推薦
HAIGHT & ASHBURY
風格復古的二手專賣店，搭配出一身獨一無二的行頭。(P.308)

HAIGHT & ASHBURY　B-SIDE LABEL

ANTIQUE LIFE 1店

NAN STATION

ANTIQUE LIFE 2店

FLAMINGO

玉井屋

Orange Waffle Café

東洋百貨店

京王井之頭線

北口
下北澤站

本多劇場

下北澤站北口周邊街道圖

下北澤站南口周邊街道圖

下北澤站

PALAZZO

本多劇場

下北澤南口商店街

地球栽培

STEPS

NIKKUN ROLL

IROHADO

CHICAGO

BULSARAS

遊賞去處

本多劇場與下北澤周邊小劇場

學生族群聚集的下北澤有著另一項頗具文藝氣質的特色：「劇場」，這些劇場在第二次世界大戰後陸續出現，目前在車站周邊就包括最有名的本多劇場與站前劇場、OFF OFF THEATER、「劇」小劇場、樂園、711等大小不一的演出場所，這些劇場中的節目從歷史

劇、現代劇、歌舞劇、兒童劇團到學生社團演出等五花八門，熱衷舞台藝術表演的朋友別忘了在網站上查詢當期內容。

DATA 地址：東京都世田谷區北澤2-10-15
電話：03-3468-0030
網址：www.honda-geki.com，可查詢下北澤各劇場演出內容
門票：依節目不同
地鐵口：南口，步行約1分鐘
MAP：P.305

購物血拼

南口

STEPS

STEPS是下北澤著名的Select Shop，引進來自日本、美國與歐洲的熱門品牌，像是FIDELITY、DUVETICA與JOHN SMEDLEY等，其中最受歡迎的是來自瑞士，並走紅日本的FREITAG包包，這個品牌的商品是運用卡車防水帆布、廢棄安全氣囊與廢棄輪胎等素材，回收加工製造而成，每個包包的外觀皆獨一無二且防水力超強，不但符合環保精神又迎合了日本人喜歡與眾不同的時尚品味。

DATA 地址：東京都世田谷區北澤2-17-11
電話：03-3422-0020
網址：www.steps.jp
營業時間：11:00～21:00
地鐵口：南口，步行約3分鐘　MAP：P.305

店內超人氣瑞士品牌FREITAG包包

地球栽培

看到「地球栽培」這個店名時，可別以為這是一家販售植物或有機食品的商店，這裡可是專賣各式各樣帽子的小鋪！店內的商品從草帽、紳士帽、棒球帽、毛帽、網帽到南瓜帽等應有盡有，而店中以自然木頭元素搭建的空間，可說是唯一和店名有些關聯的設計！

DATA 地址：東京都世田谷區北澤2-13-5
電話：03-5430-1245
網址：www.tom-s.co.jp
營業時間：10:00～22:00
地鐵口：南口，步行約3分鐘
MAP：P.305

BULSARAS

在南口商店街的後方開業已超過8年的BULSARAS是下北澤另一家特別的帽子專賣店，由於店主嶋根秀一本身就是一位喜歡混搭風格的型男，由他親自從各地挑選的帽子也是格外具有特色，店內90%為全新商品，10%為二手商品，各位不妨請店主傳授如何搭配出不一樣的造型。

DATA 地址：東京都世田谷區代澤5-28-14
電話：03-3421-1113
網址：bulsaras.net
營業時間：12:00～21:00
地鐵口：南口，步行約7分鐘
MAP：P.305

CHICAGO

專賣美式風格二手古著的CHICAGO在原宿、吉祥寺與下北澤均有分店，下北澤店的占地頗大，店內蒐羅超過兩萬件的二手商品，其中最受歡迎的為各種顏色的格子襯衫與軍裝風格服飾，許多時尚雜誌的編輯也常來此處尋找搭配的小物呢！

DATA 地址：東京都世田谷區代澤5-32-5
電話：03-3419-2890
網址：www.chicago.co.jp
營業時間：11:00～20:00
地鐵口：南口，步行約7分鐘
MAP：P.305

いろは堂IROHADO

いろは堂是一家專賣配件小物的商店，不大的店面中擺放了密密麻麻的商品，包

括項鍊、手環、耳環、帽子、眼鏡、包包、胸針及各式小玩具等等，每樣的價格都非常便宜且款式流行，想要尋找特殊小配件的朋友不妨前去挖挖寶！

DATA　地址：東京都世田谷區北澤2-14-18
電話：03-5481-7715
營業時間：11:00～20:00
地鐵口：南口，步行約5分鐘
MAP：P.305

北口

HAIGHT & ASHBURY

在下北澤北口的巷弄中，一隻超大的復古紅高跟鞋總是引起路人的注目，原來這是HAIGHT & ASHBURY特別營造的氣氛，一走進2樓店內，各式的古董桌椅和櫥櫃將立

刻帶你走入復古的時空當中，這裡販售的商品以五〇～七〇年代的古著為主，包括古董包、印花蓬裙、針織罩衫與古典蕾蕾帽等等，每樣東西都呈現出不同的復古情懷。

DATA　地址：東京都世田谷區北澤2-37-2 2F
電話：03-5453-4690
網址：haightandashbury.com
營業時間：12:00～22:00
地鐵口：北口，步行約7分鐘
MAP：P.305

店內衣物呈現出懷舊的五〇年代風情

FLAMINGO

Flamingo為東京知名的二手服飾店，下北澤的分店以收集七〇～八〇年代的美國風古著為主。除了衣服外，還包括鞋類、包包、家飾用品與小型家具等，琳瑯滿目。在店中只要能好好尋寶，各位將會有意外的收穫。

DATA　地址：東京都世田谷區北澤2-25-12
　　　　電話：03-3467-7757
　　　　網站：www.tippirag.com
　　　　營業時間：週一～五12:00～21:00，週六～日11:00～21:00
　　　　地鐵口：北口，步行約3分鐘
　　　　MAP：P.305

東洋百貨店

東洋百貨店外表看似一間不起眼的小倉庫，裡頭卻別有洞天地開設了20多家小店，包括古著店、首飾店、帽子店與T-Shirt專賣店等包羅萬象，其中人氣最高的店為「神風STYLE」(カミカゼスタイル)，店中販賣各式以反諷手法繪製的卡通人物T-Shirt像是推銷飯糰的麥當勞叔叔、槍殺MIFFY的KITTY與比著不雅手勢的MICKEY等，這些KUSO的圖案穿在身上保證能吸引眾人的目光！

DATA　地址：東京都世田谷區北澤2-5-28
　　　　電話：03-3468-7000
　　　　網址：www.k-toyo.jp
　　　　營業時間：12:00～20:00，部分商家11:00～21:00
　　　　地鐵口：北口，步行約3分鐘
　　　　MAP：P.305

B-SIDE LABEL

　　時下許多潮流男女喜歡利用貼紙裝飾自己的電腦、手機與包包等個人配備，讓自己的東西能更具風格，於是B-SIDE LABEL的經營者決定開設這家貼紙專賣店，讓大家能以最簡單的方式貼出與眾不同的「普普藝術風」。店內的貼紙琳瑯滿目，有可愛卡通風、街頭塗鴉風與藝術時尚風等，貼紙的素材均經過防水與抗紫外線處理，大家可放心使用在行李箱、滑雪板與單車等戶外用品之上。

帽子也可以運用潮流貼紙創造出獨特的風格

DATA 地址：東京都世田谷區北澤2-36-2
電話：03-6454-6868
網址：bside-label.com
營業時間：12:00～20:00
地鐵口：步行約5分鐘
MAP：P.305

ANTIQUE LIFE JIN

　　經營生活雜貨超過30年的ANTIQUE LIFE JIN在下北澤有2家分店，1店是以各種風格復古的小物擺飾為主，也販售服飾、首飾、眼鏡與包包等，其中小貓造型的裝飾品是店內最具買氣的商品。2店則販售許多昭和年代的復古小家具、檯燈、時鐘等，讓消費者能營造出ANTIQUE的生活空間。

DATA 地址：東京都世田谷區北澤2-30-8 (1店)、
東京都世田谷區北澤2-35-15 (2店)
電話：03-3467-3066、03-3454-3545
網址：www.antiquelife-jin.com
營業時間：12:30～20:00，週末11:00起營業
地鐵口：北口，步行約7分鐘
MAP：P.305

店家特選的復古擺飾讓家中充滿ANTIQUE風情

特色美食

南口

ニックンロール（Nikkun Roll肉捲專賣店）

由兩位型男島田篤志與澤野志利開設的肉捲專賣店，為下北澤掀起了最新的話題，開幕不到1年的時間，這間小小的外賣店鋪就吸引超過50家媒體採訪，偶像明星矢井田瞳、龜梨和也、田中聖與酒井瞳等人也都曾經造訪，店內獨創的肉捲飯團，以炭

以肉片取代紫菜的超人氣肉捲飯糰

火現烤的豬肉包覆米飯，上頭並鋪上起司與泡菜等配料(¥290～350)，不論當成正餐或點心都非常合適。

DATA 地址：東京都世田谷區北澤2-14-15
電話：070-5579-9897
網址：nikkunroll.com
營業時間：12:00～21:30
地鐵口：南口，步行約5分鐘
MAP：P.305

PALAZZO CAFÉ & BAR

呈現出復古美式酒吧風味的Palazzo，總是擠滿了聚會用餐的學生族群，店內可說是鹹食與甜點一應俱全，包括義大利麵、比薩、墨西哥塔可餅、手工蛋糕與鬆餅等等，每樣單品的價格都在¥700以內，只要叫份餐點再搭配一杯超大杯的奶昔或冰飲，就可以在這裡消磨一下午的時光，並感受下北澤專屬的年輕氣息。

DATA 地址：東京都世田谷區北澤2-10-10
電話：03-3460-0500
營業時間：09:30～01:00
地鐵口：南口，步行約1分鐘
MAP：P.305

東京地鐵分站導覽 京王井之頭線——吉祥寺站・下北澤站

ORANGE WAFFLE CAFÉ

Orange Waffle Café 從店名就可以得知這裡是一家鬆餅(Waffle)專賣店，在下午時段店內供應鬆餅與飲料的下午茶組合，不論是和風口味的紅豆抹茶鬆餅，還是歐式口味的藍莓鮮奶油鬆餅，全部都是現點現烤，如此一來才能保持鬆餅外酥內軟的口感。在天氣好的時候，不妨選擇半露天

的座位，一邊品嘗美食，一邊欣賞下北澤打扮各具特色的年輕男女們！

DATA　地址：東京都世田谷區北澤2-26-21
電話：03-5738-5320
營業時間：平日12:30～20:30，
週六11:30～20:30，週日11:00～20:00
地鐵口：北口，步行約3分鐘
MAP：P.305

圖片提供／Orange Waffle Café

NAN STATION

下北澤北口另一處廣受學生歡迎的餐廳，為專賣印度風味速食的Nan Station。手工現烤的印度麵包(Nan)，搭配上店家祕製的香豆咖哩、蔬菜咖哩或是經典的奶油雞肉咖哩，只要幾百日幣的消費就能飽餐一頓！吃不過癮的朋友不妨再加點一份印式咖哩炒飯，或是香料與乳酪醃製的坦都理烤雞！

DATA 地址：東京都世田谷區北澤2-30-11
電話：03-5454-3006
營業時間：11:30～23:00
地鐵口：北口，步行約5分鐘
MAP：P.305

玉井屋

位於街角的米菓專賣店玉井屋至今仍保留了古早的柑仔店外觀，各式各樣的仙貝、豆菓子和米菓子均盛裝在圓形的大玻璃缸中，店內常能見到許多老先生和老太太們結伴前來購買，因為這裡每樣小零嘴都是他們年輕時的回憶呢！

各式各樣傳統的米菓點心

DATA 地址：東京都世田谷區北澤2-31-1
電話：03-3466-9191
營業時間：10:00～20:00
地鐵口：北口，步行約3分鐘
MAP：P.305

悠閒暢快的海濱度假之旅

百合鷗號線

新橋　汐留　台場　青海　豐洲

台場臨海副都心 ODAIBA

用1日券逛遍台場

臨海副都心的遊覽方式和其他各站不大相同，因為這個區域的觀光重點散佈在百合鷗號沿線的各站當中，而每一站的遊覽範圍皆不大，建議大家不妨購買「1日券」並安排一整天的時間搭乘百合鷗號線遊遍所有好玩又好逛的景點。

百合鷗號1日券價格

成人￥820元、兒童￥410元，可無限次搭乘百合鷗號線。

「臨海副都心」是由台場、青海、有明、芝浦與豐洲等地共同構成的海濱區域，這個經由填海造陸方式構成的人工大島自九〇年代初期持續發展至今。該地區當中最主要且最知名的為「台場」一地，因此許多日本人也將「台場」或「御台場」當作整個臨海副都心的通稱。相信喜愛收看日劇的朋友們應該對於此處十分熟悉，不論彩虹大橋、自由女神、摩天輪或維納斯堡都曾是劇中人物的玩樂景點，在這些偶像劇的強力播送下，臨海副都心成為了東京都內人氣長久不墜的週休假期度假勝地。

連絡臨海副都心各地的主要交通工具為「百合鷗號線」(ゆりかもめ線)，它和台北捷運文湖線類似，為高架式的無人駕駛電車，自1995年開始營運，並於2006年聯通至豐洲地區。百合鷗號線的車票分為單程票與1日券，亦可以使用PASMO或SUICA，各位可先搭乘JR山手線、銀座線、都營淺草線至「新橋站」或有樂町線至「豐洲站」後，出站轉乘百合海鷗線。

東京達人**3**大推薦地

作者最愛
豐洲站
悠閒舒適的豐洲公園與夜景極佳的LaLaport碼頭廣場，都是百合鷗號沿線的最新熱門景點。(P.324)

遊客必訪
台場站
自由女神像、彩虹大橋與台場海濱公園，都是浪漫偶像劇中的經典場景。(P.318)

東京人推薦
青海站
彷彿歐洲街頭的維納斯堡是女生的夢幻購物天堂。(P.322)

汐留站周邊街道圖

百合鷗號線周邊街道圖

汐留站
SHIODOME

「汐留」代表著潮汐留滯的地方，這個區域原本是一片荒蕪的沙洲，自江戶時代開始進行填海造陸的工程，並建造了一座土橋來阻擋潮水的侵入，因而命名為「汐留」。造陸成功後，這一帶變成重要的交通樞紐，為東京的第一條鐵路「新橋橫濱線」的起點，隨著東京車站的竣工，此地改為貨物的轉運站，直到1986年功成身退。2000年時這個沒落的區域開始重新開發，經過5、6年的建設，竟變身為遍布摩天大樓的新興商業區域，許多國內與國際企業紛紛進駐，除了每天超過20萬的通勤上班人口外，也吸引了眾多遊客前來一睹這街區再造的奇景。

遊賞去處

日本電視台

日本電視台的總部於2003年完工，大樓下方的超大液晶螢幕上播放著即時新聞與節目，前方的廣場則設置了能讓遊客親身感受錄影實況的「ZERO STUDIO」，地下廣場中還有日本電視台的紀念品專賣店，其中的「麵包超人麵包組合」為每日限量的熱銷商品，別忘了在離開前跟可愛的麵包超人合影喔！

DATA
地址：東京都港區東新橋1-6-1
電話：03-6215-4444
網址：www.ntv.co.jp
營業時間：10:00～19:00
地鐵口：步行約1分鐘
MAP：P.315

❶日本電視台紀念品專賣店
❷播放著即時新聞與節目的大螢幕
❸日本電視台的鎮台之寶「麵包超人」

購物血拼+特色美食

汐留TOWER

　　緊鄰著汐留車站的汐留TOWER，可由車站地下步道直通，大樓的的高樓層為高級飯店Royal Park，22樓以下為資生堂集團的總部，1樓與地下樓設有服裝精品店與資生堂著名的甜點咖啡沙龍，其中的「花椿聖代」最受女性顧客喜愛。

DATA 地址：東京都港區東新橋1-6-3
電話：03-6253-1111
網址：www.rps-tower.co.jp
營業時間：依各店不同，資生堂咖啡週六、日及假日休息
地鐵口：步行約1分鐘
MAP：P.315

汐留 CITY CENTER

　　風格時尚簡約的汐留CITY CENTER以豎立著一整排透明燈柱的戶外廣場著名，大樓的B1～2樓為中價位餐廳區，41及42樓則為高級的空中餐廳。平日的午餐時段大部分餐廳皆推出定價￥1,000～2,000的套餐，大家不妨在中午前來享受美食與美景。

DATA 地址：東京都港區東新橋1-5-2
電話：03-5568-3215
網址：www.shiodome-cc.com
營業時間：依各店不同
地鐵口：步行約1分鐘
MAP：P.315

汐留CITY CENTER著名的透明燈柱

caretta汐留

　　caretta是汐留一帶最早完工的複合式大樓，其意義為象徵幸運的「紅蟻龜」，因此在戶外廣場中特別邀請了設計師蔡國強打造一座紅蟻龜殼噴泉，每逢整點時演出精采的噴泉秀。大樓B1及B2為「caretta Mall」，包括商店以及餐廳，46及47樓則設有「Sky Restaurant」空中餐廳。

DATA 地址：東京都港區東新橋1-8-2
電話：03-6218-2100
網址：www.caretta.jp
營業時間：依各店不同
地鐵口：步行約1分鐘
MAP：P.315

台場站&
台場海濱公園站
DAIBA & ODAIBA-KAIHINKOEN

台場原本的意義為「砲台架設的場地」，在日本幕府時期，為了抵抗西方各國的攻打，因而在沿海地帶設立了一連串的「台場」，台場逐漸展現出不同以往的新面貌，搖身一變成為東京灣旁兼具休閒、購物與美食機能的度假勝地，由於台場的重要觀光區域位於「台場海濱公園站」與「台場站」之間，大家不妨選擇從其中一站下車。

遊賞去處

台場海濱公園

　　為了讓忙碌的都市人也能感受片刻的休閒時光，台場地區在開發之時，特別於湛藍的東京灣旁打造了這片布滿皎潔細沙的人工沙灘，每到假日時總有許多帥哥辣妹與全家大小來到這邊享受日光浴、散步野餐或打沙灘排球，對東京的「城市衝浪者」而言，台場海濱公園滿足了他們對海水與陽光的渴望，各位也一定也要來這裡體驗最閒適愜意的夏日時光。

DATA 如何前往：出「台場海
濱公園」站，依指標前
往或出「台場站」於
DECK商場下方過馬路
即達
地鐵口：步行約3分鐘
MAP：P.315

❶ 寵物們也喜愛的台場海濱公園
❷ 沙灘上開設的美式餐廳與酒吧
❸ 作日光浴與打沙灘排球的俊男美女們

富士電視台

　　富士電視台的外觀建築十分具有科技未來感，為大師丹下健三的傑作，除了與電視機結構相似的架構外，頂上還設計了一顆超大的圓球形展望台，成為台場地區的著名地標，在電視台當中設有可觀看電視節目製作流程的STUDIO PROMENADE，與可供休憩的屋上庭園TV Connection Café。

DATA　地址：東京都港區台場2-4-8
電話：0180-993-188
網址：www.fujitv.co.jp
開放時間：10:00～20:00，週一公休
門票：球體展望室高中以上￥550，高中以下￥330，其他部分免費
地鐵口：步行約5分鐘
MAP：P.315

富士電視台著名的球體建築

購物血拼

AQUA CITY

　　AQUA CITY是台場地區最受歡迎的百貨商場，包括COACH、GAP、BROOK BROTHERS、STUSSY等日本與歐

美品牌皆設有大型店面，5、6樓則是餐廳的部分，大多為中價位的日式料理或西餐，許多餐廳皆設置戶外的露天座位，天氣好的時候可以一邊迎著海風，一邊感受彷彿日劇主角般的浪漫晚餐。

　　另外，AQUA CITY的附近還能看到台場著名的「自由女神像」，這座由法國贈送的自由女神像，和她身後彩虹大橋都是遊客一定要合影留念的台場經典。

❶台場地區規模最大的商場AQUA CITY
❷商場中包括許多日本及歐美中價位品牌

DATA　地址：東京都港區台場1-7-1
電話：03-3599-4700
網址：www.aquacity.jp
營業時間：Shop 11:00～21:00，
Restaurant 11:00～23:00
地鐵口：步行約1分鐘
MAP：P.315

DECKS

DECKS是走休閒渡假風格的購物中心，其戶外與樓層內部以木板鋪設，營造出船艙甲板(DECK)的感覺，並以椰子樹作為四周點綴，讓消費者在購物的同時能有著航海渡假般的愉悅心情。DECKS的左半部為ISLAND MALL，以休閒與衝浪風格的服裝品牌為主；右半部為SEA SIDE MALL，其中4樓是以昭和時代復古街道為主題的「台場一丁目商店街」，樓層中販賣許多有趣的古早小玩意，並設有懷舊的戲院、和室、理髮店、鬼屋等等讓大家參觀與拍照。近期商店街中還盛大成立了「章魚燒博物館」，一次聚集來自日本各地的五大章魚

一丁目商店街中的驚險鬼屋

DECKS中的衝浪服飾專賣店

燒名店，讓遊客們能品嘗不同風味的章魚燒，有的口味傳統用料實在，有的則在丸子中添加了香脆的米粒，還有創意口味的義大利式章魚燒呢！

DATA 地址：東京都港區台場1-6-1
電話：03-3599-6500
網址：www.odaiba-decks.com
營業時間：Shop11:00～21:00，Restaurant(5F)
11:00～23:00，(6F)11:00～24:00
地鐵口：步行約3分鐘
MAP：P.315

昭和復古風味的台場一丁目商店街

DIVER CITY TOKYO PLAZA

　　複合式商場Diver City於2012年開業，讓台場站與台場海濱公園站周邊可供遊覽的區域再度擴大。開幕時，戶外廣場中的巨型鋼彈模型展示曾一度造成話題。此外Diver City中還另外開設了鋼彈主題館「Gundam Base Tokyo」裡頭包括了互動體驗區以及展覽區等等，鋼彈迷們千萬不可錯過。

　　商場的部分，則橫跨精品與平價的品牌，包括Armani Jeans、Michael Kors、Marc Jacobs、H&M、Zara、Bershka與初登陸日本的美式休閒品牌 American Eagle等等，2樓與6樓則為美食街與餐廳樓層。

DATA　地址：東京都江東區青海1-1-10
電話：03-6380-7800
網址：www.divercity-tokyo.com
營業時間：Shop 10:00～21:00，Restaurant 11:00～23:00，Food Court 10:00～22:00
地鐵口：步行約5分鐘
MAP：P.315

青海站
AOMI

與台場遙遙相望的青海，原本並沒有什麼特殊的觀光景點，直到2000年「調色盤新城」(PALETTE TOWN)的開發案宣告完成後，青海一帶才出現了極具特色的百貨商場維納斯堡與超大型摩天輪等遊樂設施。而後，TOYOTA汽車展示場MEGA WEB、大型複合式遊樂場LEISURE LAND(包括電動遊樂設施、保齡球館、卡拉OK、撞球場、棒球練習場、釣魚場等等)及萬人演唱會場地ZEPP TOKYO等陸續開幕，讓青海成為東京人的休閒約會的新去處。

遊賞去處

大觀覽車

日劇中的著名景點青海摩天輪

青海的大觀覽車直徑100公尺、高115公尺，繞行一圈約16分鐘，是世界知名的大型摩天輪，可以讓整個東京灣的美麗景致盡收眼底，白天和晚上搭乘各有不同的風景。

DATA
如何前往：出「青海站」右轉穿越豐田汽車展示中心即達
電話：03-5500-2655
網站：daikanransha.com
營業時間：10:00～22:00，假日前夕至23:00
門票：大觀纜車一單人￥920，若要包下一整個車廂為￥3,080
地鐵口：步行約1分鐘　MAP：P.315

豐田汽車展示中心
MEGAWEB TOYOTA CITY SHOWCASE

館內陳列超過140台新款房車

喜歡欣賞研究最新房車的朋友們，一定不能錯過由TOYOTA汽車開設的MEGAWEB展示中心，這裡不但有超過140台TOYOTA新款車輛展示，還可以於跑道區駕駛有趣的小型賽車。

DATA
地址：東京都江東區青海一丁目
電話：03-3599-0808
網址：www.megaweb.gr.jp
開放時間：11:00～21:00
門票：免費參觀，小型賽車體驗每輛￥300
地鐵口：步行1分鐘
MAP：P.315

購物血拼

維納斯堡VENUS FORT

維納斯堡是一棟以華麗歐洲風格著稱的主題商場，其1樓的部分定位為全家大小皆可逛可買的商場「VENUS FORT FAMILY」，包括了童裝、休閒服裝、眼鏡與寵物用品等各類型的專櫃，以中低價商品為主。2樓則是針對優雅女性所設計的「VENUS FORT GRAND」，館內完全採用中古歐洲的裝潢設計，運用拱門、長廊、石柱、擬真街景與人造天空等，讓客人彷彿置身歐洲街頭，其中最有名的是以希臘羅馬神話為

浪漫的街道與絢麗的噴泉讓人彷彿置身歐洲街頭

主題的中央噴泉廣場和仿歐洲教堂的大片造景，在此處設櫃的品牌以國際精品與日系女裝為主。另外，3樓為「VENUS FORT OUTLET」包括MOUSSY、LEVI'S與LAST CALL等品牌均在此開設OUTLET專櫃。

DATA 地址：東京都江東區青海一丁目
電話：03-3599-0700
網址：www.venusfort.co.jp
營業時間：Shop 11:00～21:00，
Restaurant 11:00～23:00
地鐵口：步行約1分鐘
MAP：P.315

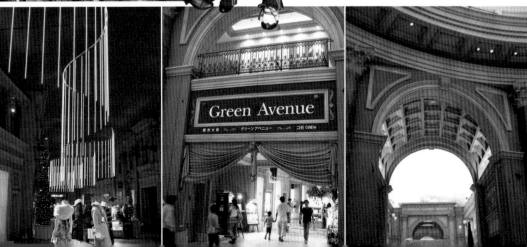

Green Avenue
グリーンアベニュー

豐洲站
TOYOSU

豐洲站原本僅有有樂町線通過，是個單純的工商型的區域，在2006年甫與百合鷗號線完成聯通。同年的10月，複合式主題商場LaLaport開幕，讓這個區域一躍成為臨海副都心一帶最新的遊玩據點。由於豐洲站的名氣尚不如台場或青海來得響亮，除了東京本地人外，較少有外國觀光客前來，因此這裡也保留了多一分的悠閒舒適氣息，讓人能輕輕鬆鬆逛街賞景。

遊賞去處

豐洲公園

　　豐洲公園位於LaLaport商場的左方，這裡有著寬敞的堤岸、大片的綠地以及各項適合小朋友的遊樂設施，每逢假日時常能見到來到此地野餐聚會的學生們或是闔家大小前來散步遊憩的情景，很多年輕男女更是喜歡獨自前來，不論是隨性盤坐在海岸邊看書或是慵懶地做做日光浴，都是愜意至極的一大享受。

DATA　如何前往：出「豐洲站」後朝LaLaport方向前往
地鐵口：步行約5分鐘
MAP：P.315

❶野餐聚會的年輕男女們
❷豐洲公園寬敞的堤岸步道

LaLaport

LaLaport的現址原本為豐洲地區的一個大型造船廠，於是LaLaport的設計者便以「碼頭與船舶」的概念設計了這個幅員廣大，並以「藝術、電影、美食、購物、與夕陽美景」為主題的新型態商場。

這裡主要以3棟方形大樓(CENTER PORT、NORTH PORT與SOUTH PORT)與四處船型建築物(SHIP I 至SHIP IV)構成，裡頭包括了商場、餐廳與大型電影院UNITED CINEMA。

商場的部分位於1～2樓，以挑高明亮的空間與不對稱的階梯設計為顧客帶來全新的視覺感受，店面包括UNIQLO、無印良品、GAP、ABC MART、TOKYU HANDS、ARNOLD PARMER、GLOBAL WORK、COMME ÇA ISM與TK等知名品牌，還有許多鞋子、生活雜物與配件小物等等超過190家專賣店。

餐廳則位於3樓及1樓的SHIP區，包括了日式、歐式與美式等各種料理，位於SHIP區的餐廳不少設有戶外座位區，讓客人能一邊欣賞海灣的美景，一邊品嘗美食。

另外，LaLaport特別於其正中央保留了一個碼頭的區域，在裡面停放了幾艘小艇，並設計了在夜晚會閃閃發亮的貨櫃起降機和閘門，和遠方閃耀的彩虹大橋相互輝映，在碼頭的前方並設一個小型的階梯廣場，每逢假日皆有樂團或歌手進行露天表演，讓大家都能沉浸在輕鬆悠閒的海岸氣氛當中！

DATA 地址：東京都江東區豐洲2-4-9
電話：03-6910-1234
網址：www.lalaport.co.jp
營業時間：Shop 10:00～21:00，
Restaurant 10:00～23:00
地鐵口：步行約3分鐘
MAP：P.315

❶室內空間挑高明亮的LaLaport ❷每逢假日均有表演節目的階梯廣場

精采愜意的東京近郊遊憩
港區未來線

橫濱　新高島　港區未來　馬車道　日本大通　元町‧中華街

橫濱未來港區 YOKOHAMA

橫濱市位於東京近郊的神奈川縣，是日本的第二
大都市與第一大港，由於它正對著東京灣且有著
「橫而長的海濱」，因而被命名為「橫濱」。橫濱的重
大發展可追溯至西元1854年，從那年開始，日本政府
陸續與美、俄、英、法、荷等國締結友好通商條約，並
於1859年正式開放橫濱港為國際商港，與歐美各國開
始茶葉、絲、毛以及絹織品的進出口往來，自此之後，
許多西方人士紛紛前來橫濱從事貿易或定居，也逐步
引進了西方的電燈、煤氣、車道與建築技術，使橫濱成
為全日本最早「西化」的地區。

這個歷史悠久的海港區域在即將邁入21世紀之時，展
開了名為「港區未來21(MM21)」的再造計畫，自1990
年起，全新的百貨商場、摩天商業大樓、觀光飯店、
休閒景點與公園綠地等陸陸續續於橫濱的海灣邊落
成，讓這個區域瞬間成為東京人想遠離城市喧囂時的
最佳休憩地點。2004年時，貫穿新舊橫濱市區的地鐵
「港區未來線(みなとみらい線)」正式通車，這條鐵路
與東急東橫線聯通，可由涉谷直達橫濱地區各車站，
僅需30～40分鐘的車程，相當便利且快速，讓假日前
往橫濱遊覽的人潮大大增加。

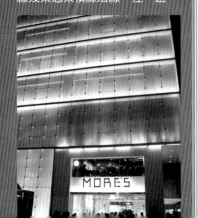

東京達人3大推薦地

作者最愛
元町·中華街站

一次體驗兩種不同的橫濱氣氛，不論是元町的閒適優雅還是中華街的熱鬧喧囂都各有一番風味。(P.337)

遊客必訪
港區未來站

21世紀未來感的橫濱新都心，宇宙之鐘摩天輪、帆船飯店與地標塔等代表景點均在此。(P.330)

東京人推薦
日本大通站

造型新穎的大棧橋國際碼頭是做日光浴的最佳場所，還能體驗四周彷彿歐洲街頭的露天咖啡座。(P.335)

港區未來線周邊街道圖

橫濱站
YOKOHAMA

橫濱站是橫濱舊市區中的主要交通樞紐，除了港區未來線外，尚有4條JR線與多條私鐵交會於此，其熱鬧的程度與人潮完全不輸東京市區內的新宿、涉谷與池袋等大站。車站的周邊以商業購物機能為主，SOGO、三越、01 CITY、VIVRE、LUMINE等大型連鎖百貨公司比鄰而設，還有生活型地下百貨商場，幾乎所有知名的國際與日本品牌都可以在這個區域找到，船體造型百貨商場BAY QUARTER是人氣超高的地標。

▶ 購物血拼

橫濱西武SOGO

老字號的Sogo百貨，包括國際精品與日系品牌，風格適合上班族及熟齡男女，6樓另設有Sogo美術館，定期舉辦各類藝展。喜歡逛美食街的朋友則一定要前往位於B2的超大食品館「Everyday」，館內包括歐美、日式與亞洲等多個區域的美食。

人潮總是絡繹不絕

DATA 地址：橫濱市西區高島2-18-1
電話：045-577-8123
網址：www.sogo-seibu.jp/yokohama/
營業時間：Shop 10:00～20:00，
Restaurant 11:00～23:00
地鐵口：步行約3分鐘
MAP：P.327

VIVRE

Vivre百貨好比橫濱的「涉谷109」加「裡原宿」，許多人氣品牌均在此處設櫃，包括女生的Liz Lisa、Cocolulu、Baby Shoop，與男生的X-Large、Stussy、Fuga等等，潮流古著店Hanjiro也在此設有大型店面。

DATA 地址：橫濱市西區南幸2-15-13
電話：045-314-2121
網址：www.vivre-shop.jp/yokohama
營業時間：11:00～21:00
地鐵口：步行約5分鐘　MAP：P.327

❶VIVRE亦販售不少萌系COSPLAY服裝 ❷年輕帥哥辣妹最愛的VIVRE

JOINUS

為貫穿整個橫濱車站的地下街，開業至今已有四十多年的歷史，是橫濱通勤族與家庭主婦們最愛的地下商場，賣場內所販售的商品可説是五花八門，從服裝、包包、首飾、鞋子、化妝品、生活雜物、文具到生鮮食品、乾貨、蛋糕與和菓子等等，一共分為A至J十個不同的區域。這個老字號的地下街近期與樓上的百貨結合為「Joinus」，以更年輕時尚的樣貌登場。

DATA 地址：濱市西區南幸1-5-1
電話：045-316-3200
網址：www.sotetsu-joinus.com
營業時間：10:00～21:00
地鐵口：出站即達
MAP：P.327

❶THE DIAMOND地下街的KITTY壽司
❷美食區中匯聚了日本各地的甜點小吃

BAY QUARTER

位於海灣邊的BAY QUARTER是橫濱車站周邊的複合式商場，它的外型以「船」為設計概念，從遠方望去還真像是一艘停泊在碧綠海灣中的大型渡輪呢！在一層層的「船艙」之中開設有數家服飾和生活用品專賣店，而在四周一圈的「甲板」上，則特別規畫了設有露天座位的餐廳與咖啡廳，天氣好的時候，各位不妨坐在陽傘下迎著海風享受美食，想像自己正在歡度高級的遊輪假期吧！

DATA 地址：橫濱市神奈川區金港町1-10 (於橫濱站東口出站，經SOGO百貨並穿越かもめ橋即達)
電話：045-577-8123
網址：www.yokohama-bayquarter.com
營業時間：Shop 11:00～21:00，Restaurant 11:00～23:00
地鐵口：步行約5分鐘
MAP：P.327

❶船舶造型的商場BAY QUARTER
❷在露天餐廳中享受愜意的遊輪假期

港區未來站
MINATOMIRAI

港區未來站的周邊是「港區未來21」計畫的重點開發地區，它是一座在1989年橫濱博覽會舊址上運用填海造陸方式興建的未來都市，裡頭包括了住宅區域、商業大樓、購物中心、遊樂場所，以及著名的泛太平洋飯店與帆船型的洲際飯店等，每天皆有超過20萬人工作通勤其間，這個地區的土地除了四分之三作為商業、住宅與交通用途外，還特別保留了四分之一的自然綠地，讓當地居民以及前來觀光的遊客們除了美麗的海灣之外，還能在遼闊的公園空地中享受海天一色的景致。另外，入夜之後也別忘了來到未來港區中的「國際橋」上，欣賞璀璨的橫濱夜景和放射出五彩光芒的「宇宙之鐘21摩天輪」。

遊賞去處

帆船日本丸橫濱港區博物館
Sail Training Ship Nippon Maru Yokohama Port Museum

　　對於橫濱開港歷史與船隻發展過程有興趣的朋友，不妨來到「橫濱港區博物館」展開海洋知性之旅，這裡除了有珍貴的歷史資料、圖片、影片與模型展示外，各位還能親自登上大型帆船「日本丸號」，這艘建於1930年的帆船歷經54年的世界航行後成為展示用船，讓對於海事有興趣的遊客能窺探船中的神祕面貌，參觀完後還可繼續來到戶外的「日本丸紀念公園」，一覽船砲與各項內部機械組件的展示。

DATA
地址：橫濱市西區港區未來2-1-1
電話：045-221-0280
網址：www.nippon-maru.or.jp
開放時間：10:00～17:00，週一休館
門票：高中以上￥600，高中以下及65歲以上￥300
地鐵口：步行約7分鐘
MAP：P.327

❶大型帆船「日本丸號」
❷在公園中還可欣賞來往的特色船隻

宇宙世界遊樂場
COSMO WORLD

宇宙世界遊樂場是橫濱地區廣受大小朋友喜愛的「都市型立體遊樂園」，一共有20多種的遊樂設施，包括了水上飛車、雲霄飛車、小火車、鬼屋、恐龍世界以及全世界最大的時鐘型摩天輪「宇宙之鐘21」，這一座

❷

❶在夜空中閃耀的宇宙之鐘摩天輪
❷COSMO WORLD中各項大人小孩皆宜的遊樂設施

遠近馳名的摩天輪幾乎曾出現在每一部以橫濱為背景的日劇當中，就算沒有親自搭乘，在夜空下欣賞五彩繽紛的摩天輪燈光秀，也是十分浪漫的享受呢！

❶

DATA
地址：橫濱市中區新港2-8-1
電話：045-641-6591
網址：senyo.co.jp/cosmo
開放時間：平日11:00～21:00，假日11:00～22:00
門票：入園免費，遊樂設施分項計費(約￥300～700)
地鐵口：步行約5分鐘
MAP：P.327

安藤百福發明紀念館
CUP NOODLES MUSEUM

即沖即食的杯麵是大家半夜的好良伴，這項由日清食品創辦人安藤百福發明的速食品由日本成功推向世界。為了紀念這位台裔日籍的安藤先生，日清於2011年開設了這間寓教於樂的杯麵博物館。館中除了能了解安藤先生與泡麵的歷史外，還能在「我的泡麵工廠」中製作專屬的泡麵，從杯身的彩繪到麵體、口味與配料的挑選全都可以DIY！小朋友們則可在遊樂園中以互動式遊戲了解泡麵的製作過程。館中另開設可品嘗世界

各地麵食的「Noodles Bazaar」，每小碗￥300，讓大家一次品嘗日、韓、中、泰與新馬的經典湯麵。

DATA
地址：橫濱市中港區新港2-3-4
電話：045-345-0918
網址：www.cupnoodles-museum.jp
營業時間：10:00～18:00
門票：大學生以上￥500，高中生以下免費(製作泡麵與遊戲區等須另行付費)
地鐵口：步行約7分鐘　MAP：P.327

❶館中琳瑯滿目的紀念品區 ❷杯麵博物館外觀

❶

‼️CUPNOODLES MUSEUM

❷

購物血拼+特色美食

陸標塔廣場
LANDMARK PLAZA

緊鄰QUEEN'S SQUARE的商場「LANDMARK PLAZA」，位於樓高近70層的「LANDMARK TOWER」中，其3～5樓以國際與日本精品著名，包括TIFFANY、COACH、MaxMara、Folli Follie與起源自橫濱的知名珠寶品牌Star Jewelry等等，在1、2樓的部分則以中低價位品牌為主如GAP、ELLESSE、VICTORINOX與SISLEY等，亦有許多速食店及平價餐廳可供選擇。

DATA 地址：橫濱市西區港區未來2-2-1
電話：045-222-5015
網址：www.yokohama-landmark.jp
營業時間：Shop11:00～20:00，
Restaurant 11:00～22:00
地鐵口：步行約3分鐘
MAP：P.327

❶ 以高價名品為主的陸標塔廣場
❷ 陸標塔廣場著名的大型鋼鐵藝術品

皇后廣場
QUEEN'S SQUARE

皇后廣場是港區未來地區最大的複合式商場，其中的購物區域分為兩個部份，「Queen's East」的風格較為成熟優雅，包括Urban Research、Diesel、Marimekko、Tomorrowland、A.P.C.等國際與日本品牌，而「at!」則以較年輕的X-Large、Stussy、DC與Levi's等街頭品牌為主。另外，商場中還有中式、日式、西式、美式、及墨西哥式等多樣化的餐廳可供選擇。

DATA 地址：橫濱市西區港區未來2-3
電話：045-682-1000
網址：www.qsy-tqc.jp
營業時間：Shop 11:00～20:00，
Restaurant 11:00～22:00 or 23:00
地鐵口：步行約1分鐘
MAP：P.327

位於摩天輪旁的QUEEN'S SQUARE

MARK IS MINATOMIRAI

港區未來21的商場Mark Is於2013年8月誕生，位於橫濱美術館對面，集結190家店面，一躍成為橫濱地區最大的複合型商場。東京近年來成立的新商場均以綠化節能為潮流，Mark Is更是把這股綠色風潮發揮到極致，除了運用大量的盆栽裝飾與特別設計的戶外花園外，更在5樓打造了日本最大規模的「屋上菜園」，種植有機蔬菜與香草等等，而每個於商場內設店的品牌也都必須以綠化為主題來布置櫥窗，包括Journal Standard、Adam et Rope、Beauty & Youth與

Ciaopanic等，都呈現出與其他門市不同的自然有機風格。

除了購物樓層外，強調「生活娛樂(Life Entertainment)」精神的Mark Is，還在館中3樓設置了「親子森林兒童遊戲室」，與「ORBI大自然超體感博物館」(5～6樓)。博物館結合了英國BBC的高科技影像技術，讓小朋友能身歷其境地學習自然的奧妙。東京瓦斯公司則在4樓開設了節能展示的互動體驗區與廚藝教室，歡迎大家來此了解最新的能源科技發展。

在購物與玩樂過後，不妨前往4樓另一側的餐廳區域享用美食，當中包括了壽司、居酒屋、和風洋食、火鍋與咖啡廳等9間不同風味的餐廳可供選擇。

DATA
地址：橫濱市西區港區未來3-5-1
電話：045-224-0650
網址：www.mec-markis.jp
營業時間：Shop 週日～四10:00～20:00，週五～六10:00～21:00；Restaurant 11:00～23:00
地鐵口：出站即達
MAP：P.327

馬車道站 BASHAMICHI

橫濱港自從1859年正式開放成為國際商港後，許多來自歐美的外籍商人陸續進入橫濱地區工作生活，他們除了帶入西方的建築技術外，也將進步的西方交通工具「馬車」引進日本，讓當地人不再只有轎子與人力車可供乘坐，由於當時橫濱的道路十分狹窄，馬車不易通行，因此在外籍人士的協助之下，日本第一條適合馬車行走的大道於法國大使館和吉田橋之間落成，也就是今日的「馬車道」所在區域，在這裡各位可以親自體驗不同於傳統和風與現代建築的早期西洋建築風格。

遊賞去處

馬車道通り歷史古蹟

相較於全新開發的「港區未來站」，馬車道站的周邊原始地保留了橫濱發展至今的歷史蹤跡，如果想要感受日本西化初期的面貌，就一定要前來「馬車道通り」，在這條馬路的兩側，各位可以見到許多氣派宏偉的歐式建築，包括了今日的橫濱指路教會、富士銀行、第一銀行、三菱銀行與歷史博物館等等，這些建築物僅重新改變內部裝潢，特意地將外觀維持著原本的建築樣貌。

另外，馬車道地區也是全日本第一座煤氣路燈、第一批的行道樹與第一間冰淇淋專賣店的起源地，為了紀念這些空前的創設，馬車道通り的沿路豎立了許多紀念碑，還刻意複製了和當時相同的街燈、拱門、人行道與座椅等等，讓初次到來的遊客們能深刻體驗充滿歷史感的西洋風味。

DATA 如何前往：馬車道站出站即達
網址：www.bashamichi.or.jp
地鐵口：步行約1分鐘
MAP：P.327

神奈川縣歷史博物館

神奈川縣歷史博物館是建造於1904的德國巴洛克式建築，這裡原本為古老的橫濱正金銀行本店，在歷經關東大地震的火災重建後，於1968年改作為博物館之用，是日本綜合型博物館的先驅，館內展出的內容包括地理學、生物學、考古學與民俗學等非常多樣，有興趣的朋友不妨先上網查詢當期展覽。

DATA 地址：神奈川縣橫濱市中區南仲通5-60
電話：045-201-0926
網址：ch.kanagawa-museum.jp
營業時間：09:00～17:00，週一休館
門票：成人￥300，20歲以下￥200，
高中生、65歲以上￥100
地鐵口：步行約3分鐘
MAP：P.327

日本大通站 NIHONODORI

「日本大通」是日本第一條適合車輛行走的大馬路，在明治天皇年間由理查・布朗敦(Richard H. Brunton)協助建造，這位有著「日本燈台之父」稱號的英國建築師亦為日本第一座路燈的創建者。到了今日，日本大通的馬路周邊仍流露著濃厚的歐洲街頭風情，沿途不但有成列的棕梠樹、架著陽傘的露天咖啡、餐廳與酒吧，還開設著幾家寫著法文招牌的歐洲中古衣店，這樣的氣氛讓人彷彿置身在歐洲的度假勝地當中。除此之外，「大棧橋國際碼頭」和「赤煉瓦倉庫」也是鄰近日本大通的著名特色景點。

遊賞去處

大棧橋國際碼頭
OSANBASHI INTERNATIONAL PASSENGER TERMINAL

「大棧橋國際碼頭」是橫濱港中專供遊客通行的碼頭，最早興建於1894年並於1989年展開重建計畫，橫濱市政府為此舉辦了一場設計大賽，最後由來自英國Foreign Office Architects的年輕夫妻檔建築師獲得優勝，並完成這座以「郵輪甲板眺望台」為設計靈感的碼頭，他們使用由巴西亞馬遜叢林進口的淺色木材拼湊成高低起伏的屋頂，整棟建築物沒有樓梯，僅以不規則的斜坡交錯構成，室內、室外、天花板與牆壁彷彿一氣呵成，深獲評審伊東豐雄大師的推崇，在2002年揭幕後亦立即成為偶像劇中的知名景點，劇中的主角常出現在「屋上廣場」中遠眺黃昏的海灣、跨海大橋、赤煉瓦倉庫與摩天輪等橫濱景物，而許多遊客則喜愛或坐或臥地在一旁的草坪上享受著海風、夕陽與片刻的寧靜時光。

❶ 停靠大型渡輪的大棧橋國際碼頭
❷ 以郵輪甲板眺望台為靈感的冠軍設計

DATA
地址：橫濱市中區海岸通1-1-4
電話：045-211-2304
網址：www.osanbashi.com
營業時間：頂樓24小時開放，
2F餐廳商店09:00～21:30
地鐵口：步行約5分鐘
MAP：P.327

赤煉瓦倉庫 AKARENGA RED BRICK WAREHOUSE

橫濱市政府以「Creative City」為目標，希望能賦予都市內歷史悠久的建築物全新的面貌與生命，在該計畫之中最成功的案例就是「赤煉瓦倉庫」的再造。興建於1911年的赤煉瓦倉庫，曾是橫濱港中最重要的關稅與物流中心，在經歷關東大地震與第二次世界大戰後仍然屹立不搖，直至港口遷移後才未再使用。2002年時隨著「橫濱新港町」更新計畫的進行，赤煉瓦倉庫被改裝成為兼具購物與藝術機能的新型態商場，並成功地變身為橫濱的新人氣據點。新赤煉瓦倉庫的內部刻意以木材、水泥等建材呈現出原始和現代的交錯感，在「1號館」中設有倉庫與關稅歷史的展示中心與多功能表演藝術展場；而「2號館」內則開設了許多休閒度假風格的服裝店、配件店、咖啡廳、餐廳與冰淇淋專賣店等等。

❶古色古香的赤煉瓦倉庫
❷赤煉瓦倉庫的超人氣酥炸咖哩麵包
❸以現烤奶油蛋糕球加上香草冰淇淋的橫濱專屬甜點

DATA 地址：橫濱市中區新港1-1
電話：045-227-2002
網址：www.yokohama-akarenga.jp
營業時間：Shop11:00〜20:00，Restaurant 11:00〜23:00(各店略異)
地鐵口：步行約7分鐘
MAP：P.327

世界之窗購物中心 WORLD PORTERS

世界之窗購物中心位於港區未來與赤煉瓦倉庫中間，其1樓為餐飲區域，包括了日式料理、和風洋食與蛋糕甜點的專賣店，2〜4樓以日本當地的中、低價位品牌為主，非常適合青少年與學生們，5〜6樓則為電影院，另外頂樓的部分於2009年7月還最新設置了美麗的「屋上花園」與高爾夫球練習場。

DATA 地址：橫濱市中區新港2-2-1
電話：045-222-2000
網址：www.yim.co.jp
營業時間：Shop 10:30〜21:00，Restaurant 11:00〜23:00
地鐵口：步行約10分鐘
MAP：P.327

作者小叮嚀

如何前往「橫濱新港町」

赤煉瓦倉庫與世界之窗購物中心等「橫濱新港町」區域，亦可由「港區未來站」越過「國際橋」後步行前往。

元町·中華街站
MOTOMACHI·CHUKAGAI

「元町·中華街站」是港區未來線的最後一站，在這個地區當中，各位可以同時拜訪兩個風格南轅北轍的街區，「元町」是橫濱最早西化的時尚區域，在橫濱開港不久後，即有許多專賣船來品的委託商行在巷道當中開設，轉個彎來到「中華街」時，氣氛悠閒的洋風街道瞬間消失，取而代之的是大紅燈籠、牌坊與熱鬧喧嘩的街市酒樓，在旅途中想念家鄉菜的朋友，不如就在這裡大快朵頤吧！

🔺 遊賞去處

山下公園

　　山下公園建立於1930年，是日本第一座「臨海都市公園」，園中除了海灣旁的大片綠地外，還包括了紅鞋少女雕像、來自美國的護水神雕像與印度水塔等橫濱與世界各國密切貿易往來的紀念品，許多民眾總喜歡或坐或臥在公園的岸邊，一邊遠望著來往的船隻，一邊讓輕鬆的心情隨著大海遨遊。

DATA　如何前往：出站後依海洋塔方向步行約5分鐘即達
網址：www.yamashitapark.net
門票：免費
地鐵口：步行約5分鐘
MAP：P.327

❶入口處的護水神雕象
❷可遙望大船入港的山下公園沿岸
❸日本第一座臨海都市公園

海洋塔MARINE TOWER

　　高度106公尺的「海洋塔」,是世界知名的超高地面燈塔,也是橫濱開港100週年時特地打造的紀念性地標,在2009年橫濱歡慶開港150週年時,海洋塔也一併完成了重修計畫。海洋塔一改大家對燈塔的刻板印象,呈現出兼具時尚感與藝文氣質全新風貌,除了保留原本的展望台樓層外,塔中增設了展示橫濱歷史的「橫濱印象館」、

販售設計師紀念商品的「海洋塔購物商店」以及3家高級的咖啡廳、餐廳與酒吧,其中位於1樓的「THE BUND」設有大片戶外草坪與露天座位,並提供精緻的義大利料理與甜點,自2009年5月開幕以來即吸引許多橫濱新貴前往用餐。

❶ 2009年改裝完畢的時尚海洋塔
❷ 一旁的Barneys New York百貨亦以海洋塔為櫥窗設計

DATA
地址:橫濱市中區山下町15號
電話:045-664-1100
網址:www.marinetower.jp
營業時間:展望台10:00～22:30,Shop 10:00～20:00,Restaurant11:00～23:00 (各店略異)
票價:展望台成人￥750,國高中生￥500,小學生￥250,3歲以下免費,其餘部分免費參觀
地鐵口:步行約5分鐘
MAP:P.327

購物血拼+特色美食

元町商店街

　　元町商店街是日本最早接觸西方流行的時尚發源地,到了今日除了幾家歷久不衰的精品服飾店外,許多來自歐美的品牌亦紛紛於此設店,在範圍廣大的商店街中不但衣服、鞋子、配件與珠寶首飾一應俱全,還有許多已有數十年歷史的咖啡廳及西點專賣店,其中「喜久家」的萊姆酒巧克力蛋糕球(ラムボール)是元町人氣第一的長賣商品。另外,由於優雅洋派的橫濱人總喜歡帶著心愛的寵

物上街,在元町商店街的路旁竟然還特地設置了名為「PET BAR」的寵物飲水機呢!

DATA
網址:www.motomachi.or.jp
地鐵口:步行約5分鐘
MAP:P.327

喜久家的萊姆酒巧克力蛋糕球

橫濱中華街

　　橫濱中華街已有140年歷史，除了是日本最大的中華街外，其規模更可說是世界屬一屬二，許多國家都有中華街或中國城，但很少有一個地方像橫濱中華街般，將中國風味的建築、燈飾、街頭牌坊等等原汁原味地在街頭重現，每到中國的重要節慶時，區域內更是張燈結綵，還會舉辦遊行、舞龍舞獅與民俗技藝表演等各項節目，至於餐點方面，在這裡可以嘗遍來自大江南北的中國料理，不但價格實惠，還多了分親切感呢！

DATA　網址：www.chinatown.or.jp
　　　　地鐵口：步行約5分鐘
　　　　MAP：P.327

❶中華街的重要地標關帝廟
❷中華街中的熊貓商品專賣店
❸張燈結綵的中華街巷弄

東京優質飯店推薦
旅館住宿介紹

許多來到東京旅遊的朋友總習慣挑選一些在台灣觀光業界名聲響亮的飯店住宿，然而在東京市區內其實還有其他別具特色的頂級酒店，以及由名師打造的商務設計型旅館(Designer's Hotel)，這些精緻的飯店大多已與航空業者配合提供價格優惠的「機加酒」套裝行程，各位不妨依照自己的預算選擇飯店類型，讓自己在舒適的住宿環境中徹底享受輕鬆愉悅的東京假期。

Palace Hotel Tokyo

頂級奢華型酒店

六本木
東京君悅酒店
Grand Hyatt Tokyo

　　位於六本木之丘中的「東京君悅酒店」是全日本數一數二的頂級飯店，不但以摩登現代的裝潢著名，更有著親切貼心的各項服務，與精通各種語言的工作人員，房間內均以高質感的原木家具與簡約時尚的棕色系裝潢呈現，並提供免費高速網路、Wifi、32吋全平面電視、浴室專用13吋電視與大型書桌等設備；所有住房客人均能使用專屬的健身房、游泳池與三溫暖，飯店每天傍晚另在Grand Club中為Club房型的貴賓準備精緻的迎賓雞尾酒會(Evening Cocktails & Hors D'oeuvres)，許多打扮優雅的客人總喜歡前來一邊享用茶點與香檳、一邊欣賞六本木的日落美景。

　　此外，飯店內另設有7間餐廳與3處酒吧，包括日式料理「六綠」、「Keyakizaka」、西式餐點「The Oak Door」、「Fiorentina」、「The French Kitchen」與中式美食「Chinaroom」，餐廳內除了來自世界各地的客人外，也時常能見到日本知名政治家、企業人士與藝人明星，想要體驗東京上流質感生活的朋友，六本木君悅酒店將是各位的最佳選擇。

DATA 地址：東京都港區六本木6-10-3
電話：03-4333-1234
網址：www.tokyo.grand.hyatt.com
房客免費項目：健身房、游泳池、有線網路、Wifi
Club房型免費項目：Grand Club設施使用、迎賓雞尾酒會、自助早餐
交通：日比谷線、大江戶線「六本木站」1C出口步行1分鐘　MAP：P.239

❶典雅氣派的酒店大廳
❷舒適寬敞的Suite房型
❸Club房型客人可享用的Lounge
❹房客均可享用游泳池設施
❺餐廳的戶外座位區

江戶川橋
東京椿山莊酒店
Hotel Chinzanso Tokyo

距離新宿地區不遠的東京椿山莊酒店原隸屬於四季飯店，2013年起由集團親自經營，除了維持原本五星級的服務水準外，更展開一系列的軟硬體更新升級。

椿山莊有著令人驚艷的大型山景庭園，彷彿是座高雅幽靜的世外桃源，原來飯店的所在地從明治天皇年間起即為皇族的渡假別墅區域並逐步修建了今日所見的13處庭園造景，其中最具代表性的是特地運自廣島、具有近千年歷史的「三重塔」。椿山莊成立時，特意保留了這片難得的山景與歷史建築，除了讓住房客人擁有優美的環境外，也開放給其他遊客前來體驗日本傳統文化之美。

2013年起館方陸續更新客房內裝，以時尚摩登的風格結合傳統日式元素的裝飾細節，帶給旅客全然不同的精品新印象，預計2015年全面完工，飯店的房型分為「庭園景觀」與「都市景觀」2種、新式房型為「View Bathroom Suite」，訂房時可指名預約；房客可自由使用健身房、半露天庭園泳池以及室內外溫泉SPA等設施，飯店並細心地提供泳裝泳鏡的免費租借服務；隨著客房升級，館方另斥資打造了全新的屋頂花園「Serenity Garden」(5樓)供房客休憩賞景。

椿山莊的另一大特色為其館內12間不同主題的餐廳與酒吧，其中的義大利餐廳「IL TEATRO」是全東京票選名列前茅的高級義式料理餐廳，在華麗的歐式宮廷風裝潢中，

❶日本庭園的浪漫夜景 ❷❸全新打造的屋頂花園Serenity Garden ❹歐式風格的中庭咖啡餐廳Le Jardin ❺春天時櫻花盛開的絕美景致　❶～❺圖片提供／椿山莊酒店

各位可品嘗由義籍主廚精心搭配的午晚間套餐(午餐￥3,800起、晚餐￥12,000起)；位於中庭的「Le Jardin」則以精緻的英式下午茶聞名(￥3,500)，是東京名媛貴婦們的最愛；日本料理「Miyuki」供應傳統壽司與鐵板燒；而位於山景庭院內的「無茶庵」則以北海道蕎麥麵懷石料理著名。建議各位入住椿山莊時不妨就在飯店內停留半天到一天，除了享受各項設施外，也來品味有如貴族般的食尚饗宴。

DATA

地址：東京都文京區関口 2-10-8
電話：03-3943-2222
網址：www.hotel-chinzanso-tokyo.com
房客免費項目：健身房、游泳池、SPA、有線網路、Wifi、日式或西式早餐套餐(部分優惠房價不包括)
交通：
1.有樂町線「江戶川橋」站1A出口步行約15分鐘
2.新宿西口61號巴士直達「椿山莊前」站

東京
東京皇宮酒店
Palace Hotel Tokyo

Palace Hotel Tokyo是東京最新、話題度也最高的頂級旅館，這個位於東京皇居旁的精華地帶，從1947年起即以「帝都飯店」的名義營運，1961年開始「皇宮飯店」正式成立，以完善的服務與傳統的風格成為東京早期的飯店首選。隨著物換星移，集團自2009年起投入超過90億的資金重新打造整個酒店並於2012年5月以嶄新的面貌揭幕。新的東京皇宮酒店聘請超過6個日本知名建築事務所共同打造，以氣派摩登的裝潢結合傳統的日式元素給人耳目一新的印象。其中入口處的外牆甚至還選用了與皇居城牆相同的庵治岩來展現飯店的氣勢與歷史的傳承。

飯店共有290間客房，除了能俯瞰皇居周邊美景外，部份房型並設置了東京都內飯店難得一見的露天陽台，房間內的各項設施也相當講究，包括歐洲頂級音響、NESPRESSO咖啡機、百年歷史的今治浴巾與大型的衣物間等等。飯店內另開設了全東京第一家的evian SPA，裡頭擁有景觀泳池、水療區以及舒壓區等，部分房型的客人可免費使用。

此外，東京皇宮酒店的餐飲也具有相當多樣化的選擇，10家不同型態的餐廳與酒吧包括法式料理「Crown」、日本料理「和田倉」中由日本二星主廚Shinji Kanesaka打造的壽司吧、現場音樂演奏的中式餐廳「琥珀宮」、供應超過30種茶品的「The Palace Lounge」、特意保留皇宮飯店時期老吧檯的「Royal Bar」、專業調酒師服務的「Lounge Bar Privé」以及全天提供西式餐點的「Grand Kitchen」等，其中沿著皇居城河畔的戶外座位，更讓你能靜靜感受這位於都市中難能可貴的優雅清寧。

❶Grand Kitchen位於皇居戶城河畔的座位❷優雅摩登的旅館大廳❸能俯瞰皇居庭園美景為皇宮酒店一大特色❹飯店推出的日式下午茶點心組合❺全東京第一處的法國evian SPA❻內裝與配備都相當講究的客房

❸ ❹

頂級奢華型酒店・商務設計型飯店

DATA　地址：東京都千代田區丸ノ內1-1-1
電話：03-3211-5211
網址：en.palacehoteltokyo.com
房客免費項目：健身房、有線網路、Wifi、自助早
餐 (部分優惠房價不包括)
Club房型免費項目：evian SPA泳池、水療區、
Club Lounge設施使用、早餐、下午茶、迎賓雞
尾酒會
交通：
1. 千代田線、半藏門線、丸ノ內線、東西線、三
田線「大手町站」C13b出口直通
2. JR線、丸ノ內線「東京站」北口步行8分鐘
MAP：P.187

❺

❻

新宿
東京希爾頓飯店
Hilton Tokyo

位於西新宿的東京希爾頓飯店，是最早引進東京的國際連鎖飯店集團，1963年即於赤坂開業，並於1984年轉移至新宿的現址。在歡慶50週年慶時，飯店陸續展開客房的更新升級，重新裝潢的客房加入許多時尚新穎的精品元素，卻又巧妙地保留了傳統日式風味在其中，例如融合山水潑墨畫的典雅地毯、浴室與窗檯邊的和式拉門等等。由於希爾頓飯店許多房客皆為世界奔走的商務旅客，飯店希望用這些細節的設計來讓他們感受東京與其他大都會的不同之美。

東京希爾頓飯店擁有812間客房，是東京首屈一指的大規模飯店，為提供旅客查詢資料的需求，飯店貼心設置了24小時開放的商務中心，提供所有客人網路瀏覽與免費列印服務；選擇 Club房型的旅客還可使用頂級的Executive Lounge，這個貴賓中心除了提供全天候飲料與電腦租用外，還準備了自助早餐、下午茶以及傍晚的迎賓雞尾酒，讓房客一邊品嘗點心飲料、一邊欣賞新宿的美麗夜景。除了客房外，2樓的餐廳樓層

❶升級更新後的Suite房型 ❷位於高樓層的游泳池 ❸❻❼TSUNOHAZU中的各國佳餚 ❹Executive房型客人可享用的Lounge ❺Lounge中可盡覽新宿的絕美夜景 ❽大廳販售的精緻甜點 ❾希爾頓酒店外觀
❶～❾圖片提供／東京希爾頓飯店

❼

❻ ❽

也以「TSUNOHAZU」的新形象登場，其中包括美式牛排館「Metropolitan Grill」、精緻中式料理「王朝」、日本料理「十二颯」與時尚酒吧「Zatta」，1樓另有24小時提供餐點飲料的「Marble Lounge」，每日下午推出的自助午茶Dessert Buffet更是擁有超高人氣；沒有預約成功的朋友則不妨在大廳的「Chocolate Boutique」外帶精緻的甜點到房間品嘗！

DATA　地址：東京都新宿區西新宿6-6-2
電話：03-3344-5111
網址：tokyo.hilton.com
房客免費項目：健身房、有線網路(Wifi需另付費)、商務中心使用
Club房型免費項目：客房Wifi、Executive Lounge設施使用、早餐、下午茶、迎賓雞尾酒會
交通：
1.JR線、新宿線「新宿站」西口步行約10分鐘
2.大江戶線「都廳前站」C8出口步行約3分鐘
3. 丸ノ內線「西新宿站」C8步行約3分鐘
4.新宿西口免費接駁專車(每日08:12～21:52，乘車處位於新宿站西口京王百貨前第21號站牌)
MAP：P.105

❾

商務設計型飯店

淺草
AGORA PLACE

希望將多點預算留在吃喝玩樂的朋友，喜歡選擇價位適中且安全整潔的「商務旅館(Business Hotel)」住宿。這類原本以商務旅客為主的旅館業者，在觀光客與日俱增的同時，紛紛力求轉型，不但請來設計師打造時尚的室內裝潢，在客房寢具與用品的選擇上也開始注重質感造型，希望能讓觀光旅客們用中等的價位，享受精品級的住宿氣氛。

由擁有多間高級溫泉酒店的Agora集團打造的Agora Place Asakusa，以年輕時尚的形象吸引不少旅客的青睞。經營者知道其實旅館很大部分的支出，是來自提供旅客單次使用的盥洗用具與個人用品，所以這裡以「Style My Stay」為概念，僅提供基本的毛巾、浴巾與吹風機等用品，將省下的成本直接反映在房價上，而其他的個人用品房客可自行攜帶，或至櫃檯以合理的價格購買與租用，包括洗髮精、沐浴乳、面膜、捲髮器、蒸臉機、浴袍等，除了經濟效益外，旅客們也能依據自己的喜好讓客房更有家的感覺。另外，針對攜帶寵物旅遊的朋友，Agora Place Asakusa也特別規畫了寵物套房，讓貓貓狗狗們也能跟主人一起暢遊東京！

❶ 位於大廳的商品販賣處讓房客Style My Stay **❷** 僅有一間的Sky Twin房型可由飯店官網預定

DATA 地址：東京都台東區壽2-2-9
電話：03-3842-8421
網站：www.agoraplace-asakusa.com
房客免費項目：有線網路、Wifi
交通：
1.都營淺草線「淺草站」A2b出口步行約10分鐘
2.銀座線「田原町站」2號出口步行約1分鐘

池袋 赤坂 赤坂見附
the b

由日本旅館集團Ishin Hotel Group打造的the b，是東京另一大知名的連鎖設計型商務飯店，於池袋、赤坂、赤坂見附、御茶之水、三軒茶屋與六本木等地均設有分館，其中最推薦國外觀光客預定的為位於池袋與赤坂周邊的分館。

「the b池袋」位於交通、飲食、購物與娛

樂機能一應俱全的池袋東口地區，館內包括175間客房，房內以簡約俐落的都會風格裝

潢，不同於一般商務旅館的小型床鋪，the b特別以大尺寸的高級床墊讓疲倦的旅客能一夜好眠。起床之後也別忘了前去2樓義大利餐廳Salvatore，享用旅館特別準備的精緻早餐。

「the b赤坂」位於Akasaka Sacas後方的半山腰上，美麗的「櫻花坂」環繞飯店四周，讓赤坂分館頗有山中小別墅的雅致氣氛，館內共有156個房間，早餐由1樓的Pizzeria Liana餐廳提供；鄰近的「the b赤坂見附」則位於赤坂商業區的中心位置，距地鐵站僅1分鐘，包括122個客房，和其它分館一樣有著大尺寸床墊，讓客人能盡情感受the「b」的四個待客宗旨：「b」reakfast美好的早餐、「b」ed舒適的床鋪、「b」usiness便利的商務服務，以及「b」alance充實平衡的旅途。

❶風格時尚的室內設計❷池袋館大廳提供免費電腦使用❸❹赤坂見附分館的大廳與房間❺❻赤坂分館的舒適大床與外觀
圖片提供／the b

DATA **池袋**
地址：東京都豐島區東池袋1-39-4
電話：03-3980-1911
網址：www.theb-hotels.com/the-b-ikebukuro/en
房客免費項目：有線網路、Wifi、自助早餐
交通：JR線、丸ノ內線、有樂町線、副都心線「池袋站」東口步行3分鐘
MAP：P.121

赤坂
地址：東京都港區赤坂7-6-13
電話：03-3586-0811
網址：www.theb-hotels.com/the-b-akasaka/en
房客免費項目：有線網路、Wifi、自助早餐
交通：千代田線「赤坂站」3b出口步行5分鐘

赤坂見附
地址：東京都港區赤坂3-21-7
電話：03-3589-3610
網址：www.theb-hotels.com/the-b-akasaka-mitsuke/en
房客免費項目：有線網路、Wifi、早餐
交通：丸ノ內線、銀座線「赤坂見附站」赤坂方面出口步行1分鐘
MAP：P.121

Behind the scenes

SPECIAL THANKS TO:

<<搭地鐵玩遍東京>>第六度更新改版完成！感謝讀者朋友們自2010年初版以來的支持，這次的新版中我們除了繼續帶大家沿著地鐵站玩遍東京外，也根據讀者們的建議增加了許多單元，希望讓各位更深入地了解東京引人入勝的全貌。感謝日本各大品牌、商店、餐廳、飯店與台灣虎航對於本次書籍的協助，也謝謝太雅編輯部同仁們的用心！希望各位讀者朋友們能藉由本書的引導，在這個瞬息萬變的摩登都會中有趟新鮮有趣的旅程，別忘了到我們的臉書與部落格分享你的旅遊新鮮事！

本書の完成にあたり、ご協力並びにご支持下さいましました日本の関係者各位に心より感謝致します。ANA、Grand Hyatt Tokyo、椿山莊Hotel Tokyo、Hilton Tokyo、Palace Hotel Tokyo、Ishin Hotels Group、Tokyo Disney Resort、Diamond Dining、Berkati Communication、4K PR、Amazon Fashion Week Tokyo PR事務局。その他取材にご協力頂いた各店のスタッフの方々と東京の友人達へ、皆さんのお力添えがあったからこそんなに素晴らしい本が出来ました！ありがとうございました！

* 特別感謝：作者照片攝影 Michelle Yuan／Fai Chen Photography

Thank You
因為有你，太雅滿20歲了！

抽獎 1

《太雅20週年慶抽獎》

即日起～ 2017 年 12 月 31 日為止（郵戳為憑）

2017 年 5 月 10 日，我們將推出 20 週年慶的官網，公布所有抽獎獎品。
獎品郵寄區域限定台灣本島。填寫住址時，請留意此規定。

《太雅好書抽獎》 即日起～ 2018 年 6 月 30 日

抽獎 2

每單數月，抽出 10 名幸運讀者，得獎名單在該月 10 號公布於太雅部落格和太雅愛看書粉絲團。
本活動需寄回回函參加抽獎 (影印與傳真無效)。

以下 3 組贈書隨機挑選 1 組：

放眼設計系列2本 (隨機)　　歐洲手工藝教學系列2本 (隨機)　　黑色喜劇小説2本

《抽獎讀者的個人資料》

這次購買的書名是：**搭地鐵玩遍東京** 新第六版 (世界主題之旅 59)

* 01 姓名：＿＿＿＿＿＿＿＿＿＿＿＿＿＿＿＿　性別：□男 □女　生日：民國＿＿＿＿＿ 年

* 02 手機(或市話)：＿＿＿＿＿＿＿＿＿＿＿＿＿＿＿＿＿＿＿＿＿＿＿＿＿＿

* 03 E-Mail：＿＿＿＿＿＿＿＿＿＿＿＿＿＿＿＿＿＿＿＿＿＿＿＿＿＿＿

* 04 地址：□□□□□＿＿＿＿＿＿＿＿＿＿＿＿＿＿＿＿＿＿＿＿＿

* 05 你是否已經帶著本書去旅行了？請分享你的使用心得。

＿＿＿＿＿＿＿＿＿＿＿＿＿＿＿＿＿＿＿＿＿＿＿＿＿＿＿＿＿＿＿＿＿＿

＿＿＿＿＿＿＿＿＿＿＿＿＿＿＿＿＿＿＿＿＿＿＿＿＿＿＿＿＿＿＿＿＿＿

提醒：以上每項資料均需清楚填寫，我們必須通知你20週年慶抽獎贈品的品項，以及抽獎結果公告，
若是你抽到獎品，但是以上資料填寫不實或不全，導致獎品無法寄送時，我們會自動補遞其他人。

提醒：本問卷除了參加抽獎外，你還會收到最新太雅出版消息和晨星網路書店電子報。

(請沿此虛線壓摺)

太雅出版社　編輯部收

台北郵政53-1291號信箱
電話：(02)2882-0755
傳真：(02)2882-1500

(若用傳真回覆，請先放大影印再傳真，但傳真無法參加抽獎)

(請沿此虛線壓摺)

太雅

有 行 動 力 的 旅 行 ， 從 太 雅 出 版 社 開 始

太雅出版部落格
taiya.morningstar.com.tw

太雅愛看書粉絲團
www.facebook.com/taiyafans

旅遊書王(太雅旅遊全書目)
goo.gl/m4B3Sy

(請沿此虛線裁剪)